智能财会丛书

智能财会联盟
AI FINANCE ALLIANCE

RPA财务机器人开发与应用（基础版）

基于UiPath StudioX

THE DEVELOPMENT AND
APPLICATION OF RPA AND
FINANCIAL ROBOTS

孙玥璠　编著

中国人民大学出版社
·北京·

图书在版编目（CIP）数据

RPA财务机器人开发与应用：基础版：基于UiPath StudioX/孙玥璠编著. --北京：中国人民大学出版社，2021.10
（智能财会丛书）
ISBN 978-7-300-29970-9

Ⅰ.①R… Ⅱ.①孙… Ⅲ.①财务管理－专用机器人 Ⅳ.①F275②TP242.3

中国版本图书馆CIP数据核字（2021）第207104号

智能财会丛书
RPA财务机器人开发与应用（基础版）——基于UiPath StudioX
孙玥璠　编著
RPA Caiwu Jiqiren Kaifa Yu Yingyong（Jichuban）——Jiyu UiPath StudioX

出版发行	中国人民大学出版社		
社　　址	北京中关村大街31号	**邮政编码**	100080
电　　话	010－62511242（总编室）		010－62511770（质管部）
	010－82501766（邮购部）		010－62514148（门市部）
	010－62515195（发行公司）		010－62515275（盗版举报）
网　　址	http://www.crup.com.cn		
经　　销	新华书店		
印　　刷	北京昌联印刷有限公司		
规　　格	185 mm×260 mm　16开本	**版　　次**	2021年10月第1版
印　　张	17.5插页1	**印　　次**	2021年10月第1次印刷
字　　数	353 000	**定　　价**	42.00元

推荐序

认识孙博士是在几年前的一次行业论坛上，当时就感受到孙博士对 RPA 技术敏锐的洞察力和巨大的热忱。孙博士对 RPA 的认知是超前的，非常符合 UiPath 以人为本的原则。近几年，孙博士在全国各地举办多场 RPA 专题培训讲座，场场爆满、好评如潮。同时，她在北京工商大学的本科生和研究生教学中增设了 RPA 相关内容，还举办了盛大的校园 RPA 挑战赛，面向全校学生培训 RPA 相关技能，带领众多学生开启 RPA 之旅。今天，我特别欣喜地看到，她能在辛勤教学之余，结合自己不断积累的教学经验，将 RPA 的知识和技巧整理、汇总成书，这将帮助更多的人学习和了解 RPA。孙博士作为具有多年教学和实践经验的财务领域专家和专业教师，对非编程背景的财务专业同学、老师以及广大财务人员非常了解，她编写的第一部基于 UiPath StudioX 的入门级财务机器人开发教材，最大的特点是深入浅出，用“无代码”的方式降低门槛，跨越理论和实践的平台，使广大非编程背景的财务人员读得懂、学得会、可操作，从而加入到 RPA 开发者大家庭中。

RPA 技术正在使我们的工作方式发生变化。RPA 是一个能够更快速、更简便地连接虚拟的数字世界的工具，使我们可以在各个信息孤岛间遨游。如同用汽车替代步行一样，每个人都可以有一个自己操控的平台，快速在不同地点间移动。RPA 使我们可以更快速、更准确、更便捷地完成数字系统间的连接。毫不夸张地说，RPA 是第四次工业革命中人工智能＋机器人浪潮的一项重要代表。自动化工具的普遍使用会改变我们的工作方式，而工作方式的改变又会带来组织架构的改变，数字化转型推动企业增长将成为企业的必由之路。

UiPath 公司以来自罗马尼亚的 CEO（首席执行官）为代表，提出“人手一个机器人”的愿景，希望企业里的每个人都能创建、使用并受益于自动化技术，释放人类的无限潜能。作为全球 RPA 行业的领导者，UiPath 连续 3 年在全球众多厂商参与的《Gartner 机器人流程自动化魔力象限》研究报告中获得最高评分。数字化是一个旅程，RPA 是协助人在这个旅程上不断进步的重要工具。在实现全面自动化的道路上，人才是不可或缺的。因此，公司于 3 年前成立了产学联盟，携手大学、职业院校等推广 RPA 教学。目前在全球的合作院校已经达到 1 000 所，中国超过 100 所。我相信，孙博士此书的出版会极大地帮助老师把 RPA 教学融入课程，让更多读者利用自动化技能改变工作方式，加速人类创新，改变未来生活。

吴　威

UiPath 大中华区总裁

前言

RPA财务机器人：从“无代码”开始

今年春季，我组织了一届RPA机器人校园挑战赛，通知经团委公众号发布后，60个小时内有506名同学报名参赛，他们来自全校14个学院，涉及大一到研三多个年级。在随后的赛前义务培训期间，四百多名同学利用周末时间在学校大礼堂听我讲解RPA的基本原理并观看操作演示，那份热情和投入令人难忘。大家提得最多的问题是，除了我提供的课件、录屏等电子资料外，有没有相关的教材。我们给大家推荐了很多市场上的RPA教材和相关畅销书，最终发现，除了计算机学院、人工智能学院等具有编程背景的同学外，几乎所有非编程背景的同学都存在看不懂的问题，这非常消磨他们的斗志。这促使我下定决心编写一本适合管理类、经济类等非编程背景学生使用的“无代码”RPA入门教材，结合我的专业，从财务机器人的开发与应用开始。

习近平总书记指出，要“以科技创新和数字化变革催生新的发展动能”。自动化和人工智能作为数字化的重要技术支撑，成为全球经济发展和科技革命的新动力。而机器人流程自动化（robotic process automation，RPA）作为一项目前相对成熟的自动化技术，正在加速改变我们的工作和生活方式。基于RPA的财务机器人，不仅为财务工作的组织和实施带来变化，更为智能财会体系内的教学工作带来挑战与机遇：当每个企业乃至每个财会工作岗位都可以设计和开发自己的机器人，传统式地教授会计软件、ERP（企业资源计划）基础知识、模块功能和操作方法显然不能完全满足需求。未来，在人人都拥有机器人的美好愿景下，每个财务人员不一定要亲手开发自己的机器人，但是都能理解机器人的原理和开发逻辑，不断设计和改进机器人流程，使之更高效、不断贴合组织的更新需求以及提供更多决策支持，将成为财务人员的核心竞争力。

作为一名本、硕、博、博后都基于会计或者财管专业进行学习和科研，在会计师事务所工作过的会计教师，我深刻地理解财会专业教师、学生以及财会工作者的知识体系、思维方法和逻辑习惯；作为一名从2004年开始系统学习和研究会计信息系统，并且在高校从事十几年本科和研究生教育的教师，我深切体会到先进技术对财会工作的变革给财会专业学生和财会工作者带来的冲击、挑战和机遇；作为多年来财务人员数字化技能提升教育的倡导者和推动者，我更清晰地知道财会人员信息化技能提升的划时代意义以及相关教学工作的难度和痛点。

目前还没有一本适合非编程背景的学生学习 RPA 财务机器人开发和应用的入门级“无代码”教材。在 IT 专业人士来看，Uipath Studio 等软件已经将“低代码”做得很好，甚至他们觉得相关教材有些简单。但对于非编程背景的同学乃至教师，“低代码”的门槛依然比较高。毕竟，对于之前的会计信息系统，财务人员只需要学习现成软件的功能和应用；有了 RPA，我们开始学习编程做机器人了！这与财务人员之前的思维方式和逻辑习惯有很大区别。因此，本书以 Uipath StudioX 为基础，基于更友好的“无代码”编程环境，赋能广大的非编程背景学生，让读者跨越 IT 专业这道门槛，进入人机交互的世界，鼓励和激发大家源自本专业的思考（特别是关于本专业的前沿问题的思考），这种以人为本、提升创造力和创新能力的普及式教育，是一件非常有益和可持续发展的事情！在通过本书的第一阶段学习打下基础后，大家可以根据自己的需要进行更深层次的学习。我们在本书的基础上设计和编写了下一阶段学习的进阶教程，很快会跟大家见面。

本书内容包括两大部分：

第 1 章和第 2 章为理论部分，主要介绍 RPA 理念以及讲解 UiPath 软件的安装、界面和功能。其中，第 1 章介绍 RPA 的概念、功能、特点与优势、应用范围、发展趋势、产品架构和常见 RPA 平台软件；第 2 章以 UiPath 软件为例，为首次应用 RPA 的同学讲解软件的安装、账号注册、初始设置、界面内容和管理程序包。

第 3～8 章为实操部分，基于 UiPath StudioX，分别讲解应用 RPA 进行 Excel 的自动化操作、桌面文件的自动化操作、邮件的自动化操作、网页的自动化操作和应用程序的自动化操作，详述各类自动化操作的主要功能、方法，并进行基于财务工作场景的实战演练，让读者亲手制作财务机器人。其中，第 3 章讲解 Excel 自动化操作的常用命令，介绍与 Excel 交互的十几项常用功能命令的使用方法，实战演练制作库存管理机器人；第 4 章讲解基于循环结构和条件结构的 Excel 自动化操作，分别介绍 Excel 循环合并多工作表、循环操作多工作簿和条件结构下在 Excel 中应用 IF 条件和输入对话框，实战演练制作表格合并及数据透视分析机器人；第 5 章讲解桌面文件的自动化操作，包括自动创建、复制、移动文件与文件夹，压缩与解压缩文件等一系列桌面文件常用功能操作，实战演练制作文件管理机器人；第 6 章讲解邮件的自动化操作，包括自动保存电子邮件及附件，自动发送、回复电子邮件等一系列邮件常用功能操作，实战演练制作邮件处理机器人；第 7 章和第 8 章讲解网页和应用程序的自动化操作，包括录制、屏幕抓取、数据抓取、截取屏幕截图、单击、输入信息、键盘快捷方式等一系列网页和应用程序常用功能的自动化操作，实战演练制作发票查验机器人和自动记账机器人。

感谢我的学生周成伟、马爽、刘名好、王福岭、裴童心、张艺萱、刘润、杨幸子、乔清瑀参与本书的内容编写和程序截图工作；周成伟进行了大量案例设计和软件开发工作；杨聚贤和蒋帆进行了全书的统稿工作；李宇彤、陈沛璇和刘润进行了小玥机器人的形象设计工作。还要感谢中国人民大学出版社陈永凤、魏文、李志斌编辑对我们工作的支持。最后，欢迎读者关注下面的公众号“智能财会天天向上”，本书作者团队定期在公众号上发布财务人员数字化学习的相关知识、技巧、案例等，希望与大家在财务人员数字化技能提升的路上共同进步！

由于学识和精力所限，本书难免存在问题和纰漏。对于本书中出现的错误和不足之处，欢迎各位读者批评指正。

孙玥璠

目 录

财务机器人小玥 …… 1

第 1 章 RPA 简介 …… 3

1.1 RPA 的概念 …… 4
1.2 RPA 的功能 …… 5
1.3 RPA 的特点与优势 …… 6
1.4 RPA 的应用范围 …… 6
1.5 RPA 的发展趋势 …… 10
1.6 RPA 产品架构介绍 …… 11
1.7 RPA 平台软件介绍 …… 13

第 2 章 UiPath 的安装和介绍 …… 15

2.1 安装 UiPath 与注册账号 …… 16
2.2 UiPath 的语言与版本选择 …… 26
2.3 UiPath StudioX 的界面简介 …… 28
2.4 管理程序包 …… 36

第 3 章 Excel 的自动化操作：常用命令 …… 42

3.1 Excel 自动化操作简介 …… 43
3.2 常用命令介绍 …… 44
3.3 实战演练：库存管理机器人 …… 83

第 4 章 Excel 的自动化操作：基于循环结构和条件结构 …… 95

4.1 顺序结构、循环结构和条件结构 …… 96
4.2 基于循环结构的主要操作 …… 99

4.3 基于条件结构的主要操作 …… 111
4.4 实战演练：表格合并及数据透视分析机器人 …… 119

第 5 章 桌面文件的自动化操作 …… 132

5.1 桌面文件的自动化操作简介 …… 133
5.2 主要功能介绍 …… 133
5.3 实战演练：文件管理机器人 …… 139

第 6 章 邮件的自动化操作 …… 160

6.1 邮件的自动化操作简介 …… 161
6.2 主要功能介绍 …… 161
6.3 实战演练：邮件处理机器人 …… 184

第 7 章 网页的自动化操作 …… 197

7.1 网页自动化操作简介 …… 198
7.2 主要功能介绍 …… 199
7.3 实战演练：发票查验机器人 …… 226

第 8 章 应用程序的自动化操作 …… 241

8.1 应用程序自动化操作简介 …… 242
8.2 主要功能介绍 …… 242
8.3 实战演练：用友 U8 自动记账机器人 …… 258

财务机器人小玥

姓名：小玥

属性：财务机器人

性格：勤奋努力、忠诚可靠

爱好：高效解决财务问题

你好！我是小玥，是你未来的财务机器人小伙伴！

我是本书中的虚拟数字员工，由孙玥璠老师及其团队设计和开发。在本书相关章节的“实战演练”模块，作者根据企业财务的真实工作场景设置了仿真演练，我就是自动完成这些任务的机器人。大家通过本书的学习，可以亲手把我创造出来。

快来学习吧，让小玥帮助你在财务 RPA 高效工作的场景中更好地领略这个崭新的自动化世界。

第 1 章

RPA 简介

1.1　RPA 的概念

1.2　RPA 的功能

1.3　RPA 的特点与优势

1.4　RPA 的应用范围

1.5　RPA 的发展趋势

1.6　RPA 产品架构介绍

1.7　RPA 平台软件介绍

本章将首先讲解 RPA 的概念和功能，以及特点与优势；继而介绍 RPA 的应用范围，包括 RPA 的适用场景和适用领域；然后介绍 RPA 的发展趋势和产品架构；最后，通过介绍市场上的 RPA 平台软件来展示 RPA 在财务领域的应用。

通过本章的学习，应掌握：

- RPA 的概念；
- RPA 的特点与优势；
- RPA 的适用场景和适用领域。

1.1 RPA 的概念

RPA 全称 Robotic Process Automation，翻译为机器人流程自动化，是通过模拟人类在计算机界面的操作的特定技术，按照既定的规则自动执行相应的任务，以代替或辅助人类完成重复性工作的一种自动化流程软件。RPA 是针对各行业存在的大批量、重复性、机械化人工操作的情况，提供的一种解决方案。

RPA 也被称为数字化劳动力（digital labor），因为其综合运用了大数据、人工智能、云计算等技术，通过制作用户的计算机界面，增强人与计算机的交互过程，从而能够辅助执行以往只有人类才能完成的工作，或者作为人类完成高强度工作的重要辅助。与人类相比，RPA 机器人拥有超强的记忆力以及持续的工作能力，面对大量单一、重复、烦琐的工作任务时，能够显著提升工作的准确度和效率。

越来越多的企业在业务领域采用 RPA 从事日常重复、烦琐的工作，包括财务管理、税务管理、数据处理、人力资源等。RPA 可以帮助企业实现节约成本的目标，提高工作效率，降低人力成本，它以人机协作的自动化工作模式，为企业实现数字化转型奠定了基础。

相关链接

自动化的未来

如今是第四次工业革命——技术嵌入社会甚至人体的时代，无论是机器人、

3D打印、纳米技术、物联网，还是自动驾驶技术，都将从根本上改变我们的生活、工作和互动方式。技术变革和创新正在以前所未有的速度进行，并且对许多领域产生了影响。技术变革所达到的阶段是，机器进入曾经被认为只有人类涉及的领域，对于未来的生活场景有多少将被机器人接管的争论是无休无尽的，但不可否认的是，机器人将长期存在。

如今，自动化能影响各个领域。与过去只有蓝领工作才会被机器人取代不同，现在白领的工作也有被取代的危险。和过去一样，人们应该找到适应变化的方法。

自动化主要完成常规和乏味的任务，这样人们有机会更好地利用自身能力，如推理能力、创造力。我们能做的不是为必然发生的事情烦恼，而是做好准备。一个方法是改变教育模式，教会下一代如何识别并迅速适应变化。

资料来源：整理自互联网。

1.2 RPA的功能

RPA可以记录用户在计算机上的操作行为，并将这些操作行为转换成计算机可以理解和处理的语言，然后根据已建立的规则自动完成计算机上的工作。总体来说RPA可以实现以下功能：

（1）数据抓取。通过预先设定的规则，RPA机器人可自动访问内外网，灵活获取页面元素，根据关键字段搜索数据，提取并存储相关信息。

（2）数据迁移。RPA具有灵活的扩展性和无侵入性，可集成在多个系统平台上，跨系统自动处理结构化数据，进行数据迁移，检测数据的完整性和准确性，且不会破坏系统原有的结构。

（3）数据处理。对于原始的结构化数据，RPA机器人可按照预先设定的规则自动处理数据，并对处理后的数据进行统计、整理等，从而得到满足个性化管理需求的数据信息。

（4）图像识别处理。RPA机器人可依托OCR（光学字符识别）对扫描所得的图像进行识别，进一步优化校正分类结果，并对识别完成的文字信息进行审核与初加工，将提取的图片字段信息输出为能结构化处理的数据。

（5）数据上传下载。不同系统平台间常常需要传递数据及文件信息。RPA

机器人可模拟人工操作，自动登录多个异构系统，将指定数据及文件信息上传至特定系统；也可从系统中下载指定数据及文件信息，并按预设路径进行存储，或是进一步根据规则进行平台数据上传或其他处理。

1.3 RPA 的特点与优势

RPA 与人类手工操作相比，不会疲劳，也不会犯错，可以大幅降低人工成本。RPA 可以代替手工操作完成大批量、重复性、标准化、规则明确的工作，RPA 的使用无须改变现有系统架构，以外挂形式部署操作，并且可以集成 OCR 和 NLP（自然语言处理）等人工智能模块实现更多功能。

（1）低成本。相对于人工成本和专业性的软件系统成本，RPA 开发周期短，开发成本低，还可以大大降低人工成本，具有明显的成本节约效益。

（2）7×24 小时不间断工作。RPA 可以自动完成基于既定规则的大量重复性工作，工作效率大大提升，相当于人工的 3～15 倍。

（3）更安全。RPA 的可视性、可追溯性、透明度很高，所有操作步骤都会被清楚记录，有详尽工作日志可供查看。

（4）非侵入性。RPA 的实现方式是像人一样通过操作应用系统的用户界面来执行任务，不需要更改应用系统的底层代码、服务或接口。

（5）可集成人工智能。RPA 可以集成 OCR 和 NLP 等人工智能模块实现更多功能。

1.4 RPA 的应用范围

1.4.1 RPA 的适用场景

RPA 是一种处理重复性工作、模拟手工操作的应用程序，它所适用的场景主要有以下特征：重复性高的业务、量大易错的业务、7×24 小时的工作模式、多个异构系统。

（1）重复性高的业务。企业有很多流程固定的工作，需遵循明确的规则按部就班地完成，这类工作占用大量人力，但产生的效益不高，重复的工作容易消磨员工的积极性，这类工作恰恰适合 RPA 来完成。

（2）量大易错的业务。在处理大量数据的过程中，需要投入较多人力和时间，并且很容易产生错误。RPA 可以同时批量处理数据，速度快、准确度高，且节省人工成本。

（3）7×24 小时的工作模式。按照规定，员工工作时间通常为 8 小时/天，每周基本工作时长为 40 小时，但是 RPA 可以 7×24 小时工作，大大提升了效率。

（4）多个异构系统。在企业信息化建设过程中，各业务线的应用系统建设和数据系统实施具有阶段性，企业的异构数据源特别复杂，如果依赖人工完成这项枯燥、复杂、繁重的任务，耗时、费力还容易产生错误。同时，由于缺乏统一的数据管理平台解决数据分散性问题，信息壁垒造成"信息孤岛"问题，给企业进行进一步的信息整合和数据系统建设带来了极大的困扰。RPA 通过系统交互，设计独立的自动化任务，在异构系统间也可以进行数据的共享与流转，同时对数据进行采集、迁移、输入等动作，可以解决多个异构系统数据互联互通的难题。

1.4.2　RPA 的适用领域

RPA 可以助力多个业务领域，如财务、采购、税务、信息技术、客户服务、供应链、人力资源等。尤其在财务领域，RPA 适用于采购到付款、销售到收款、存货与成本、差旅与报销、资金管理、税务管理、预算管理和财务分析报告等多个真实财务工作场景。本书后面章节将主要立足于财务领域，模拟真实财务工作场景，展示 RPA 的实用价值。

1. 财务领域

财务机器人是 RPA 在财务领域的具体应用。财务机器人在 RPA 技术的基础上，针对财务的业务内容和流程特点，以自动化替代手工操作，辅助财务人员完成交易量大、重复性高、易于标准化的基础业务，从而优化财务流程，促进财务转型。

（1）采购到付款。在采购到付款流程中，发票校验与单据处理方面，RPA 可以基于明确的规则进行三单（发票、订单、收货单）匹配、自动处理发票扫描结果（基于 OCR 技术）、自动核对相关单据的真实性与准确性，为会计信息的及时性提供保障；付款方面，RPA 可以自动采集系统中付款申请单的付款信息，如付款账号、付款金额、付款事项，与网银对接，实现付款自动化。RPA 还可以在自动付款流程中再次设置核对环节，根据 RPA 自带的日志随时查看所有付款的详细信息。

（2）销售到收款。在销售到收款流程中，应收管理方面，RPA 可将应收账款明细账与银行流水对接，根据银行流水单或已认领的银行流水汇总表与应收账款明细账进行自动化处理，每日更新应收账款单据，及时反映客户回款信息；自动开票方面，RPA 对接开票软件，从系统中抓取销售数据与客户信息，一键式跨系统自动开票。

（3）存货与成本。在存货与成本流程中，RPA 可以自动录入成本统计指标，根据企业现有的成本分摊方法，自动在系统内进行成本费用的分摊。RPA 还可以结合企业存货盘点制度，自动在系统中录入盘点结果，生成盘点报告。

（4）差旅与报销。在差旅与报销流程中，RPA 可以自动进行发票信息核对（差旅报销单与发票类型、金额核对等）以及报销标准核查等操作。RPA 根据企业自行设置的报销标准，基于 OCR 及电子发票识别等技术，对员工的差旅报销单以及发票的真实性与合法性进行审核，并自动提交至付款系统。

（5）资金管理。在资金管理流程中，RPA 可以实现自动归集资金、资金计划信息的采集与处理和银行对账等功能。对于资金集中管理的集团公司，可以每日一键归集所有子公司的银行资金，使资金计划信息的采集与处理得到保障。RPA 还可以自动采集银行流水、银行财务账等数据进行核对，自动生成银行余额调节表。

（6）税务管理。在税务管理流程中，RPA 可以自动采集企业系统中所有的税务相关数据，将税务相关财务数据与业务数据进行核对，自动进行纳税申报。发票验真方面，RPA 机器人可以自动登录发票验真平台，对企业归集的发票自动验真并出具报告。

（7）预算管理。在预算管理流程中，RPA 可以实现辅助预算自动编制、预算执行情况实时监测以及自动生成预算报告等功能。在预算编制的反复沟通、预算执行情况的上传下达以及预算报告的通报和反馈过程中，RPA 可以通过邮件自动化操作，帮助管理层、各部门进行高效沟通，省时省力，为加强预算管理中的上下级和各部门合作起到了很好的推动作用。

（8）财务分析报告。在财务分析报告流程中，对于集团公司来说，RPA 可以自动采集各子公司及分支机构的经营数据和财务数据，自动完成合并抵销，节省大量的人工时间，有助于及时出具财务分析报告，支持集团管理决策。

2. 其他领域

除财务领域外，其他很多行业领域也可以采用 RPA，比如金融、保险、零售、制造、电信、旅游以及医疗等。在不同的行业中，RPA 完成的工作不尽相同，但业务本质有着相通之处。

相关链接

德勤智能机器人

2016 年 3 月 10 日，德勤与 Kira Systems 联手，正式将人工智能引入财务工作，使财务管理进入一个全新的时代，几段“小勤人”（德勤机器人的昵称）帮助企业完成财务工作的视频引起了大家的关注。“小勤人”几分钟就能完成财务人员几十分钟才能完成的基础工作，且可以 7×24 小时不间断工作。现如今，德勤智能机器人中心与多家企事业单位合作，提供财务自动化流程解决方案。机器人为财务部门的工作带来效率的提升，帮助财务人员完成大量重复、规则化的工作。

1. 三四个小时完成一个财务人员一天的工作

德勤智能机器人可以将财务人员从重复劳动中解放出来。财务人员只需要把增值税发票放入扫描仪中进行扫描，剩下的工作全部可由“小勤人”完成。配合 OCR 技术和 Insight Tax Cloud 发票查验云助手，不到一分钟的时间，“小勤人”已经成功查验了一张发票并在 Excel 表中登记了结果。然后财务人员将增值税发票移送到税务部门，税务人员会启动“小勤人”，让它自动去发票选择确认平台批量勾选需要下载的增值税发票，再根据刚刚登记的发票清单去匹配，自动判断是否可以认证抵扣。“小勤人”会把需要勾选的发票整理成批量勾选上传文件，导入发票选择确认平台，这样就可以抵扣进项税。一个“小勤人”三四个小时就完成了财务人员一天的工作，使财务人员可以把精力放到日常沟通和分析中。

2. 开票效率提升 75%

引入“小勤人”之后，机器人流程自动化技术的运用提高了财务人员配置的合理性和有效性，实现了人力资源和工作强度的“削峰填谷”。原有的开票人员可以从机械的工作者转变成机器人的管理者，原有的大多数开票操作都可以交给机器人完成，开票人员只需要等待发票打印完成、审核盖章即可。预计每个开票流程可由 20 分钟缩减到 5 分钟。此外，月末关账的峰值时段，机器人 7×24 小时的不间断工作能够缓解财务人员的工作压力。

3. 往来结转和盘点新玩法，1 天做完 40 多人的工作

某餐饮集团门店数量近 200 家，随着业务持续扩张，报销、收入确认、往来结转和月末盘点等流程的处理难度不断加大，效率较低，人工成本逐年增加；门店和共享服务中心财务人员合计近 200 人，由于还未形成统一标准化的管理，报销审核、收入对账的流程周期长，异常处理滞后。引入“小勤人”之后，月结周期开始的第一天，财务人员将收集到的门店盘点结果放在公共盘，维护好公司代码主数据，并给机器人专用邮箱发送作业开始的指令，5 分钟后第一家门店便结转完成，15 分钟后第一家门店的盘点被标记为已完成。机器人在工作日结束的时候发来邮件告知任务结束，附件包含所有生成的凭证。通过实施机器人自动化，企业可以减少门店向共享服务中心提交审核的流程，缩短财务处理周期，及时发现账实不符等异常情况，并及时响应；有助于实现门店的统一管理，优化财务处理流程，加强内控，提高整体财务服务水平。

资料来源：整理自互联网。

1.5 RPA 的发展趋势

艾瑞咨询公司的报告显示，2019 年中国 RPA 市场规模为 10.2 亿元，较上年增长 96.6%。传统软件的问题在数字化转型趋势下不断暴露出来，RPA 作为非侵入式、快速部署的软件在一定程度上缓解了企业数据和信息孤岛的问题。同时，AI（人工智能）和计算机视觉等技术的普及让 RPA 在复杂场景中发挥更大的价值。面对人力成本的增加，更多企业愿意寻求 RPA 工具来消除经营管理痛点。

未来，RPA 将与 AI 技术结合，延伸 RPA 的能力边界。与 AI 技术的结合可以提升 RPA 处理非结构化数据的能力，扩展 RPA 在企业业务端的应用范围，帮助 RPA 提升易用性，实现 RPA 在更多复杂场景中的应用。

1.6 RPA 产品架构介绍

RPA 是计算机编程软件，是可以根据用户需求个性化定制工作流程的程序。RPA 产品架构通常包括开发工作室（development studio）、机器人控制器（control center）、机器人（robot）。

1. 开发工作室

开发工作室，也可以称为机器人设计器，用于开发人员对机器人执行的命令进行配置或设计编程，开发工作室要求开发人员具备相应的编程知识和技能。开发工作室的主要组成部分包括记录仪和插件/扩展应用，记录仪可以记录用户界面中发生的每一步操作，比如用户的鼠标点击操作和键盘输入操作等，是机器人可以在用户界面进行极速、准确操作的基础。开发工作室提供的许多插件和扩展应用为开发人员在用户计算机设备上配置和运行机器人提供了极大的便利，帮助机器人轻松与用户计算机中的其他系统和程序进行交互。

目前，市场上大多数 RPA 供应商都提供了直观、功能丰富的开发环境，如可视化的中文设计界面、流程图式设计理念（即通过拖拽相应的功能模块进行流程设计），大大降低了 RPA 的设计、编程门槛，即使是没有 IT 基础的业务人员也可以进行一些简单的自动化流程的设计和基础配置。

2. 机器人控制器

机器人控制器用于控制、部署和管理机器人。机器人控制器能够通过网络实时监控与控制机器人的运行情况，可以运行和停止机器人、形成并展示分析机器人运行日志、对机器人进行维护或重新部署机器人、管理许可证和凭证等。

3. 机器人

机器人通过各种组件实现命令的运行。按照需要人工干预的程度，机器人可以分为有人值守机器人、无人值守机器人和混合型机器人，这些机器人的特点和优势各不相同，但是各种类型的机器人并不互相排斥，用户可根据其实际需求选择不同类型的机器人来协同运行，以满足不同的项目需要。

有人值守机器人是指需要人工干预的机器人，部署在用户的计算机或部门服务器上运行。有人值守机器人可以根据用户的需求个性化定制，由用户人工参与机器人的运行。有人值守机器人在用户计算机桌面上与人类用户并肩工作，像个人助理一样帮助用户完成日常任务。

无人值守机器人是指无须人工干预的机器人，部署在用户的计算机或部门服务器上运行。无人值守机器人在后台独立工作，其运行可以由活动、计划或事件触发，也可以由另一个机器人、机器人控制器或工作流程管理设备触发。无人值守机器人能够全天候、全自动地处理任务繁重、长期运行的流程，帮助简化后端流程。

混合型机器人是指有人值守机器人和无人值守机器人的组合，适用于需要大量用户交互的场景。混合型机器人结合了其他两种机器人的优势，在单一解决方案中为用户和后端处理提供强有力的支持。

相关链接

国美财务的 RPA 实践

把财务团队从 8 000 人压缩到 150 人，需要多少个财务机器人？国美集团（以下简称“国美”）的答案是 116 个。这么多财务机器人需要多久才能布局完成？答案是不到两年。

截至 2020 年 6 月，国美在全国 1 000 多个城市拥有 3 500 家门店，集团分为 55 个分部，有 400 多个账套。推进线上线下融合之后，公司从一家单纯做家电零售的劳动密集型企业转向融合社交电商门店、国美门店、国美 App 综合流量端的整体方案提供商、服务解决商和供应链输出商，“家·生活”是国美目前的战略定位。

国美的 RPA 项目从 2018 年开始立项，从规划蓝图到实施上线只用了半年多的时间。从这时起，公司从分析预算型财务体系向决策支持型财务体系转型。2018 年 8 月 10 日，国美自主研发的财务机器人诞生，这是一个全新的开始。

国美的 RPA 从降本增效开始延展，对一些跨系统同步执行的烦琐任务进行优化，让更多财务人员从繁杂工作中解脱出来，迈向大规模人机协作的未来。随着 RPA 项目的逐步推进，一个智能化的财务基础平台逐步搭建起来。RPA 只是一个规范流程，而不是真正的财务数字化，但它是向财务流程化、标准化、智能化转型的基础入口。

随着国美 RPA 机器人数量的激增，95%的机器人已云端部署，实现无人化。在开发方面，增强机器人的通用性，实现参数可配置；在运维管理方面，实现机器人标签式的分类管理。国美财务体系从决策分析型向智慧型发展，将自己的组织行为分为前台、中台和后台，前台是财务共享中心，中台是预算、资金、供应链等数据中心，后台则是电子数据中心。

资料来源：整理自互联网。

1.7 RPA 平台软件介绍

目前，RPA 市场已初具规模，国内外涌现出一些比较优秀的 RPA 软件产品，如 UiPath，Automation Anywhere，Blue Prism，UiBot，iS-RPA，Z-Factory，达观 RPA，Uni-RPA，云扩 RPA，金智维 K-RPA，小灵如意等。本书将以 UiPath 产品为例，介绍 RPA 财务机器人的开发与应用。

UiPath 是全球领先的机器人流程自动化解决方案的供应商，它提供了一个业务平台，可以实现业务流程自动化的目标。UiPath 主要包括 UiPath Studio，UiPath Orchestrator 和 UiPath Robot。UiPath 将多种流程自动化工具和技术结合，推出端到端的超自动化平台，解决端到端的自动化生命周期问题。UiPath 超自动化平台融合机器学习、自然语言理解等 AI 技术，让 AI 和 RPA 深度融合并应用于企业核心业务中，为自动化优先时代提供可落地的方法论。依托 AI 赋能，UiPath 超自动化平台可以在完全透明和可控的前提下发现与管理自动化相关的潜在机会。同时，在自动化生命周期各个环节中，从不同背景员工到需求不同的客户，都可以为自动化贡献自己的智慧并共享自动化成果。UiPath 具有以下功能：

（1）模拟人为操作在界面上进行点击、输入等操作。

（2）编程设计的流程控制。例如：赋值、条件、循环、switch 等。

（3）对各种数据的处理。例如：集合、字符串、数据表。

（4）对系统的操作。例如：操作文件、文件夹、剪贴板，进程启停，调用命令行等。

（5）集成多种应用。例如：Email 和 Excel 等。通过 RPA 工具能自动收发邮件，进行 Excel 读取、数据处理等。

本章小结

本章对 RPA 的概念、功能、特点与优势等进行了阐述，各个平台的产品介绍以及拓展材料有助于读者体会 RPA 为工作带来的极大便利。通过对 RPA 发展趋势的描述，读者可以了解智能机器人未来的发展方向。读者可以根据 RPA 的适用场景及领域，结合自身情况，设计自己的机器人，解决实际问题，为日常工作提供便利。

第2章 UiPath的安装和介绍

2.1 安装 UiPath 与注册账号
2.2 UiPath 的语言与版本选择
2.3 UiPath StudioX 的界面简介
2.4 管理程序包

本章将首先讲解 UiPath 的安装配置、安装步骤与账号注册；然后讲解 UiPath 软件的语言设置、怎样进行语言切换，并对 UiPath 的版本与版本选择进行介绍；最后介绍 UiPath 软件的界面内容以及运行 UiPath 软件所需的管理程序包。

通过本章的学习，应掌握：

- UiPath 的下载安装；
- UiPath 的账号注册；
- UiPath 的语言切换；
- UiPath 的版本选择；
- UiPath 的界面内容；
- UiPath 管理程序包的安装和设置。

2.1 安装 UiPath 与注册账号

2.1.1 安装设备配置

在安装 UiPath 时需要满足以下硬件和软件的配置要求。

1. 系统要求

系统要求如表 2-1 所示。

表 2-1 系统要求

	最低配置	推荐配置
CPU	双核 1.8GHz32 位（x86）	四核 2.4GHz64 位（x64）
RAM	4GB	4GB

2. 软件要求

UiPath 平台软件对电脑操作系统有一定的要求，本书推荐使用 Windows 10 专业版或者家庭版。

UiPath 可与 Microsoft Office 软件交互使用，但对 Microsoft Office 的版本有一定的要求。UiPath 官网要求 Microsoft Office 为以下版本之一：2010，2013，2016，2019 或 Office 365，本书推荐使用 Microsoft Office 2019 专业增

强版（本书涉及的 Microsoft Office 内容均以 Microsoft Office 2019 专业增强版为例）。

3. 显示器分辨率要求

UiPath 平台软件不支持低于 1024×768 分辨率的显示器。

2.1.2　安装 UiPath

1. 版本说明

UiPath Studio Community（社区版）是永久免费的，社区版和 Studio 版在开发功能上区别不大，初学者及个人开发者推荐下载使用社区版，本书所涉及的内容均以社区版为例。

2. 安装步骤

步骤 1：登录 UiPath 官方网站：https://www.uipath.com.cn/（下载、注册及登录推荐使用 Microsoft Edge 浏览器）。点击网站首页右上角的“产品”按钮，在下拉菜单中点击“UiPath 平台”，如图 2－1 所示。

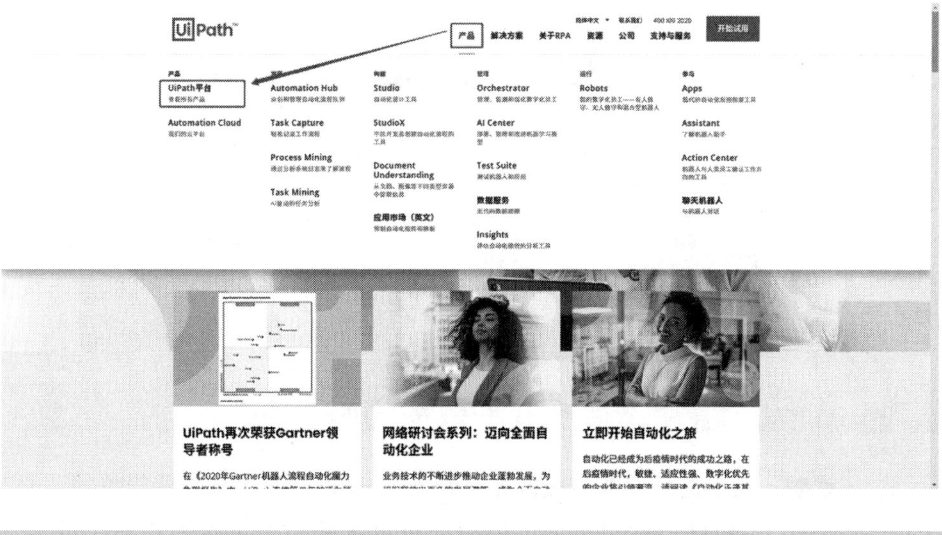

图 2－1　登录 UiPath 官方网站并点击“UiPath 平台”

步骤 2：跳转至 UiPath 平台的产品介绍界面后，点击“免费试用”按钮，如图 2－2 所示。

图 2-2　点击“免费试用”按钮

步骤 3：跳转至各个版本的详细介绍界面，UiPath 为个人学习与小型团队开发提供了永久免费的社区版，点击社区版下方的“立即试用”按钮，如图 2-3 所示。

图 2-3　点击社区版“立即试用”按钮

说明：点击之后并非直接开始下载 UiPath，而是进行一些简单的注册工作。

步骤 4：跳转至注册界面，按照网页提示填写个人信息后点击网页底部的“提交”按钮，如图 2-4 所示。

步骤 5：提交后，UiPath 社区版的软件安装包将通过邮件发送至上述步骤填写的邮箱，并跳转至图 2-5 所示的界面。

图 2-4　填写个人信息后点击“提交”按钮

图 2-5　安装包已通过邮件发送

步骤 6：登录刚刚填写的邮箱账号，查收 UiPath 发送的邮件，点击中间的“下载 UiPath 平台社区版”按钮，将 UiPath 安装包保存至本地电脑，如图 2-6 所示。

图 2-6　查收 UiPath 邮件并下载保存安装包

2.1.3　注册 UiPath 账号

找到保存的 UiPath 安装包，点击进行安装，安装完成后会跳转至图 2－7 所示界面，点击图 2－7 中的“Sign in”按钮后将跳转至账号登录/注册界面。

图 2-7　安装 UiPath 安装包

1. 已有社区云平台账号

如果用户已有 UiPath 社区云平台账号，点击图 2－7 中的“Sign in”按钮后将跳转至图 2－8 所示的账号登录/注册界面，点击图 2－8 中的“Continue with Email”按钮，使用电子邮箱账号登录。(也可使用 Google，Microsoft，LinkedIn 账号登录。)

图 2-8　使用电子邮箱账号登录

2. 没有社区云平台账号

如果用户首次访问社区云平台，则需要创建新账户才能继续安装。点击图 2-7 中的“Sign in”按钮后将跳转至图 2-8 所示的账号登录/注册界面，点击右下角的“Sign up”按钮进行账号注册，如图 2-9 所示。(可使用邮箱或 Google，Microsoft，LinkedIn 账号进行注册，本书以使用邮箱账号注册为例。)

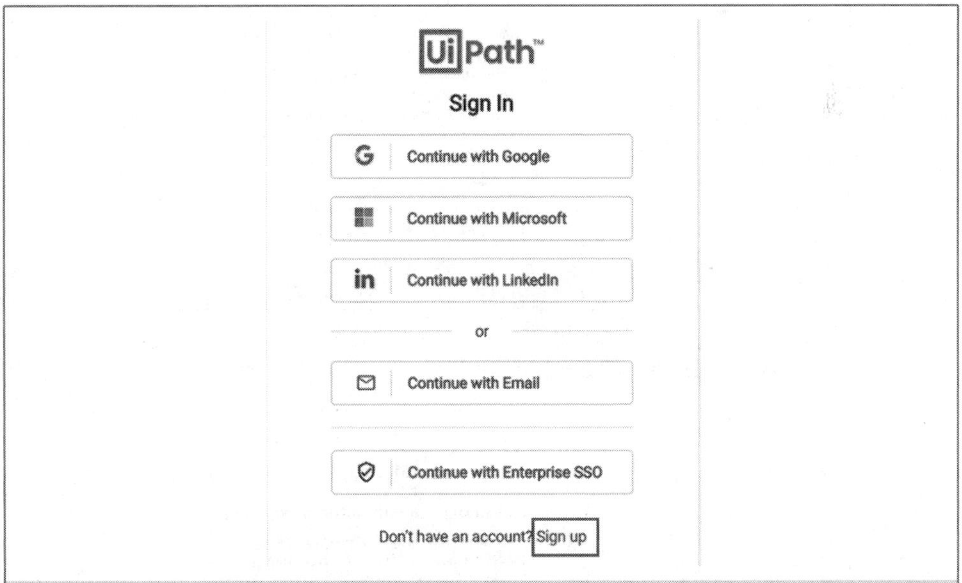

图 2-9　注册 UiPath 账号

步骤 1：点击图 2-9 所示的“Sign up”按钮后跳转至如图 2-10 所示的界面，点击“Sign up with Email”按钮。

图 2-10　使用邮箱账号注册 UiPath

步骤 2：跳转至图 2-11 所示的注册界面，按照网页提示填写注册信息（姓名、邮箱、密码等），点击“Sign up”完成注册。

图 2-11　填写注册信息

步骤 3：跳转至图 2-12 所示的界面，点击“Create Organization”按钮创建组织。

图 2-12　点击“Create Organization”按钮

步骤 4：跳转至图 2－13 所示的创建组织界面，按照网页提示填写信息，填写完成后点击“Continue”按钮。

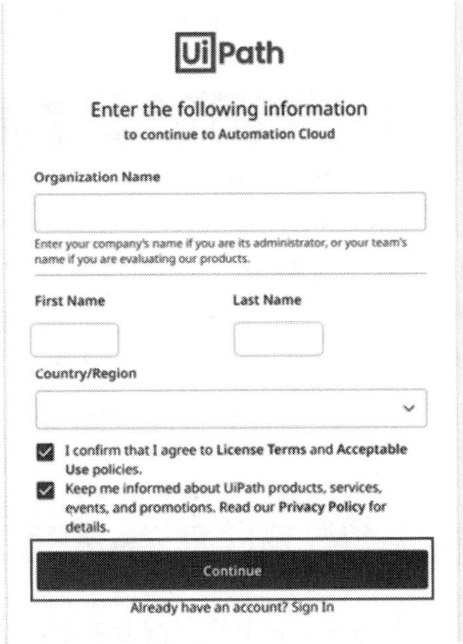

图 2－13　创建组织

步骤 5：当出现图 2－14 所示的界面时，UiPath 已向刚刚填写的邮箱发送了一封账号验证邮件，需要回到邮箱进行账号验证。

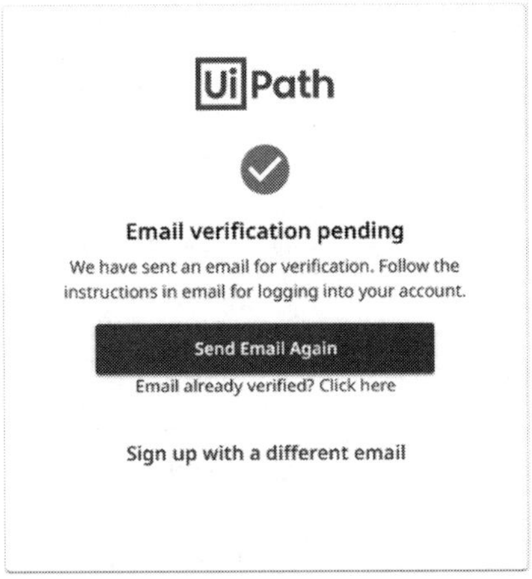

图 2－14　已发送账号验证邮件

步骤 6：返回邮箱，打开 UiPath 发送的账号验证邮件，如图 2－15 所示，点击“Verify Email”按钮即可进行账号验证。

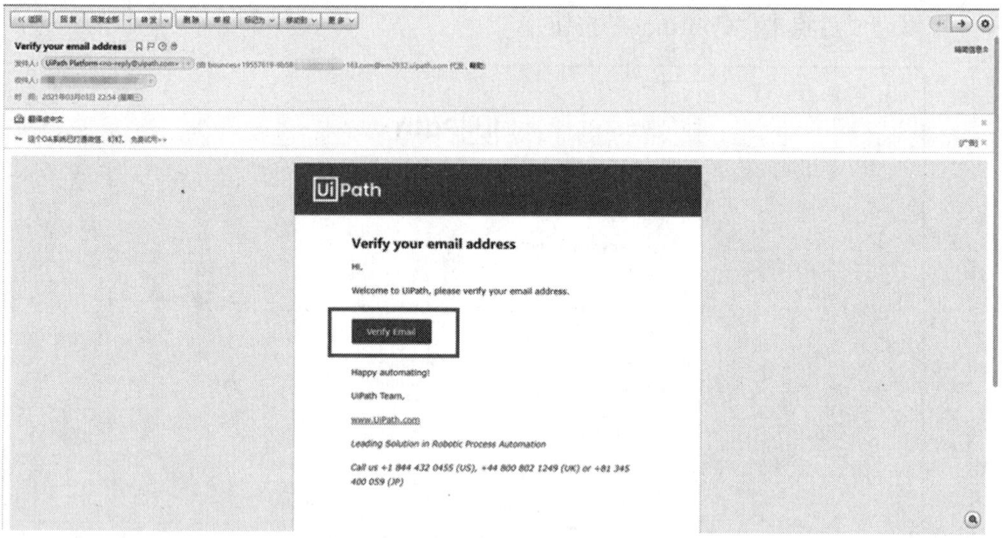

图 2-15　账号验证

步骤 7：验证完成后，回到账号登录界面，点击“Continue with Email”按钮，如图 2-16 所示；跳转至图 2-17 所示的界面，输入刚刚创建的账号的邮箱与密码，点击“Sign in”按钮，即可成功登录 UiPath。

图 2-16　点击“Continue with Email”按钮

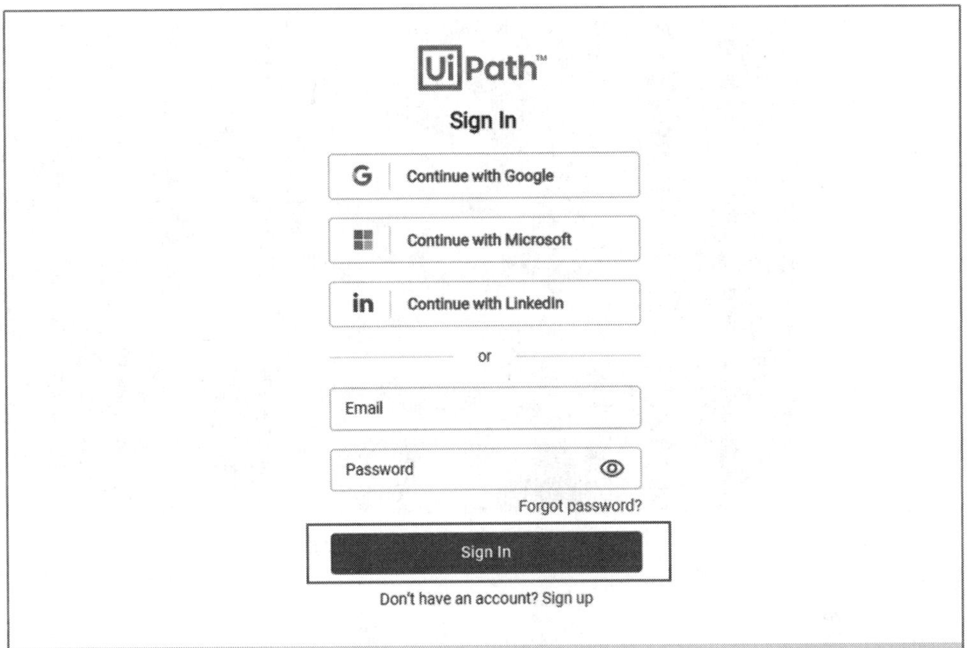

图 2-17　登录 UiPath

步骤 8：找到 UiPath 安装包所在位置并双击打开，发现账号已经登录，点击右下角的“Continue”按钮，如图 2-18 所示，跳转至图 2-19 所示的界面后选择需要使用的版本即可进入客户端操作界面。

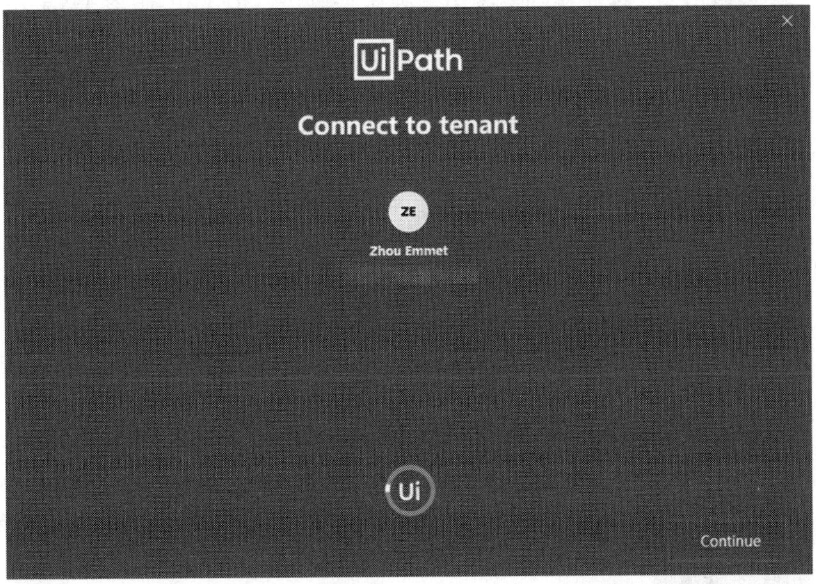

图 2-18　点击“Continue”按钮

图 2-19　选择版本

2.2　UiPath 的语言与版本选择

2.2.1　设置语言

UiPath 客户端的系统语言默认是英语，但 UiPath 客户端支持多种语言，可在“设置-常规-语言”中进行切换（英语版本在“Settings-General-Language”中进行切换），如图 2-20 所示。

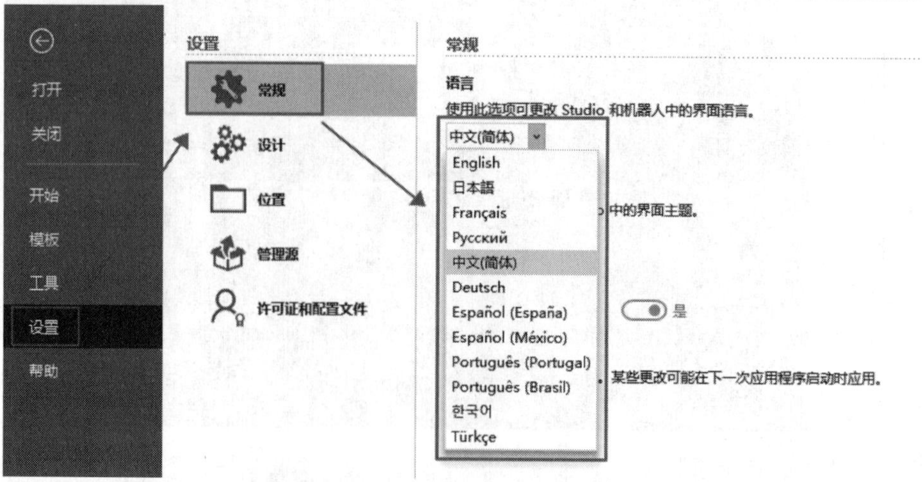

图 2-20　设置语言

2.2.2　切换版本

1. 版本介绍

UiPath 社区版共支持三个操作版本，分别是 UiPath StudioX，UiPath Studio 和 UiPath Studio Pro。

UiPath StudioX 适合个人用户使用，适用于简单的机器人开发流程，无代码，拖放式操作，设计过程非常简单。

UiPath Studio 适合初级 RPA 开发者使用，利用 Studio 中的快速构建功能，可以实现更多的自动化流程，创建有人值守或无人值守的高级自动化流程。

UiPath Studio Pro 适合专业开发人员使用，可以为 C# 项目编码，为 RPA 创建测试用例，为 Web、桌面和移动应用测试自动化流程。Studio Pro 的集成开发环境包括测试工具、先进 RPA 功能和编码服务。

本书是 RPA 入门级教学用书，旨在让没有编程基础的用户快速掌握 UiPath 的初级操作，因此本书只对 UiPath StudioX 版本的操作进行介绍。

2. 版本选择与更改

UiPath 的版本可以在两处进行选择和更改。第一处是在初始进入 UiPath 客户端时，软件会自动跳转至图 2-21 所示的版本选择界面；第二处是在客户端主页界面，点击“设置-许可证和配置文件-查看或更改配置文件”进行版本更改，如图 2-21 所示。

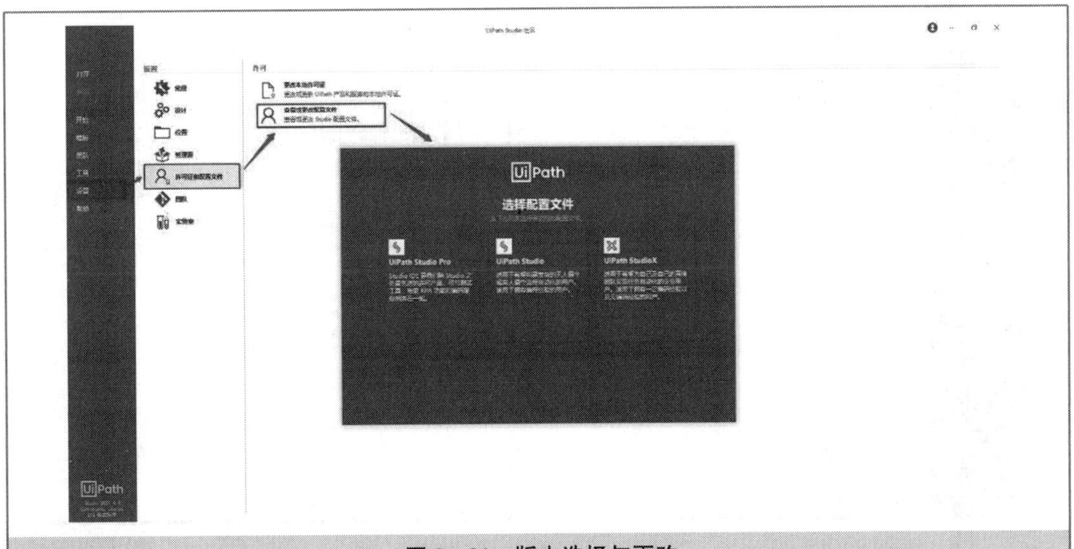

图 2-21　版本选择与更改

2.3 UiPath StudioX 的界面简介

UiPath 集成开发环境的主界面由主菜单和子菜单组成。通过设置不同的配置文件，可以隐藏和启用不同的界面功能。本节将对 UiPath StudioX 版本中的主要界面进行介绍。

2.3.1 “开始”界面

启动 UiPath 集成开发环境后，看到的第一个界面就是“开始”界面。此界面会显示打开的项目，也可选择打开以往的文件，或创建新的项目。

UiPath StudioX 提供了更为简单的界面供开发人员使用。“开始”界面由两个区域组成，如图 2-22 所示，右边为新建项目，包括“新建项目”和“从模板新建”，左边为打开项目，可以打开本地项目。其中：

新建空白任务或从模板新建，都将生成一个 UiPath StudioX 项目。它在发布时会被创建为一个 NuGet 包，供他人运行此机器人。

新建项目-模版可以创建一个 UiPath StudioX 使用的模板，发布后，它将出现在“从模板新建”处或模板页面，供他人对此机器人的程序设定进行修改完善。

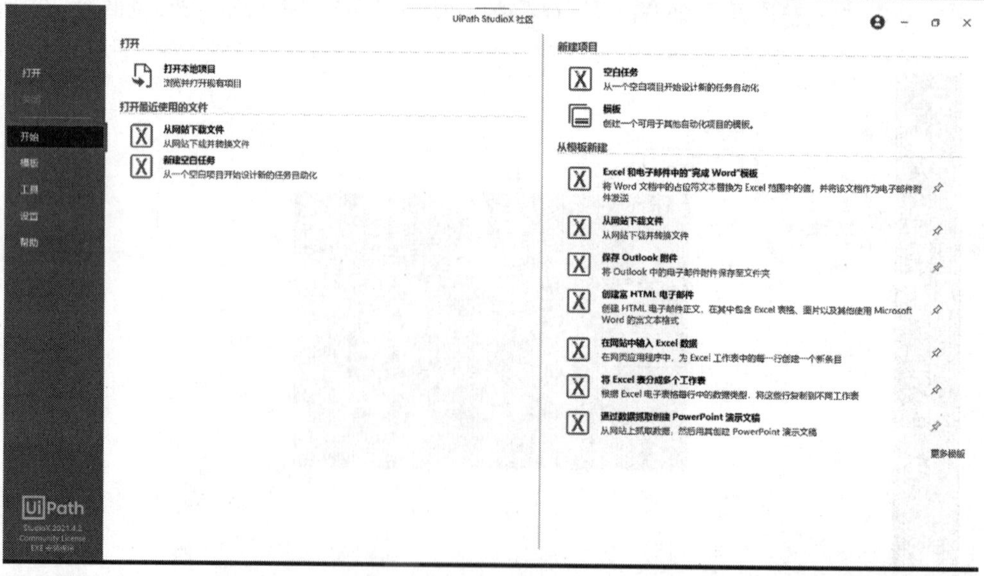

图 2-22 “开始”界面

2.3.2 “工具”界面

“工具”界面可用于管理 UiPath 与其他应用程序交互时使用的交互插件。包括 Chrome，Firefox，Edge，Java，Silverlight，Citrix，Windows 远程桌面和 VMware Horizon 等。同时还包括启动用户界面探测器、项目依赖项批量更新工具和 Microsoft Office Interop 修复工具。

用户界面探测器根据自动化程序需求，可以在相应的环境中实现用户界面元素的原生检测，使得构建 RPA 自动化机器人时更加得心应手。

网页相关的自动化应用可在此处安装相应的扩展程序。如图 2－23 所示，以 Edge 浏览器为例，在工具菜单项目中单击“Edge”按钮。系统会显示确认对话框，并提示扩展程序现已安装。

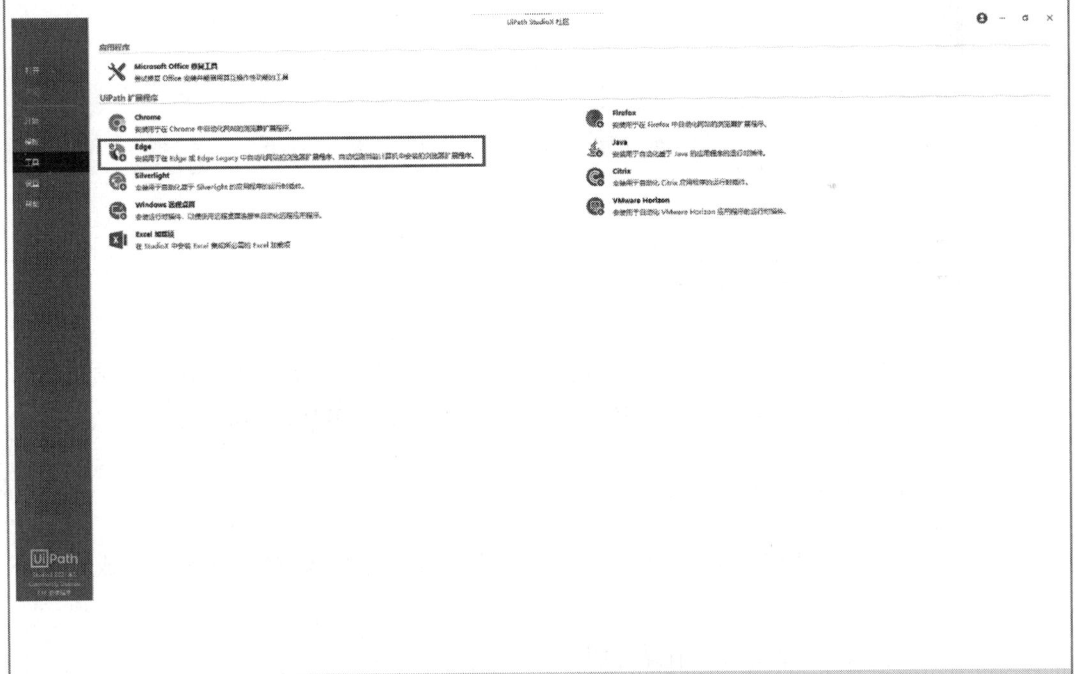

图 2－23　安装 Edge 浏览器扩展程序

通常，对于浏览器类型的扩展，还需要打开相应的浏览器激活，如图 2－24 所示。

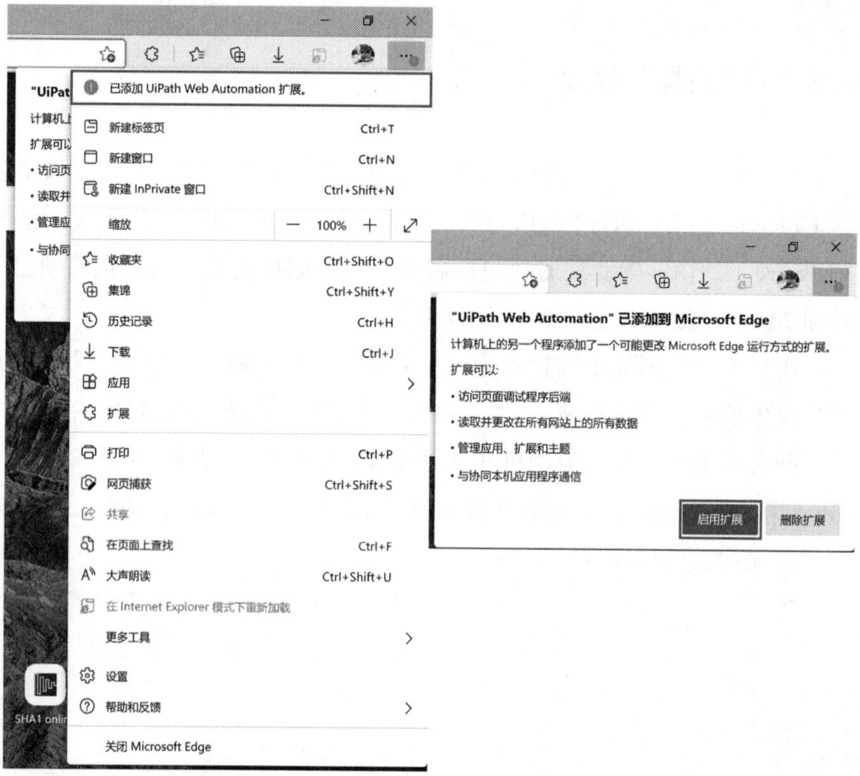

图 2-24 在 Edge 浏览器中激活扩展

2.3.3 “设置”界面

“设置”界面提供了多种配置 UiPath 集成开发环境的选项。这些选项可以帮助用户自定义 UiPath 集成开发环境，使制作机器人更加得心应手。

1. “常规”选项卡

“常规”选项卡中可以设置 UiPath 的语言、主题和重置 UiPath 集成开发环境到默认设置，如图 2-25 所示。

这些设置选项的详细说明如下：

（1）语言。可更改 UiPath 集成开发环境的界面语言。

（2）主题。可选择浅色或深色主题。重启 UiPath 集成开发环境即可应用更改。当 Windows 中启用了“高对比度”模式时，UiPath 集成开发环境会自动切换到“高对比度”模式。

（3）遥测。选择是否允许 UiPath 集成开发环境收集和发送使用“对象存储

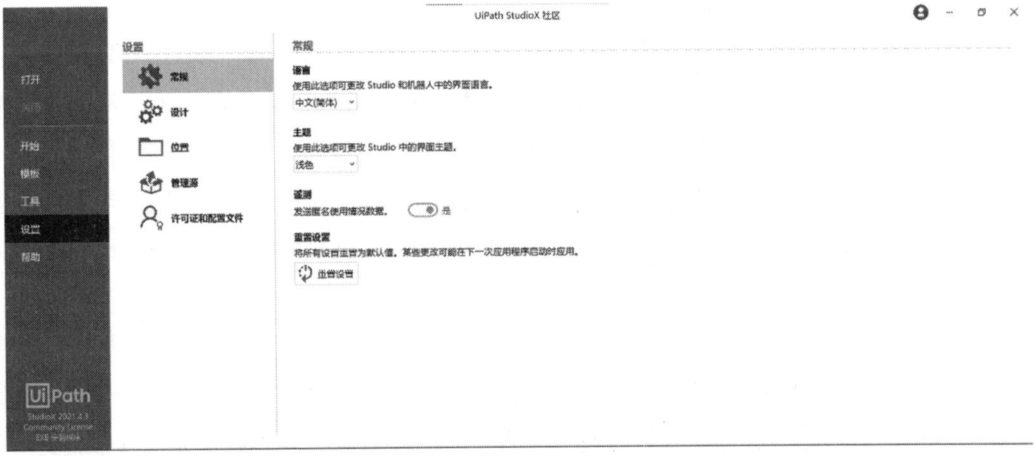

图 2-25　“常规”选项卡

库”创建的匿名使用情况数据和用户界面描述符。在社区版中此选项不可关闭。

（4）重置设置。用于重置绝大多数的 UiPath 集成开发环境中的设置，但不会更改订阅源中的设置。

注意：自动化项目必须至少具有 UiPath. System. Activities v18. 4. 2 及以上版本和 UiPath. UIAutomation. Activities v18. 4. 1 及以上版本依赖项才能正确使用深色主题。

2. “设计”选项卡

“设计”选项卡包括了绝大部分 UiPath 集成开发环境与开发相关的设置项目，如图 2-26 所示。

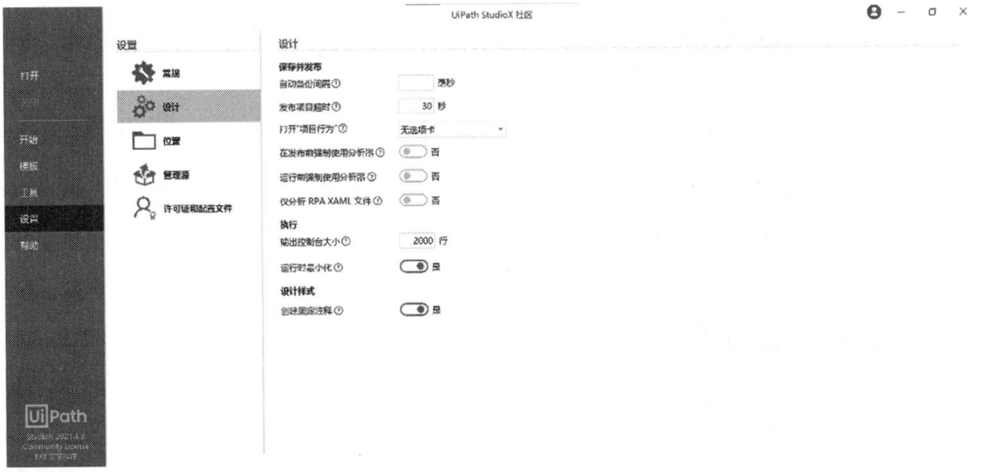

图 2-26　“设计”选项卡

（1）保存并发布。

1）自动备份间隔：设置自动备份项目的固定时间间隔，即 UiPath 集成开发环境每隔多久自动保存当前项目。这有助于恢复最近一次保存的工作流副本。默认值设置为 30 000 毫秒。最小值为 10 000 毫秒，最大值为 9 999 999 毫秒。

2）发布项目超时：设置发布项目的超时值。超时后 UiPath 集成开发环境会自动停止发布，这在网络环境较差时有帮助。默认值为 10 秒。最大值为 999 999 秒，最小值为 1 秒。

3）打开“项目行为”：选择重新打开项目时默认打开的选项卡。此处可以设置为“保留上次打开的选项卡”（打开上一次关闭 UiPath 集成开发环境的标签页）、“打开主入口点”（打开包含主入口点的序列选项卡）或“无选项卡”。

4）在发布前强制使用分析器：此处可以设置发布机器人前，首先运行 UiPath 分析器。此项可减少发布机器人时的错误。

5）运行前强制使用分析器：设置 UiPath 分析器监测到错误时是否继续运行。

6）仅分析 RPA XAML 文件：选择此项后，即可在运行项目的工作流分析器时从分析中排除具有测试用例的 XAML 文件。如果未选择，则将同时分析 RPA 和测试用例 XAML 文件。该设置适用于手动触发分析器，以及在运行/调试项目以及发布测试用例或项目之前，自动强制执行和触发分析器的情况。

（2）执行。

1）输出控制台大小：设置单个会话中，可在“输出”面板中显示的最大输出行数。“输出”面板的默认值为 2 000 行，可添加的最大值为 9 999 行，最小值为 1 行。

2）运行时最小化：使用此项设置 UiPath 集成开发环境是否要在运行项目时最小化。

（3）设计样式。

创建固定注释：设置如何向命令框中添加注释。如果此选项开启，注释将固定在命令框内，否则将浮动在命令框上。

2.3.4 “流程开发”界面

UiPath StudioX 提供了便于非计算机专业人员和不具有计算机编程相关知识的人员使用的 RPA 流程开发界面。打开任务之后，它的界面如图 2－27 所示。

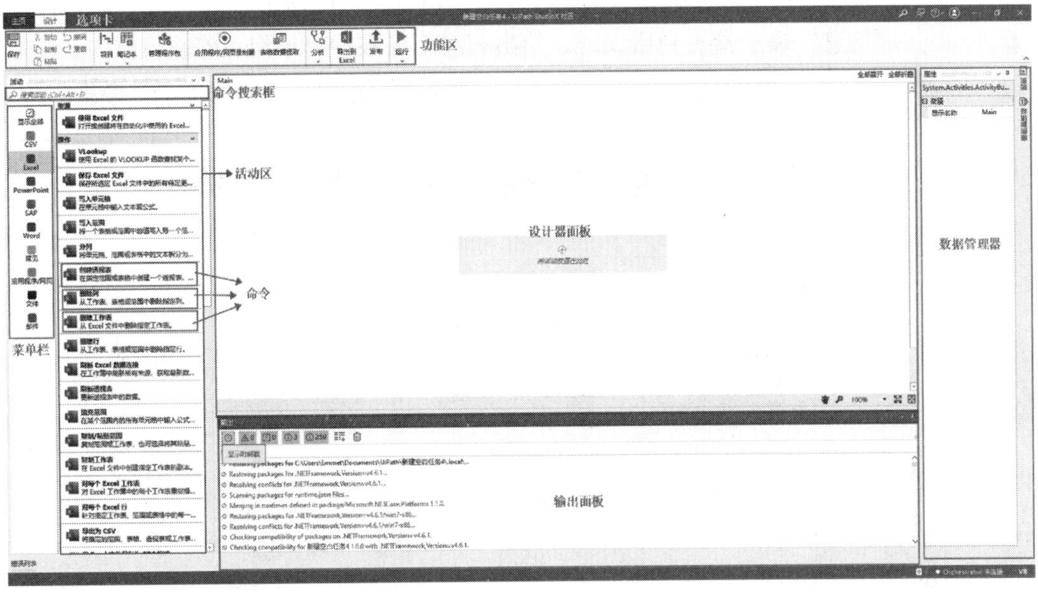

图 2－27　“流程开发”界面

在“功能区”中，可以进行项目的设置、UiPath StudioX 对应的 Excel 笔记本管理、应用程序操作的录制和发布。下面对“项目”按钮和“应用程序/网页录制器”按钮进行介绍。

1. “项目”按钮

“项目”按钮可以对项目进行设置，当需要编辑项目的名称和说明、工作流分析器的规则或全局活动设置时，可选择“项目设置”。点击“打开项目文件夹”，可找到已经保存的整个项目文件。

在“项目设置”中，最常用的是对项目的名称和说明进行设置，可用于发布项目时他人了解项目的用处。以下为几个常用的设置选项：

(1) “常规”选项。如图 2－28 所示，“常规”选项可以设置项目在发布时的各种内容。其中 PiP 即画中画功能，可在此处标记项目，以画中画的形式在屏幕中运行而无须占用整台电脑。也可在此处设置此项目默认使用画中画模式。

(2) “工作流分析器”选项。制作完机器人后，UiPath 会自动运行工作流分析器，如图 2－29 所示，工作流分析器的设置界面可用来设置机器人进行分析时所使用的规则。在“默认操作”中：

“错误”表示检查到相应的错误即停止机器人的运行；

“Warning”表示检查到错误时，给出相对显眼的提示但不停止机器人；“信息”表示检查到错误时，给出相对不显眼的提示但不停止机器人；“Verbose”表示检查到错误时，只把这个信息报告给机器人的开发者。

图 2－28　“常规”选项

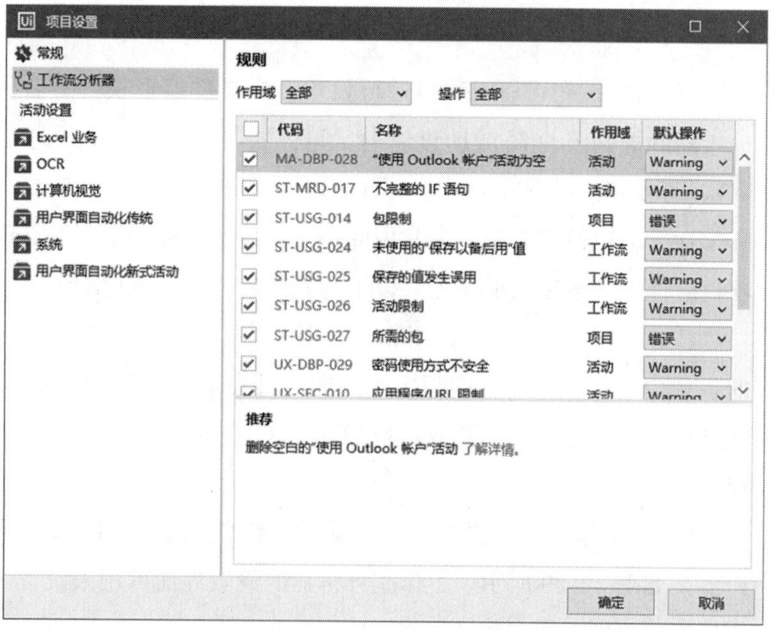

图 2－29　“工作流分析器”选项

（3）“Excel 业务”选项。如图 2-30 所示，“Excel 业务”选项中可以设置 UiPath 与 Excel 交互时的偏好。包括是否显示 Excel 窗口、是否显示 Excel 内置的警告信息、使用计算后的公式值还是原始值等，命令设置中的大部分偏好都可以被特定命令的偏好覆盖。

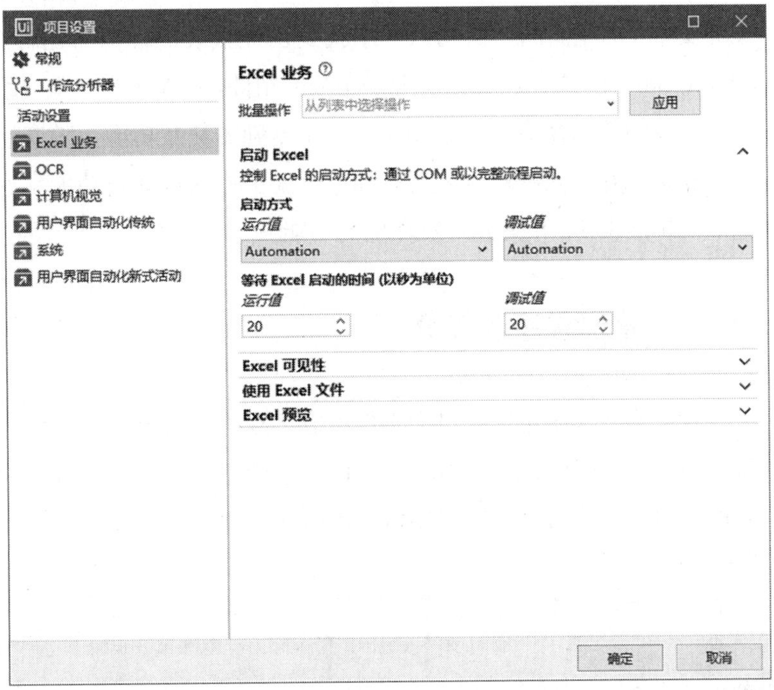

图 2-30　“Excel 业务”选项

2. “应用程序/网页录制器”按钮

点击“应用程序/网页录制器”按钮将启动 UiPath 中的操作录制器。使用此录制器可以自动生成模拟用户操作的命令框。之后的章节会对相关操作进行详细讲解。

“活动区”中包括了 UiPath StudioX 编程使用到的命令。通过拖拽的方法将其拖到“设计器面板”中即可使其发挥作用。

“输出面板”中包含了机器人的运行和错误警告信息。如果机器人未能正确运行，这里的信息很可能有帮助。

“数据管理器”中包含了机器人利用的所有资源，包括文件、项目笔记本、保存以供稍后使用的变量等。

2.4 管理程序包

在初始化的情况下，当用户启动 UiPath StudioX 进入开发界面后，可以在“流程开发”界面左侧的“活动区”中找到已经预装的部分常用命令插件，例如 Microsoft Office 的 Word，Excel，PowerPoint 组件，CSV 和邮件等一系列应用程序集成。

这些预装的命令插件为用户提供了基础的交互功能。随着用户的项目流程越来越复杂，互联的程序越来越多样，需要更多的自动化功能。通过安装新的程序包即可扩展 UiPath 集成开发环境的功能。

2.4.1 管理程序包简介

在“管理程序包”窗口中不仅可以下载符合需求的命令包、库、框架和包装器等程序包，还可以查看客户端中已安装的程序包，并进行添加、更新和删除等操作。图 2－31 为“管理程序包”按钮在功能区的位置。

图 2－31 “管理程序包”按钮

在顶部的功能区中单击“管理程序包”按钮后，会弹出“管理包”窗口。窗口主要包含三个模块：设置、项目依赖项和所有包。

1. 设置

进行源设置的页面即为“设置”页面，如图 2－32 所示，在“设置”选项中可以查看配置程序包的来源，其界面分两部分：默认包来源和用户定义的包来源。二者都详细列明了命令包的存储位置或来源，便于快速了解所配置的程序包的情况。

默认包来源分为四项：本地、正式、市场和协调服务器。添加或删除自定义命令包可在“设置”选项中进行操作，通过用户定义的包来源可查看自定义包来源的状态。

此处的“设置”选项和主界面“设置”界面中的选项基本一致，此处对包来源的设置可以覆盖主界面中的设置。

图 2-32　"设置"选项

2. 项目依赖项

在"项目依赖项"选项中可以查看 RPA 机器人正在使用的依赖项，还可以在搜索框中筛选搜索依赖项，如图 2-33 所示。单击任一项目的依赖项，可以在窗口右侧查看该依赖项的详细信息；可根据实际需要，对依赖项进行更新、设置运行规则或卸载操作。

图 2-33　"项目依赖项"选项

3. 所有包

在"所有包"选项中可以查看所有来源的程序包，可通过输入搜索内容或滑动鼠标寻找所需要的程序包。如图 2-34 所示，在左侧目录中的所有包下方，列出了已添加并在使用状态中的程序包来源，这样可以缩小程序包的查找范围。

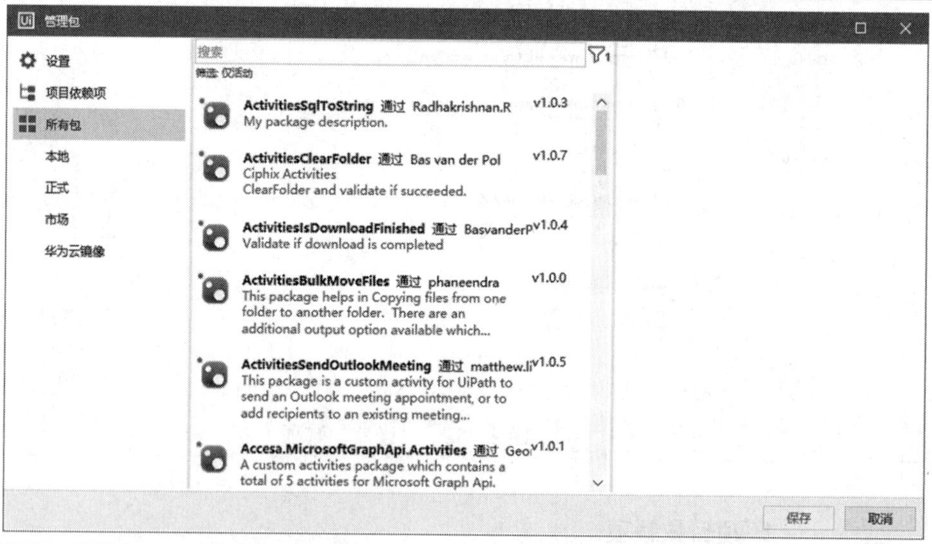

图 2-34 “所有包”选项

注意：如果在设置中删除或取消程序包来源的勾选，那么该程序包不会出现在目录下方。

2.4.2 安装程序包插件

1. 程序包安装步骤

以下是搜索并安装一个官方程序包的方法及步骤：

步骤 1：进入“管理包”窗口。在“流程开发”界面上方的快捷功能区中点击“管理包”按钮，也可使用“Ctrl+P”快捷键进入“管理包”窗口。

步骤 2：搜索插件。在“管理包”窗口左侧点击“官方”，在搜索框中输入需要的命令插件名称，列表中含有“通过 UiPath”标识的命令插件即为 UiPath 官方发布的正式程序包。

步骤 3：选择插件。点击搜索列中的程序包，右侧会出现该程序包的详细信息，点击“安装”。

步骤 4：安装。在“管理包”窗口右下角点击“保存”，等待安装。

安装成功后，在“流程开发”界面命令搜索框中输入安装的程序包名称即可找到该程序包的位置并使用相关命令。

以 UiPath 中操作 PDF 的命令为例，安装 PDF 插件的过程如图 2－35 至图 2－36 所示。

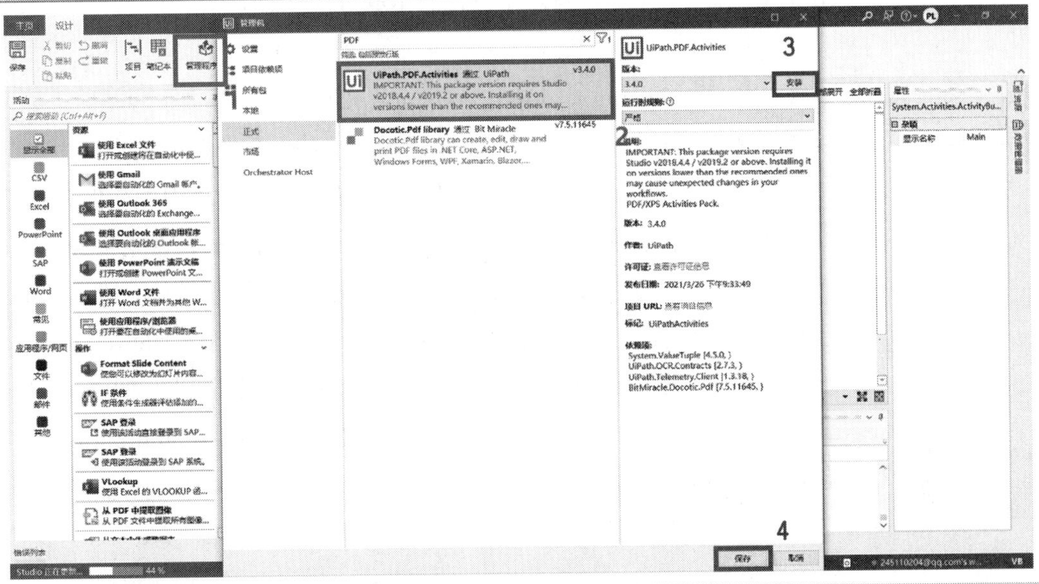

图 2－35　搜索并安装程序包

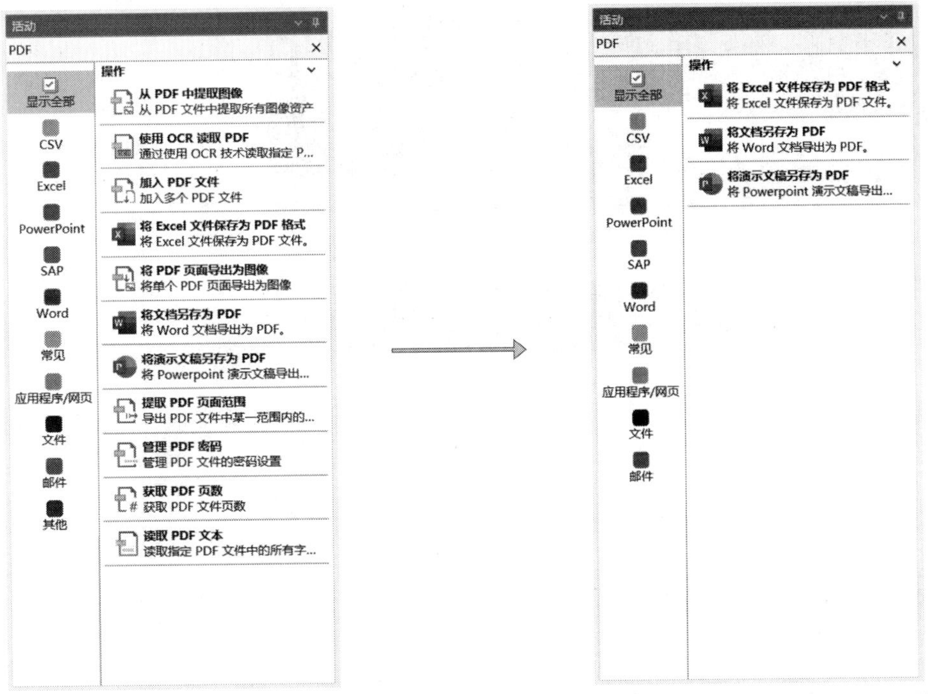

图 2－36　安装 PDF 程序包前后活动区的变化

2. 程序包资源

UiPath 可供用户下载安装的程序包资源主要分为三种：

（1）正式（https://www.myget.org/F/workflow/）。

（2）市场（https://gallery.uipath.com/api/v2）。

（3）协调服务器（https://[Orchestrator_host]/nuget/activities）。

以上三种途径都可以在“流程开发”界面的功能区的“管理程序包”中找到，其中市场类还可以登录网页版（https://marketplace.uipath.com/）搜索下载。市场类的前身是 UiPath Go!，现在更名为 UiPath Marketplace，如图 2-37 所示。市场中的程序包是专为与流程有关的可重复使用组件而设计的。网站上除了自定义活动（custom activity）外，还有仪表板（dashboard）、机器学习模型（machine learning model）、流程片段（snippet）、工作流模板（workflow template）等类别的程序包，用户可以根据项目的复杂程度自行选择。

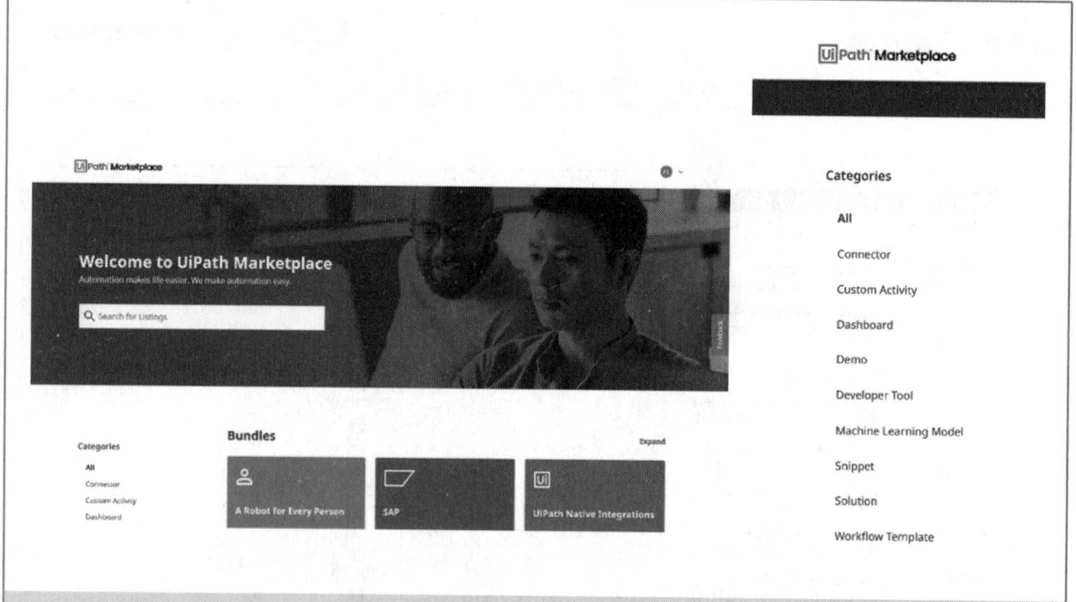

图 2-37 UiPath Marketplace 页面

本章小结

综合本章所述，要学习怎样使用 UiPath StudioX 设计 RPA 机器人，首先需要完成 UiPath 软件的安装与设置，并对 UiPath 软件有一定的了解。本章首先介绍了如何注册 UiPath 账号与安装 UiPath 软件，然后对 UiPath 软件的语言设置和切换、版本与版本选择进行了介绍，最后对 UiPath 软件的界面内容、运行 UiPath 软件所需的程序包进行了详细讲解。通过本章的学习，我们完成了 UiPath 软件的安装与设置，对软件运行的基础知识有了初步的了解，在此基础上开始对 UiPath StudioX 的深入学习。

第3章

Excel 的自动化操作：常用命令

3.1　Excel 自动化操作简介

3.2　常用命令介绍

3.3　实战演练：库存管理机器人

从本章开始，我们将进入 RPA 的实战操作部分。[①] 本章首先介绍 Excel 及其在实际工作中的重要性；然后详细讲解 UiPath StudioX 中基于顺序结构的 Excel 自动化操作的常用命令及其参数设置，并通过引入与财务相关的实例演示具体操作，以加深读者对 Excel 自动化流程的理解；最后进行实战演练，让读者学习设计与开发库存管理机器人原型。

通过本章的学习，应掌握：

- Excel 自动化操作的常用命令；
- 常见财务工作实例中的 Excel 自动化操作；
- 库存管理机器人原型的设计与开发方法。

3.1 Excel 自动化操作简介

Excel 是 Microsoft 公司编写的一款电子表格软件，以其直观的界面、强大的数据计算功能和各种样式的图表工具深受用户的喜爱。我们能够运用 Excel 快速制作各种电子表格，还可以灵活使用函数对数据进行检索、分类、排序、筛选以及计算等操作，轻松实现数据的管理与分析。因此，简单易学并且功能强大的 Excel 逐渐成为各大企业日常办公应用最广泛的数据处理软件之一。

RPA 机器人可以根据预先设定的命令，模拟人工自动进行 Excel 操作，对于财务人员而言，这将进一步提升他们的工作效率，他们可以将主要精力放在分析层面，去创造更大的价值。

在 UiPath StudioX 中，无须编写代码就可以设计 Excel 自动化操作的 RPA 机器人。同时，Excel 自动化操作的常用命令范围相当广泛，不仅包括数据的写入、删除、筛选、查找、替换等基础操作，还包括创建透视表、插入 Excel 图表和合并工作表等高级操作，适用于审查、查询、库存确认、销售分析等包含大量数据的业务，可帮助用户实现数据整理与分析的自动化。

从本章起，我们将利用财务机器人小玥来对各项自动化操作的常用命令进行演示。财务机器人小玥是本书的虚拟数字员工，可以帮助企业极大地提升工作效率。在每章的实战演练模块，我们将根据企业财务的真实工作场景设置仿真演练，小玥会帮助企业实现财务工作自动化。

① 本书实战操作部分的截图是基于 UiPath StudioX 21.04（社区版）制作的，其他版本可能在界面显示等方面存在差别，但实际功能不受影响。

3.2 常用命令介绍

UiPath StudioX 中的 Excel 自动化操作功能十分强大，如图 3-1 所示，在菜单栏中选择“Excel”，就可以看到 StudioX 中与 Excel 相关的操作命令，它们的应用逻辑基本与 Microsoft Excel 相似，这大大降低了学习 Excel 自动化操作的难度。

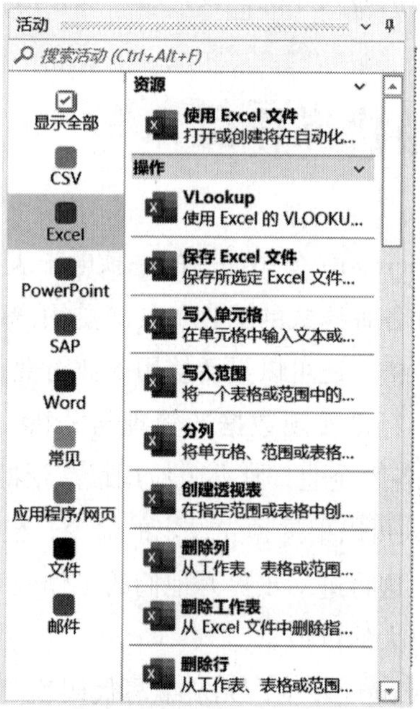

图 3-1　Excel 的操作命令

本节将介绍如何使用 StudioX 中与 Excel 交互操作的常用命令，实现使用 Excel 文件、写入单元格、插入行、插入列、插入工作表、复制和粘贴、删除行、删除列、删除工作表、设置单元格的格式、分列、查找和替换、筛选、合并工作表、创建透视表、插入 Excel 图表等一系列常见的 Excel 表格处理功能的自动化。

3.2.1 使用 Excel 文件

【使用 Excel 文件】命令是 UiPath StudioX 调用所有 Excel 相关命令的基础，需要通过该命令指定执行命令的 Excel 文件，主要参数有：

（1）Excel 文件。选择一个 Excel 文件，可以是本机中已存在的 Excel 文件，也可以是将要新建的 Excel 文件。我们可以通过最右侧的“浏览文件”按钮直接选择文件对应的路径，也可以通过“+”号选择“文本”，自行写入已存在或将要创建的 Excel 文件的路径，如图 3-2 所示。

图 3-2　选择 Excel 文件

(2) 引用为。为 Excel 文件引用一个名称，后续可直接使用该名称调用 Excel 文件。

(3) 保存更改。勾选此项代表此文件后续的自动化操作将直接保存，不勾选此项则代表自动化操作结束后不保存，维持原表。

(4) 如果不存在，则进行创建。勾选此项代表选择的文件若本机不存在，则自动创建新的 Excel，不勾选此项代表若本机不存在该文件，则系统会弹出错误提醒：找不到该文件。

3.2.2　写入单元格

【写入单元格】命令主要用于在指定的单元格内输入指定的内容，主要参数有：

(1) 写入内容。指要输入的目标内容，可以是文本、数字或公式。其中，在“文本”中可以写入文本、数字和公式，在“数字”中不可以写入文本，只能写入数字和公式，如图 3-3 所示。

(2) 写入位置。指定目标单元格的位置。我们可以选择“在 Excel 中指明”或“自定义输入”进行指定，如图 3-4 所示。其中“在 Excel 中指明”表示在 Excel 工作簿中选择位置，如图 3-5 所示；“自定义输入”表示在文本框中输入位置，如图 3－6 所示。这两种方式在后文中不再一一图示。

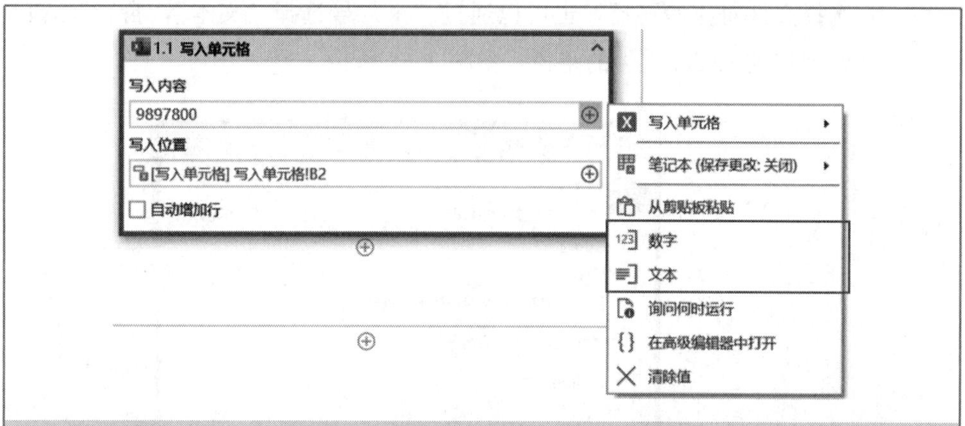

图 3－3　写入内容

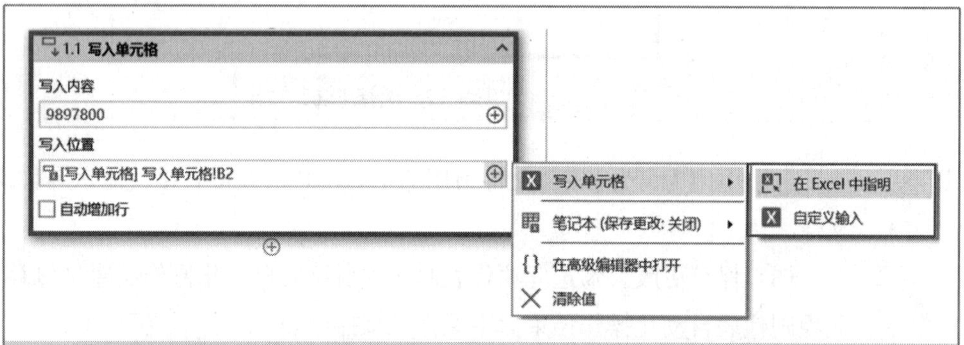

图 3－4　写入位置

图 3－5　在 Excel 中指明

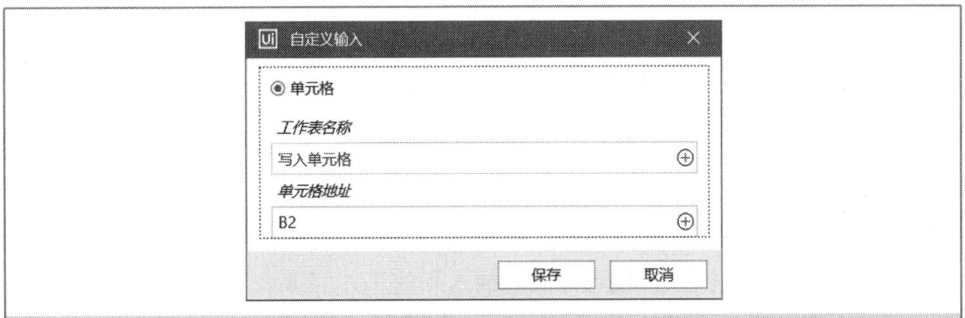

图 3-6　自定义输入

3.2.3　插入行

【插入行】命令主要用于在目标表格、范围或工作表中的指定位置插入指定数量的行，主要参数有：

（1）目标表格或范围。直接选择需要插入行的工作表或者通过“在 Excel 中指明”选择表格范围，还可以通过“自定义输入”来确定范围，如图 3-7 所示。

图 3-7　目标表格或范围

（2）行数。输入插入的行数，以数值形式输入。若勾选“含标头”，系统会自动将表格的第一行识别为标头。

（3）位置。选择相对于目标表格或范围的插入位置，如图 3-8 所示。

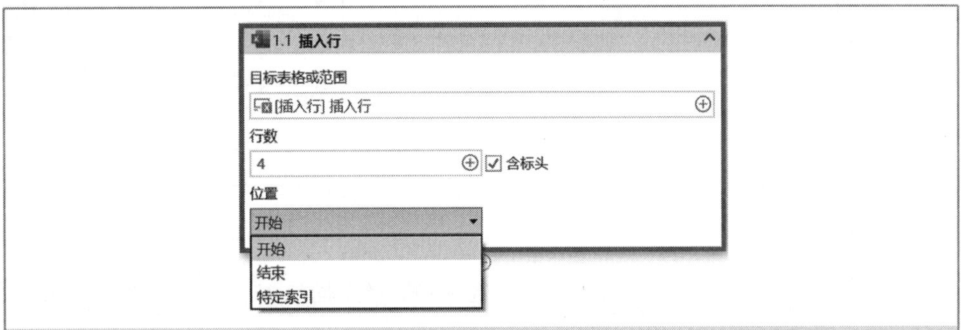

图 3-8　选择插入行的位置

3.2.4 插入列

【插入列】命令主要用于在目标表格、范围或工作表中的指定位置插入一列，主要参数有：

（1）范围。直接选择需要插入列的工作表或者通过“在 Excel 中指明”选择范围，还可以通过“自定义输入”来确定范围，如图 3-9 所示。

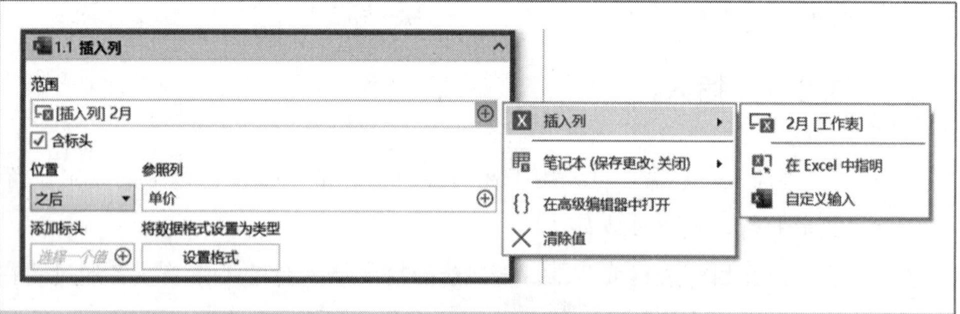

图 3-9　范围

注意：若勾选“含标头”，系统会自动将表格中的第一列识别为标头，并且在“Range”处显示标头名称，如图 3-10 所示；如果未勾选“含标头”，则“Range”处会显示列索引，如图 3-11 所示。UiPath 处理标头的逻辑皆与此处一致，后续不再赘述。

图 3-10　勾选含标头

图3-11　未勾选含标头

（2）位置和参照列。选择相对于参照列之前或之后的位置，可以直接在“Range”中选择对应的列名称或列索引作为参照列，如图3-12所示；也可以选择“在Excel中指明”，指定参照列的任意一个单元格，如图3-13所示。

（3）添加标头。为所插入的列输入标头，非必填参数。

（4）将数据格式设置为类型。选择插入列的数据格式类别，比如数字、日期、时间、文本等，或者选择自定义，输入自己所需的格式，如图3-14所示。

图3-12　在“Range”中选择列名称

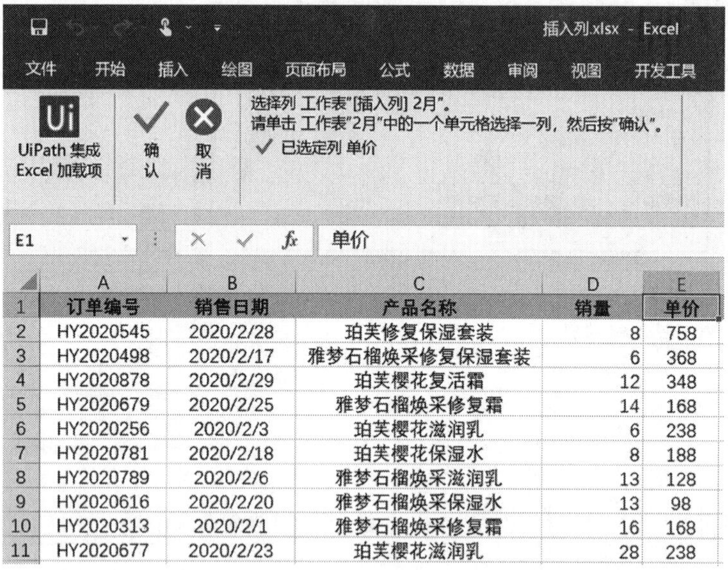

图 3-13　指定参照列的任意一个单元格

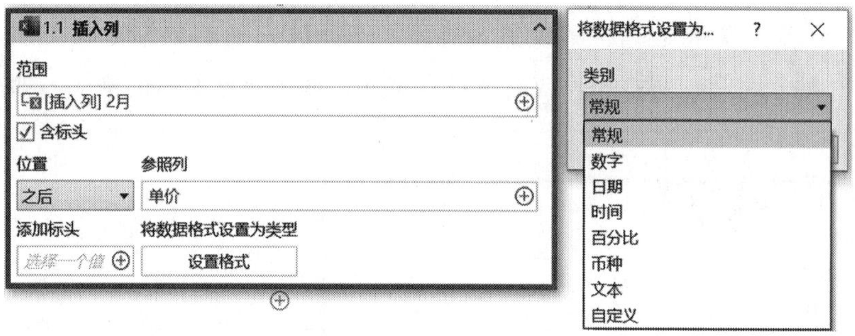

图 3-14　将数据格式设置为类型

3.2.5　插入工作表

【插入工作表】命令主要用于在指定的 Excel 工作簿中插入一张新的工作表，主要参数有：

（1）在工作簿中创建。填入需要插入工作表的 Excel 工作簿。

（2）工作表名称。在文本中输入新工作表名称。

（3）将新工作表引用为。为工作表提供一个名称，保存以便以后使用，如图 3－15 所示。

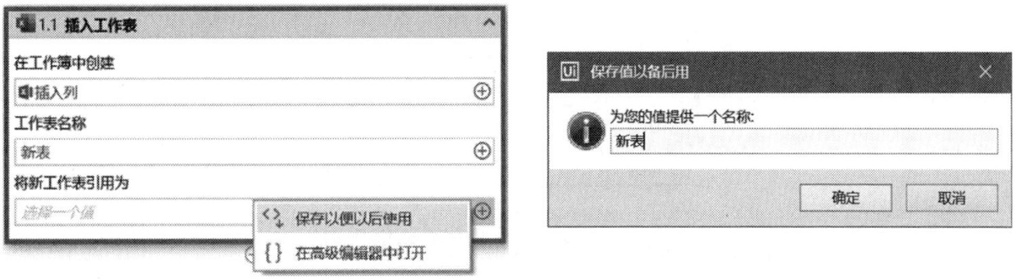

图 3－15　将新工作表引用为

3.2.6　复制/粘贴范围

【复制/粘贴范围】命令主要用于复制范围或工作表并将其粘贴至当前或其他工作簿中的指定位置，主要参数有：

（1）来源。指需要复制的工作表或范围。直接选择工作表或通过“在 Excel 中指明”选择范围，还可以通过“自定义输入”来确定范围，如图 3－16 所示。

图 3－16　来源

（2）目标。指复制的范围或工作表所粘贴的位置。直接选择工作表或通过“在 Excel 中指明”选择范围，还可以通过“自定义输入”来确定范围。

（3）要复制的内容。在下拉菜单中选择需要的数据内容，其中 Values 指单元格的值，Formulas 指单元格中的公式，Formats 指单元格格式，All 指以上全部，如图 3－17 所示。

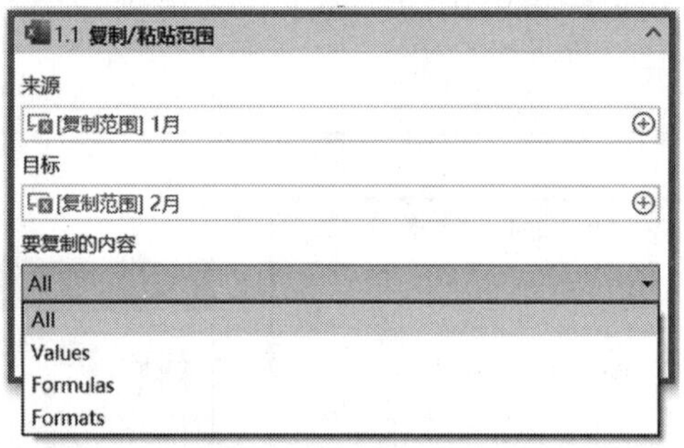

图 3-17　要复制的内容

3.2.7　删除行

【删除行】命令主要用于删除工作表、表格或范围中的指定行，主要参数有：

（1）目标表格或范围。直接选择需要删除的工作表或者通过“在 Excel 中指明”选择范围，还可以通过“自定义输入”来确定范围。

（2）要删除的内容。可以选择删除特定行、所有可见行、所有隐藏行和所有重复行，如图 3-18 所示。其中，删除所有可见行和隐藏行与【筛选】命令有关，详细内容将在 3.2.13 节中进行讲解。

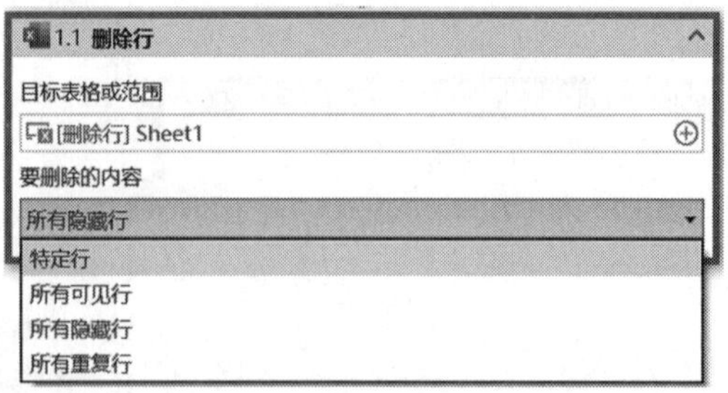

图 3-18　要删除的内容

（3）目标位置。在选择的表格或范围中指定要删除的位置，仅在删除特定行时才会有此参数，如图 3-19 所示。

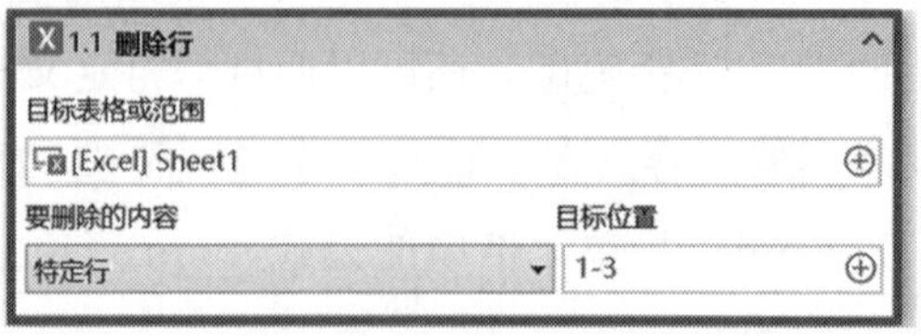

图 3-19　删除行的目标位置

接下来用一个实例来进行【删除行】命令的演示。

【例 3-1】 某企业的财务人员从系统中导出了一张库存商品表，如图 3-20 所示。包含商品的类别、品名和型号，表格存在重复行，现在我们利用财务机器人小玥自动删除所有重复行。

	A	B	C
1	类别	品名	型号
2	电视机	海尔	彩显21寸
3	洗衣机	万宝	普通5公斤
4	冰箱	海尔	180升
5	电视机	万宝	彩显21寸
6	洗衣机	海尔	豪华5.6公斤
7	冰箱	海信	180升
8	洗衣机	万宝	豪华5.6公斤
9	电视机	海尔	彩显21寸
10	洗衣机	海信	普通5公斤
11	电视机	海尔	彩显43寸
12	电视机	万宝	彩显43寸
13	冰箱	海信	180升
14	洗衣机	万宝	普通5公斤
15	冰箱	海尔	545升
16	电视机	海尔	彩显55寸
17	洗衣机	万宝	普通8公斤

图 3-20　库存商品表

具体步骤如下：

步骤 1：从“活动区”将【使用 Excel 文件】命令拖拽至“设计器面板”中；单击“Excel 文件”参数右边的“浏览文件”图标，在系统文件中选择“删除重复行.xlsx”工作簿，在“引用为”参数处输入“删除行案例”，如图 3-21 所示。

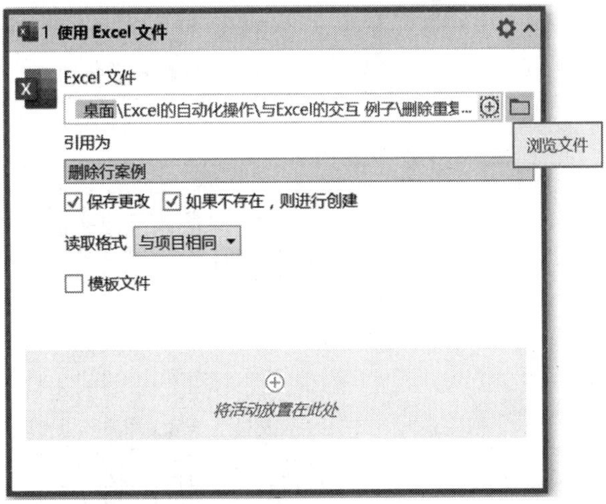

图 3-21　设置【使用 Excel 文件】命令的参数

注意：所有与 Excel 交互的命令都需要放在【使用 Excel 文件】命令内才可

以使用，其中，“Excel 文件”参数是指所使用的 Excel 工作簿的存储路径。

步骤 2：从“活动区”将【删除行】命令拖拽至图 3－21 所示的“将活动放置在此处”进行后续操作。

步骤 3：单击【删除行】命令的“目标表格或范围”参数右边的“+”号，选择“删除行案例”中的“Sheet1”工作表，如图 3－22 所示。

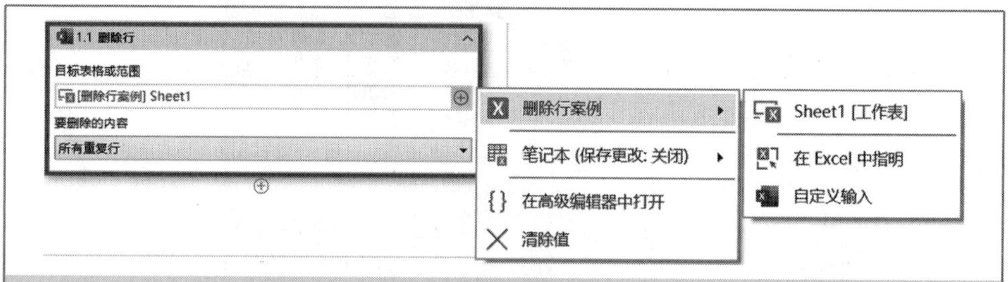

图 3－22　选择工作表

步骤 4：在【删除行】命令的“要删除的内容”参数的下拉菜单中选择“所有重复行”，如图 3－23 所示；单击“运行”，运行结果如图 3－24 所示。

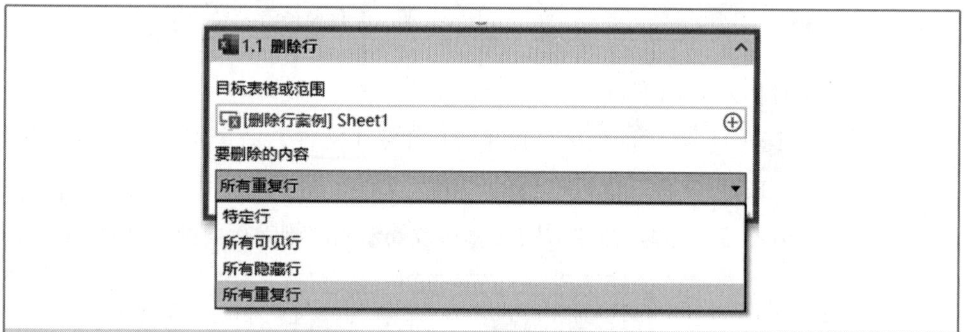

图 3－23　选择要删除的内容

	A	B	C
1	类别	品名	型号
2	电视机	海尔	彩显21寸
3	洗衣机	万宝	普通5公斤
4	冰箱	海尔	180升
5	电视机	万宝	彩显21寸
6	洗衣机	海尔	豪华5.6公斤
7	冰箱	海信	180升
8	洗衣机	万宝	豪华5.6公斤
9	洗衣机	海信	普通5公斤
10	电视机	海尔	彩显43寸
11	电视机	万宝	彩显43寸
12	冰箱	海尔	545升
13	电视机	海尔	彩显55寸
14	洗衣机	万宝	普通8公斤

图 3－24　运行结果

3.2.8　删除列

【删除列】命令主要用于删除工作表、表格或范围中的指定列。主要参数有：

（1）来源。直接选择需要删除的工作表或者通过“在 Excel 中指明”选择范围，还可以通过“自定义输入”来确定范围；此处勾选“含标头”。

（2）列名称。指要删除的列名称，可以直接输入文本，或者在“Range”中选择对应的列名称或列索引，如图 3－25 所示；也可以选择“在 Excel 中指明”，指定删除列的某一个单元格。

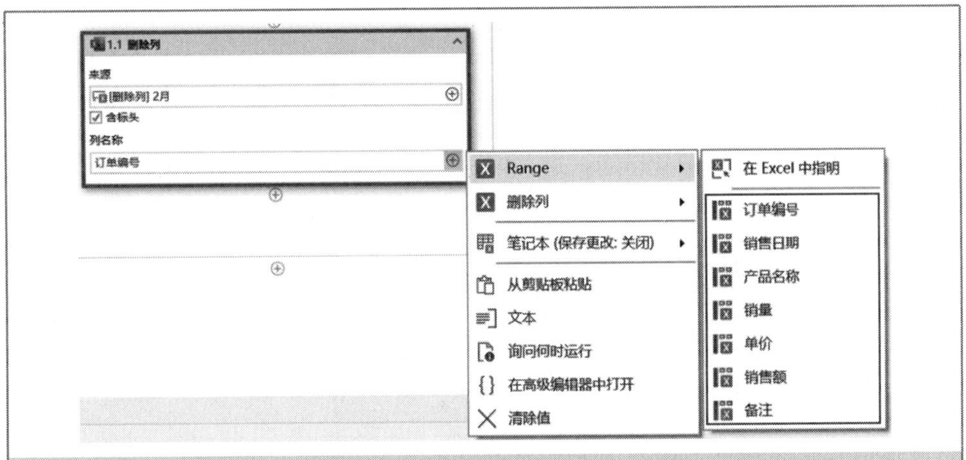

图 3－25　在“Range”中选择列名称

3.2.9　删除工作表

【删除工作表】命令主要用于从 Excel 工作簿中删除指定工作表，其参数只有“选择工作表”。可以直接选择需要删除的工作表或者通过“在 Excel 中指明”选定范围，还可以通过“自定义输入”来确定范围。如图 3－26 所示。

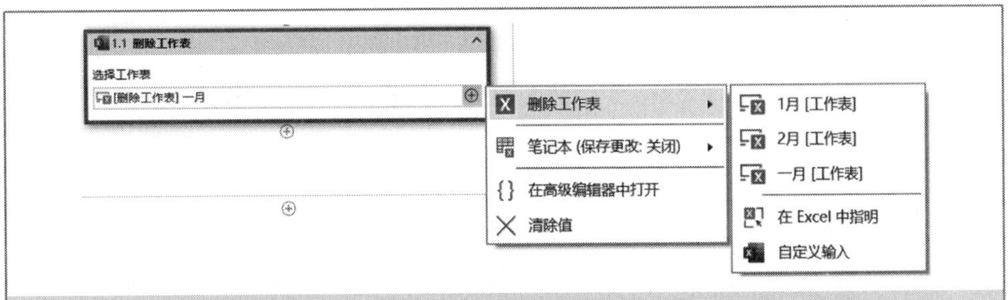

图 3－26　选择工作表

3.2.10 设置单元格的格式

【设置单元格的格式】命令主要用于设置指定范围内所有单元格的格式，主要参数有：

（1）来源。直接选择需要设置单元格格式的工作表或者通过“在 Excel 中指明”选择范围，还可以通过“自定义输入”来确定范围，如图 3－27 所示。

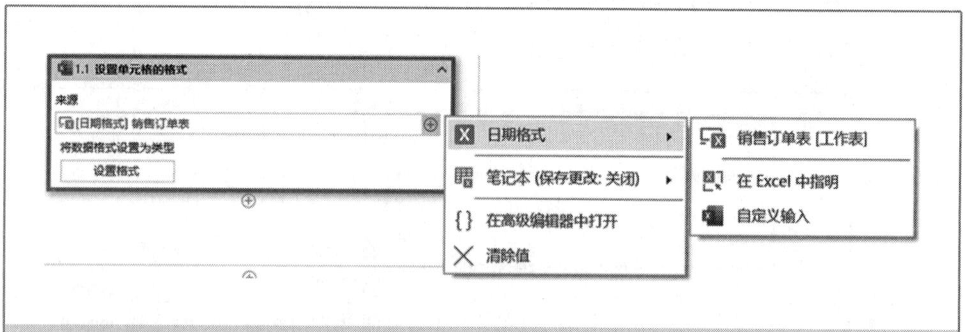

图 3－27　来源

（2）将数据格式设置为类型。选择要设置的格式类型，包括数据类型、对齐、字体和填充，如图 3－28 所示。

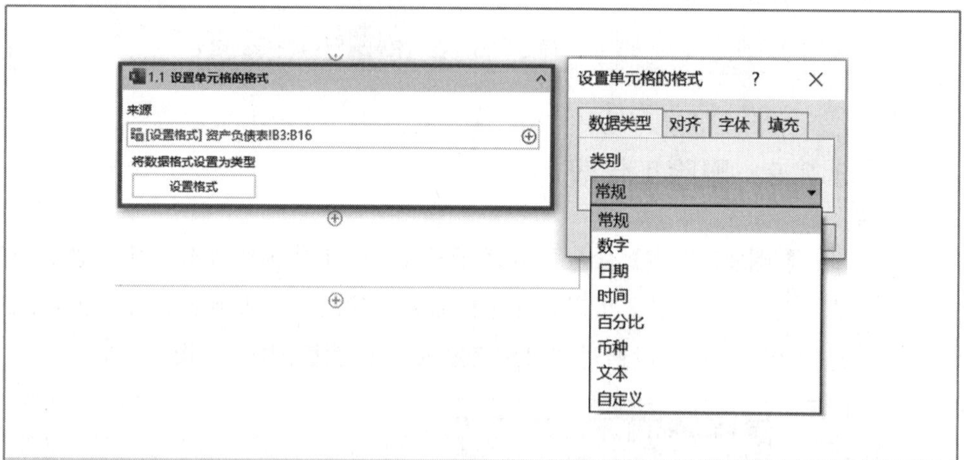

图 3－28　将数据格式设置为类型

接下来用一个实例来进行【设置单元格的格式】命令的演示。

【例 3－2】 某企业的财务人员从业务部门处收到一张销售订单表，如图 3－29 所示，包含商品的订单编号、销售日期和产品名称等，其中销售日期一列格式不一致，现在我们利用财务机器人小玥来统一并规范日期格式。

	A	B	C	D	E	F	G
1	订单编号	销售日期	产品名称	出库数量	单价	销售额	
2	HY2020511	2020/11/28	珀芙修复保湿套装	3	758.00	2274.00	
3	HY2020475	2020/11/17	雅梦石榴焕采修复保湿套装	1	368.00	368.00	
4	HY2020467	2020年11月29日	珀芙樱花复活霜	7	348.00	2436.00	
5	HY2020429	2020年11月25日	雅梦石榴焕采修复霜	9	168.00	1512.00	
6	HY2020422	2020年11月3日	珀芙樱花滋润乳	1	238.00	238.00	
7	HY2020420	44153	珀芙樱花保湿水	3	188.00	564.00	
8	HY2020418	44110	雅梦石榴焕采滋润乳	8	128.00	1024.00	
9	HY2020416	44155	雅梦石榴焕采保湿水	8	98.00	784.00	
10	HY2020414	2020年11月1日	雅梦石榴焕采修复霜	11	168.00	1848.00	
11	HY2020412	2020年11月23日	珀芙樱花滋润乳	23	238.00	5474.00	
12	HY2020409	2020/11/21	珀芙樱花滋润乳	11	238.00	2618.00	
13	HY2020408	2020/11/11	珀芙樱花保湿水	33	188.00	6204.00	
14	HY2020407	2020年11月2日	珀芙樱花滋润乳	17	238.00	4046.00	
15	HY2020403	2020年10月8日	雅梦石榴焕采滋润乳	18	128.00	2304.00	
16	HY2020343	2020/11/27	珀芙樱花复活霜	19	348.00	6612.00	
17	HY2020267	2021/1/16	雅梦石榴焕采修复霜	16	168.00	2688.00	
18	HY2020345	2020/11/17	珀芙樱花复活霜	19	348.00	6612.00	
19	HY2020776	2020/11/8	雅梦石榴焕采保湿水	19	98.00	1862.00	
20	HY2020323	2020/11/1	珀芙樱花滋润乳	13	238.00	3094.00	
21	HY2020308	2020/11/20	珀芙樱花保湿水	8	188.00	1504.00	

图 3-29　销售订单表

具体步骤如下：

步骤 1：从“活动区”将【使用 Excel 文件】命令拖拽至“设计器面板”中；单击“Excel 文件”参数右边的“浏览文件”图标，在系统文件中选择“设置单元格格式 . xlsx”工作簿；在“引用为”参数处输入“日期格式”，如图 3-30 所示。

图 3-30　设置【使用 Excel 文件】命令的参数

步骤 2：从“活动区”将【设置单元格的格式】命令拖拽至图 3-30 所示的“将活动放置在此处”进行后续操作。

步骤 3：单击【设置单元格的格式】命令的“来源”参数右边的“+”号，选择“日期格式”中的“在 Excel 中指明”，如图 3-31 所示；在打开的 Excel 工作簿中选择“销售日期”所在的列，单击“确认”。

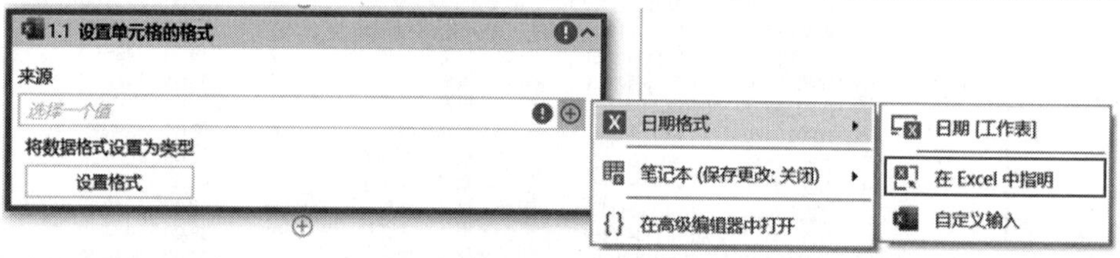

图 3－31　设置“来源”参数

步骤 4：单击“将数据格式设置为类型”参数的“设置格式”按钮，选择“数据类型”，在“类别”下拉菜单中选择“自定义”，并设置日期格式为“yyyy-mm-dd”，如图 3－32 所示。此外，还可以设置单元格的对齐、字体和填充格式。单击“运行”，运行结果如图 3－33 所示。

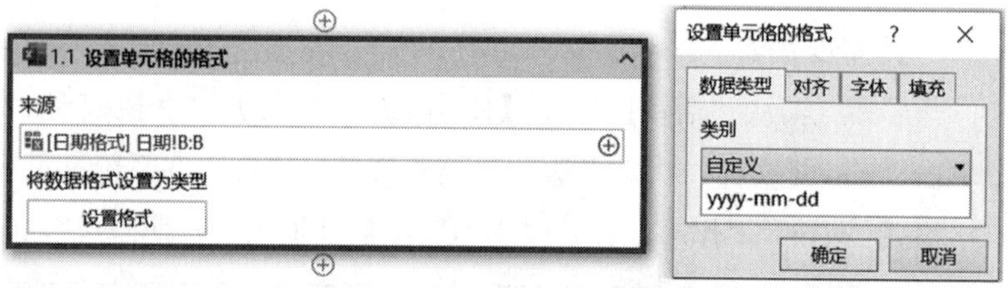

图 3－32　设置自定义日期格式

	A	B	C	D	E	F	G
1	订单编号	销售日期	产品名称	出库数量	单价	销售额	
2	HY2020511	11/28/2020	珀芙修复保湿套装	3	758.00	2274.00	
3	HY2020475	11/17/2020	雅梦石榴焕采修复保湿套装	1	368.00	368.00	
4	HY2020467	11/29/2020	珀芙樱花复活霜	7	348.00	2436.00	
5	HY2020429	11/25/2020	雅梦石榴焕采修复霜	9	168.00	1512.00	
6	HY2020422	11/3/2020	珀芙樱花滋润乳	1	238.00	238.00	
7	HY2020420	11/18/2020	珀芙樱花保湿水	3	188.00	564.00	
8	HY2020418	10/6/2020	雅梦石榴焕采滋润乳	8	128.00	1024.00	
9	HY2020416	11/20/2020	雅梦石榴焕采保湿水	8	98.00	784.00	
10	HY2020414	11/1/2020	雅梦石榴焕采修复霜	11	168.00	1848.00	
11	HY2020412	11/23/2020	珀芙樱花滋润乳	23	238.00	5474.00	
12	HY2020409	11/21/2020	珀芙樱花滋润乳	11	238.00	2618.00	
13	HY2020408	11/11/2020	珀芙樱花保湿水	33	188.00	6204.00	
14	HY2020407	11/2/2020	珀芙樱花滋润乳	17	238.00	4046.00	
15	HY2020403	10/8/2020	雅梦石榴焕采滋润乳	18	128.00	2304.00	
16	HY2020343	11/27/2020	珀芙樱花复活霜	19	348.00	6612.00	
17	HY2020267	1/16/2021	雅梦石榴焕采修复霜	16	168.00	2688.00	
18	HY2020345	11/17/2020	珀芙樱花复活霜	19	348.00	6612.00	
19	HY2020776	11/8/2020	雅梦石榴焕采保湿水	19	98.00	1862.00	
20	HY2020323	11/1/2020	珀芙樱花滋润乳	13	238.00	3094.00	
21	HY2020308	11/20/2020	珀芙樱花保湿水	8	188.00	1504.00	

图 3－33　运行结果

【例 3－3】 如图 3－34 所示，A2 至 B16 单元格区域显示的是某企业资产负债表中资产的期末余额，要求将期末余额的数值更改为以“万元”为单位。下面我们利用财务机器人小玥来完成更改。

	A	B
1	资产负债表主要数据	
2	**资产**	**期末余额**
3	流动资产：	
4	货币资金	671065.00
5	应收票据	100000.00
6	应收账款	228750.00
7	其他应收款	2800.00
8	存货	304270.00
9	流动资产合计	1306885.00
10	非流动资产：	
11	长期应收款	100000.00
12	长期股权投资	20000.00
13	固定资产	332700.00
14	无形资产	35000.00
15	非流动资产合计	487700.00
16	资产总计	1794585.00

图 3-34　资产的期末余额

具体步骤如下：

步骤 1、步骤 2 基本同例 3-2，在此不再赘述。

步骤 3：单击【设置单元格的格式】命令的“来源”参数右边的“+”号，选择“格式”中的“在 Excel 中指明”，如图 3-35 所示；在打开的 Excel 工作簿中选择“资产负债表”工作表中“期末余额”所在的范围“B3:B16”，单击“确认”。

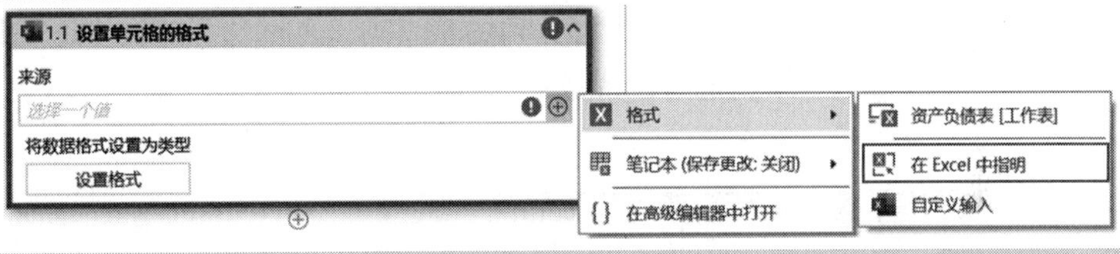

图 3-35　设置“来源”参数

步骤 4：单击“将数据格式设置为类型”参数的“设置格式”按钮，选择“数据类型”，在“类别”下拉菜单中选择“自定义”，并输入“0!.0,万元”，如图 3-36 所示，单击“确定”。此外，还可以设置单元格的对齐、字体和填充格式。单击“运行”，运行结果如图 3-37 所示。

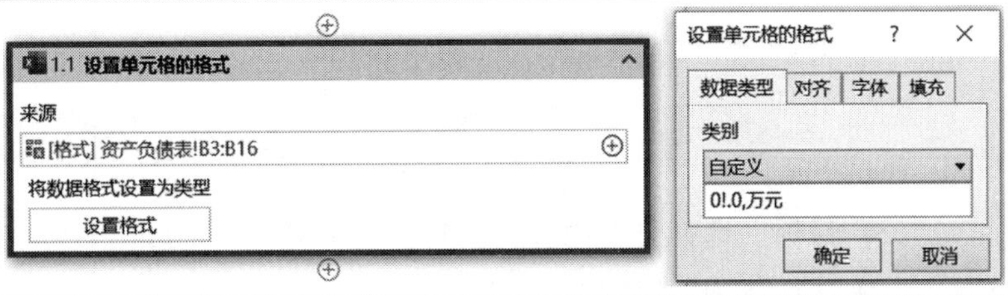

图 3-36　设置自定义格式

	A	B
1	资产负债表主要数据	
2	资产	期末余额
3	流动资产:	
4	货币资金	67.1万元
5	应收票据	10.0万元
6	应收账款	22.9万元
7	其他应收款	0.3万元
8	存货	30.4万元
9	流动资产合计	130.7万元
10	非流动资产:	
11	长期应收款	10.0万元
12	长期股权投资	2.0万元
13	固定资产	33.3万元
14	无形资产	3.5万元
15	非流动资产合计	48.8万元
16	资产总计	179.5万元

图 3-37　运行结果

3.2.11　分列

【分列】命令主要用于将单元格、范围或表格中的文本拆分成不同的列，主要参数有：

（1）来源。选择需要进行分列的某一列。可以选择“在 Excel 中指明”或“自定义输入”来指定列，如图 3-38 所示。

图 3-38　来源

（2）目标。选择分列内容的目标位置。通过“在 Excel 中指明”或“自定义输入”来选择范围。

（3）数据类型。选择分列的标准，带分隔符或者定宽，如图 3-39 所示。

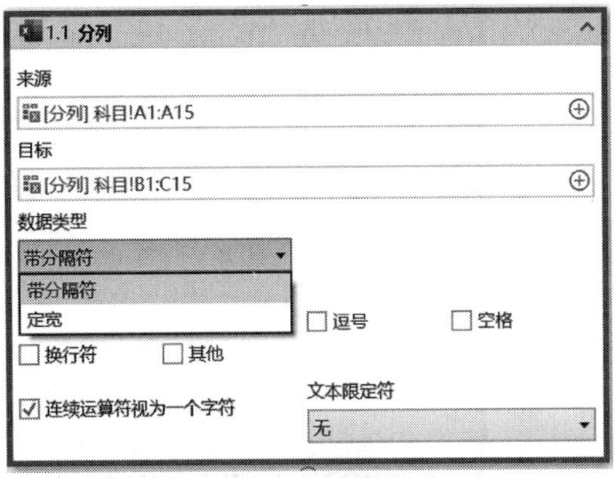

图 3-39　数据类型

接下来用一个实例来进行【分列】命令的演示。

【例 3-4】　如图 3-40 所示，A1 至 A15 单元格区域显示的是会计科目代码与名称，要求将科目代码和名称分别提取到 B，C 两列中，现在我们利用财务机器人小玥来完成自动分列。

	A	B	C
1	科目代码-名称		
2	1001-库存现金		
3	1002-银行存款		
4	1121-应收票据		
5	1123-预付账款		
6	1132-应收利息		
7	1602-累计折旧		
8	1603-固定资产减值准备		
9	1604-在建工程		
10	1122-应收账款		
11	1123-预付账款		
12	1221-其他应收款		
13	1231-坏账准备		
14	1403-原材料		
15	1405-库存商品		

图 3-40　会计科目代码与名称

具体步骤如下：

步骤 1：从“活动区”将【使用 Excel 文件】命令拖拽至“设计器面板”中；单击“Excel 文件”参数右边的“浏览文件”图标，在系统文件中选择“分列. xlsx”工作簿；在“引用为”参数处输入“分列”，如图 3-41 所示。

步骤 2：从“活动区”将【分列】命令拖拽至图 3-41 所示的“将活动放置在此处”进行后续操作。

步骤 3：单击【分列】命令的“来源”参数右边的“+”号，选择“分列”中的“在 Excel 中指明”，如图 3-42 所示；在打开的 Excel 工作簿中选择“A1:A15”区域，单击“确认”。

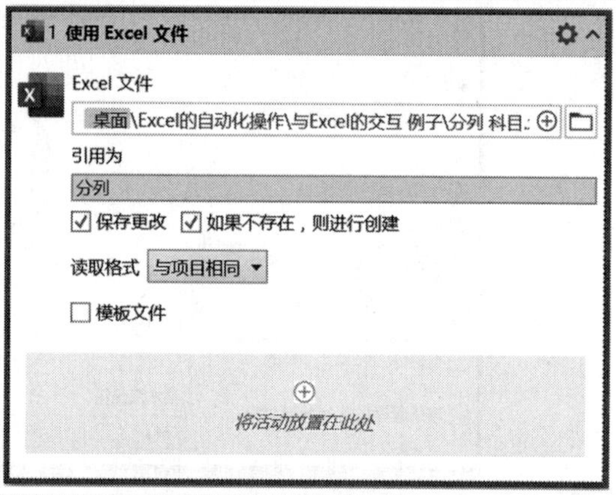

图 3-41　设置【使用 Excel 文件】命令的参数

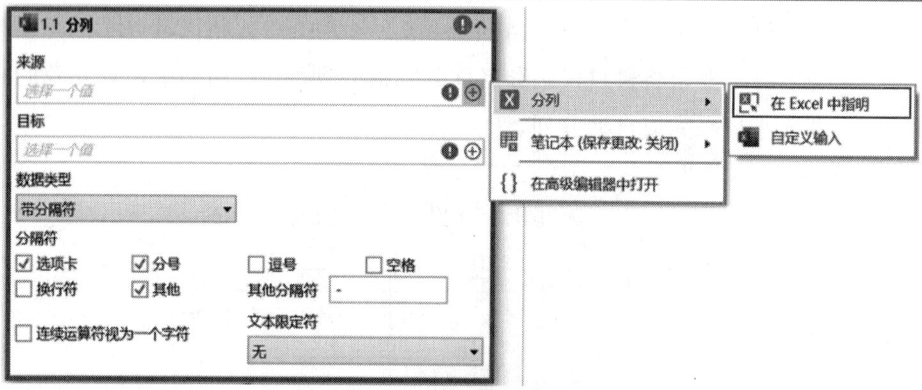

图 3-42　设置“来源”参数

步骤 4：单击“目标”参数右边的“+”号，选择“分列”中的“在 Excel 中指明”，如图 3-43 所示；在打开的 Excel 工作簿中选择“B1:C15”区域。

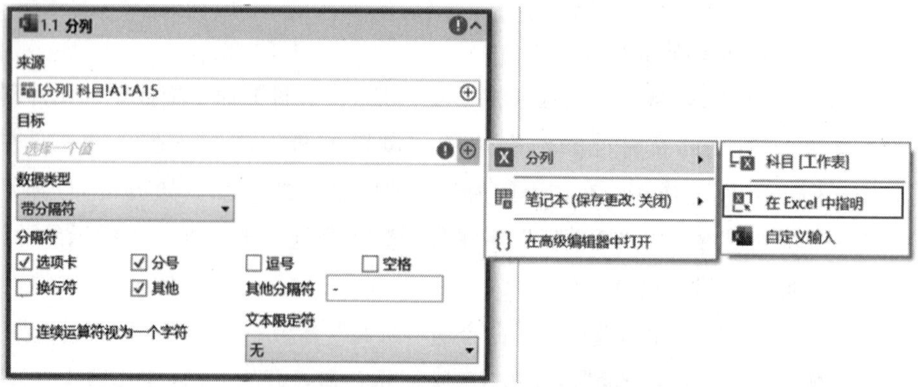

图 3-43　设置“目标”参数

步骤 5：在“数据类型”参数的下拉菜单中选择“带分隔符”，可以从已有的字符中进行选择，也可以在“其他分隔符”处手动输入所需字符，此处我们手动输入“-”，如图 3-44 所示。单击“运行”，运行结果如图 3-45 所示。

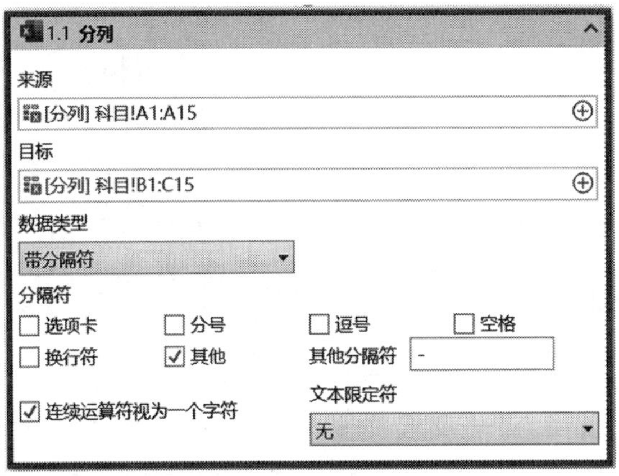

图 3-44　设置分隔符

	A	B	C
1	科目代码-名称	科目代码	名称
2	1001-库存现金	1001	库存现金
3	1002-银行存款	1002	银行存款
4	1121-应收票据	1121	应收票据
5	1123-预付账款	1123	预付账款
6	1132-应收利息	1132	应收利息
7	1602-累计折旧	1602	累计折旧
8	1603-固定资产减值准备	1603	固定资产减值准备
9	1604-在建工程	1604	在建工程
10	1122-应收账款	1122	应收账款
11	1123-预付账款	1123	预付账款
12	1221-其他应收款	1221	其他应收款
13	1231-坏账准备	1231	坏账准备
14	1403-原材料	1403	原材料
15	1405-库存商品	1405	库存商品

图 3-45　运行结果

3.2.12　查找/替换值

【查找/替换值】命令主要用于在指定范围内搜索指定值或者用给定值替换指定值，主要参数有：

(1) 操作。包括“查找”“替换”“全部替换”操作。其中“替换”只能替换单个值，“全部替换”可以替换多个值。

(2) 搜索地点。直接选择需要查找或替换的工作表或者通过“在 Excel 中指明”选择范围，还可以通过“自定义输入”来确定范围，如图 3 - 46 所示。

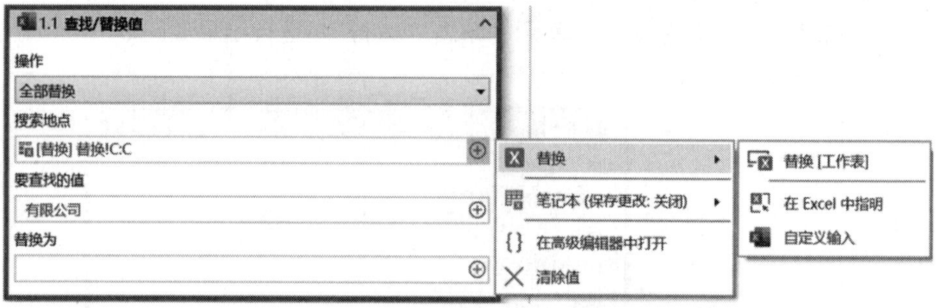

图 3 - 46　搜索地点

（3）要查找的值。输入需要查找的指定值。

（4）替换为。给定替换值，图 3 - 47 为把“有限公司”替换为空值。

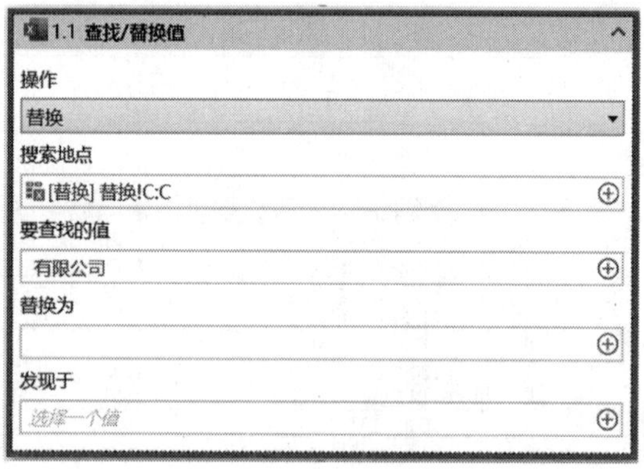

图 3 - 47　把“有限公司”替换为空值

3.2.13　筛选

【筛选】命令主要用于根据单个列中的值，在范围、表格或工作表中创建筛选条件，这些值也可用于清除现有筛选条件。主要参数有：

（1）来源。直接选择需要筛选的工作表或者通过“在 Excel 中指明”选择表格范围，还可以通过“自定义输入”来确定范围，如图 3 - 48 所示。

（2）列名称。指需要筛选的数据所在列的名称，可以直接输入文本，或者在“范围”中选择对应的列名称或列索引，也可以选择“在 Excel 中指明”，指定筛选列的某一个单元格，如图 3 - 49 所示。

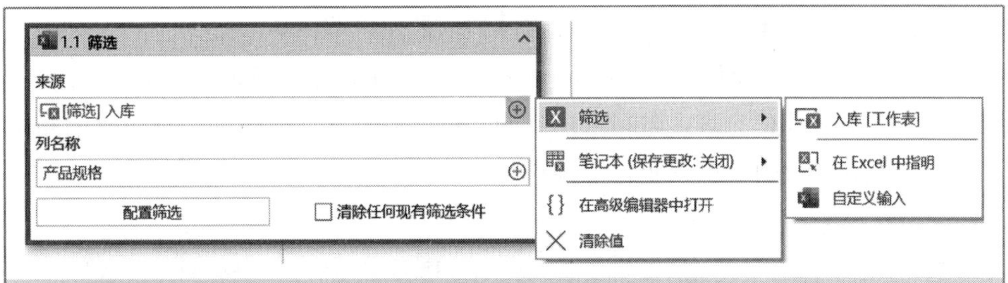

图 3-48　来源

图 3-49　列名称

（3）配置筛选。设置筛选条件，包括“基本筛选器”和“高级筛选器”，如图 3-50 所示。

图 3-50　配置筛选

说明：勾选“清除任何现有筛选条件”可以清除目前的所有筛选条件。

接下来用一个实例来进行【筛选】命令的演示。

【例 3-5】 如图 3-51 所示，A1 至 E15 单元格区域显示的是某企业的库存商品入库信息表，包括入库日期、供应商、产品规格等，现在我们利用财务机器人小玥来自动筛选出产品规格为“75 英寸液晶电视”的入库信息。

	A	B	C	D	E
1	入库日期	供应商	产品规格	进货数量	标准库存
2	2020/8/9	海尔	75英寸液晶电视	16	18
3	2020/6/18	海尔	65英寸液晶电视	21	20
4	2020/8/17	海尔	65英寸激光电视	12	11
5	2020/7/12	海尔	55英寸液晶电视	8	10
6	2020/9/13	海信	75英寸液晶电视	17	16
7	2020/5/20	海信	55英寸智能电视	14	13
8	2020/7/15	海信	45英寸液晶电视	19	20
9	2020/9/15	海信	65英寸液晶电视	20	17
10	2020/12/19	长虹	75英寸语音电视	9	11
11	2020/11/24	长虹	55英寸液晶电视	8	9
12	2020/11/9	长虹	45英寸液晶电视	17	15
13	2020/6/17	索尼	55英寸智能电视	19	21
14	2020/9/27	索尼	65英寸液晶电视	23	20
15	2020/12/28	索尼	75英寸液晶电视	15	16

图 3-51 库存商品入库信息表

具体步骤如下：

步骤 1：在“活动区”将【使用 Excel 文件】命令拖拽至“设计器面板”中；单击“Excel 文件”参数右边的“浏览文件”图标，在系统文件中选择“筛选.xlsx”工作簿，在“引用为”参数处输入“筛选”，如图 3-52 所示。

图 3-52 设置【使用 Excel 文件】命令的参数

步骤 2：从“活动区”将【筛选】命令拖拽至图 3-52 所示的“将活动放置在此处”进行后续操作。

步骤 3：单击【筛选】命令的“来源”参数右边的“+”号，选择“筛选”中的“入库”工作表，如图 3-53 所示；“列名称”参数可以在“范围”处直接选择列名称，或者选择“文本”，在打开的“文本生成器”中输入“产品规格”，如图 3-54 所示。

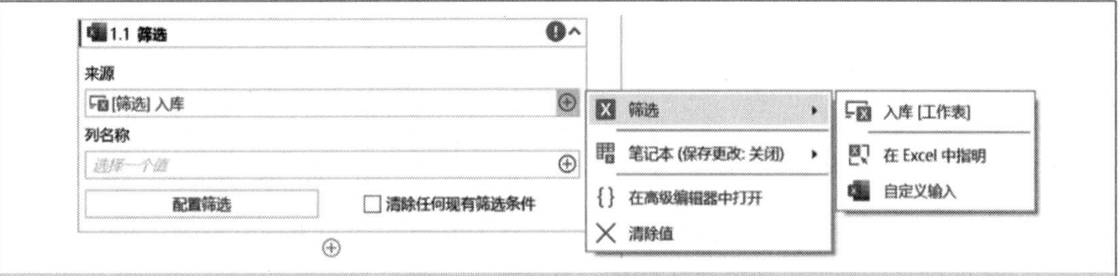

图 3-53　设置“来源”参数

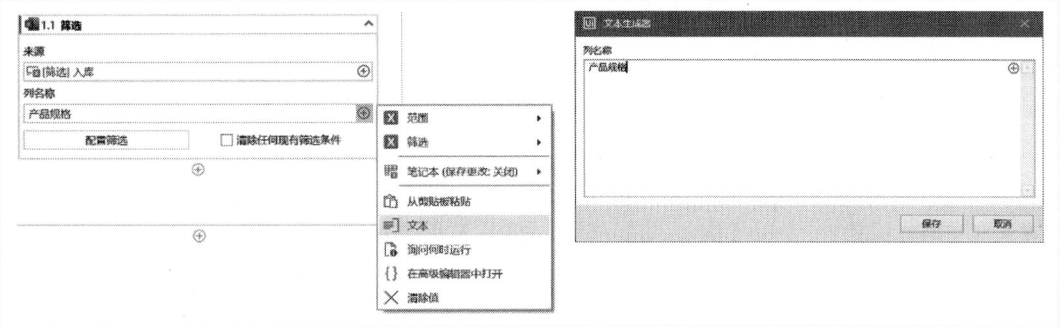

图 3-54　设置“列名称”参数

步骤 4：单击图 3-54 中的“配置筛选”按钮，选择“基本筛选器”，在筛选值处输入文本“75 英寸液晶电视”，单击“确定”，如图 3-55 所示。单击“运行”，筛选结果如图 3-56 所示。

图 3-55　设置基本筛选条件

	A	B	C	D	E
1	入库日期	供应商	产品规格	进货数	标准库
2	2020/8/9	海尔	75英寸液晶电视	16	18
6	2020/9/13	海信	75英寸液晶电视	17	16
15	2020/12/28	索尼	75英寸液晶电视	15	16
16					
17					
18					
19					

图 3-56　筛选结果

说明：基本筛选与高级筛选的主要区别在于筛选的条件值不同。基本筛选的条件值必须是表格中确定的信息，多个条件之间是“或”的关系。而高级筛选的条件值只需要包含表格中的某个信息，多个条件之间除了“或”的关系，还可以是并列关系，即必须同时满足。

【例 3-6】 接例 3-5，要求从入库信息表中筛选出产品规格为“液晶电视”和“语音电视”的入库信息，不区分英寸大小。现在我们利用财务机器人小玥来完成自动高级筛选。

具体步骤如下：

步骤 1、2 与【例 3-5】相同，在此不再赘述。

步骤 3：单击【筛选】命令的“来源”参数右边的“+”号，选择“筛选”中的“入库”工作表；“列名称”参数可以在“范围”处直接选择列名称，或者选择“文本”，在打开的“文本生成器”中输入“产品规格”，如图 3-57 所示。

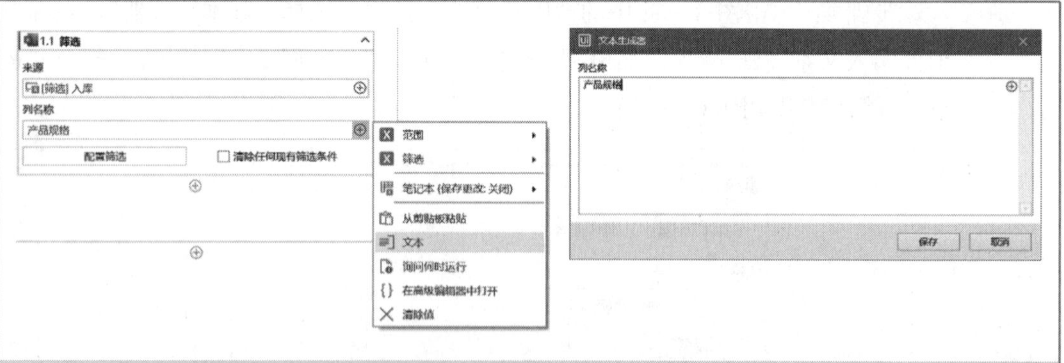

图 3-57　设置“列名称”参数

步骤 4：单击“配置筛选”按钮，选择“高级筛选器”，在筛选值处的下拉菜单中选择“包含”，输入文本“液晶电视”；勾选“或”之后在第二个筛选值处的下拉菜单中选择“包含”，输入文本“语音电视”，如图 3-58 所示；单击“运行”，高级筛选结果如图 3-59 所示。

图 3-58　设置高级筛选条件

	A	B	C	D	E
1	入库日期	供应商	产品规格	进货数	标准库
2	2020/8/9	海尔	75英寸液晶电视	16	18
3	2020/6/18	海尔	65英寸液晶电视	21	20
5	2020/7/12	海尔	55英寸液晶电视	8	10
6	2020/9/13	海信	75英寸液晶电视	17	16
8	2020/7/15	海信	45英寸液晶电视	19	20
9	2020/9/15	海信	65英寸液晶电视	20	17
10	2020/12/19	长虹	75英寸语音电视	9	11
11	2020/11/24	长虹	55英寸液晶电视	8	9
12	2020/11/9	长虹	45英寸液晶电视	17	15
14	2020/9/27	索尼	65英寸液晶电视	23	20
15	2020/12/28	索尼	75英寸液晶电视	15	16

图 3-59　高级筛选结果

说明：在 3.2.7 节中介绍【删除行】命令时曾提到“删除隐藏行”这一操作，【筛选】命令通常是将不符合筛选条件的行隐藏起来，所谓“删除隐藏行”就是将隐藏的行彻底删除，只保留符合条件的信息。

【例 3-7】 接例 3-5，如图 3-60 所示，要求在基本筛选后删除自动隐藏的行，只保留产品规格为“75 英寸液晶电视”的入库信息。现在我们利用财务机器人小玥来自动删除隐藏行。

	A	B	C	D	E
1	入库日期	供应商	产品规格	进货数	标准库
2	2020/8/9	海尔	75英寸液晶电视	16	18
6	2020/9/13	海信	75英寸液晶电视	17	16
15	2020/12/28	索尼	75英寸液晶电视	15	16
16					
17					
18					
19					

图 3-60　75 英寸液晶电视的筛选结果

具体步骤如下：

步骤 1：接例 3－5 的操作，从“活动区”将【删除行】命令拖拽至【筛选】命令下方的“＋”号处；单击“目标表格或范围”参数右边的“＋”号，选择“筛选”中的“入库”工作表；在“要删除的内容”参数下拉菜单中选择“所有隐藏行”，如图 3－61 所示。

图 3－61　设置【删除行】命令的参数

步骤 2：从“活动区”将【筛选】命令拖拽至【删除行】命令下方的“＋”号处；单击“来源”参数右边的“＋”号，选择“筛选”中的“入库”工作表；勾选“清除任何现有筛选条件”，如图 3－62 所示。单击“运行”，运行结果如图 3－63 所示。

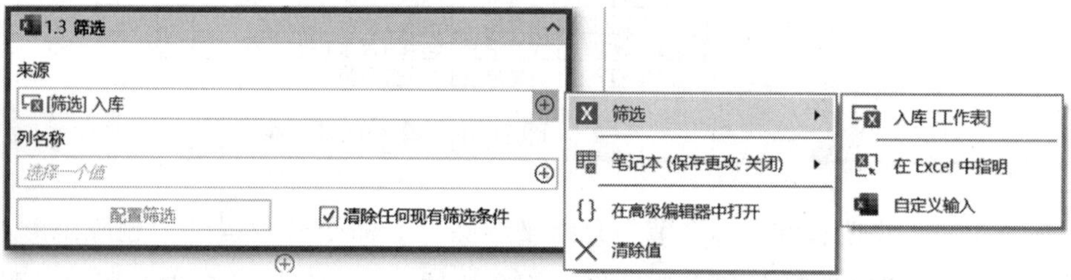

	A	B	C	D	E
1	入库日期	供应商	产品规格	进货数	标准库
2	2020/8/9	海尔	75英寸液晶电视	16	18
3	2020/9/13	海信	75英寸液晶电视	17	16
4	2020/12/28	索尼	75英寸液晶电视	15	16

图 3－63　运行结果

【例 3－8】 接例 3－5，要求删除已筛选出来的产品规格为“75 英寸液晶电视”的入库信息，并显示隐藏的其他信息。现在我们利用财务机器人小玥来自动删除可见行。

具体步骤如下：

步骤1：接例3-5的操作，从“活动区”将【删除行】命令拖拽至【筛选】命令下方的“+”号处；单击“目标表格或范围”参数右边的“+”号，选择“筛选”中的“入库”工作表；在“要删除的内容”参数下拉菜单中选择“所有可见行”，如图3-64所示。

图3-64　设置【删除行】命令的参数

步骤2：从“活动区”将【筛选】命令拖拽至【删除行】命令下方的“+”号处，单击“来源”参数右边的“+”号，选择“筛选”中的“入库”工作表；勾选“清除任何现有筛选条件”，如图3-65所示。单击“运行”，运行结果如图3-66所示。

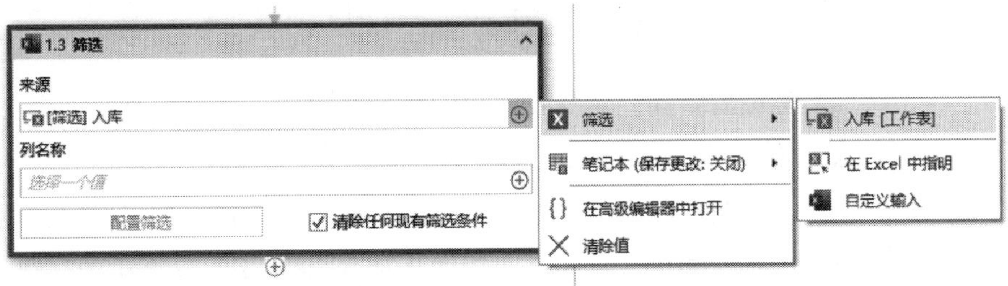

图3-65　设置【筛选】命令的参数

	A	B	C	D	E
1	入库日期	供应商	产品规格	进货数	标准库
2	2020/6/18	海尔	65英寸液晶电视	21	20
3	2020/8/17	海尔	65英寸激光电视	12	11
4	2020/7/12	海尔	55英寸液晶电视	8	10
5	2020/5/20	海信	55英寸智能电视	14	13
6	2020/7/15	海信	45英寸液晶电视	19	20
7	2020/9/15	海信	65英寸液晶电视	20	17
8	2020/12/19	长虹	75英寸语音电视	9	11
9	2020/11/24	长虹	55英寸液晶电视	8	9
10	2020/11/9	长虹	45英寸液晶电视	17	15
11	2020/6/17	索尼	55英寸智能电视	19	21
12	2020/9/27	索尼	65英寸液晶电视	23	20

图3-66　运行结果

3.2.14 附加范围

【附加范围】命令是指将表格、范围或工作表的数据复制粘贴至另一个指定表格、范围或工作表中的现有数据后面，主要参数有：

（1）要附加的 Excel 范围。将数据粘贴到此范围或工作表之后。可以直接选择工作表或选择“在 Excel 中指明”，还可以通过“自定义输入”来确定范围，如图 3-67 所示。

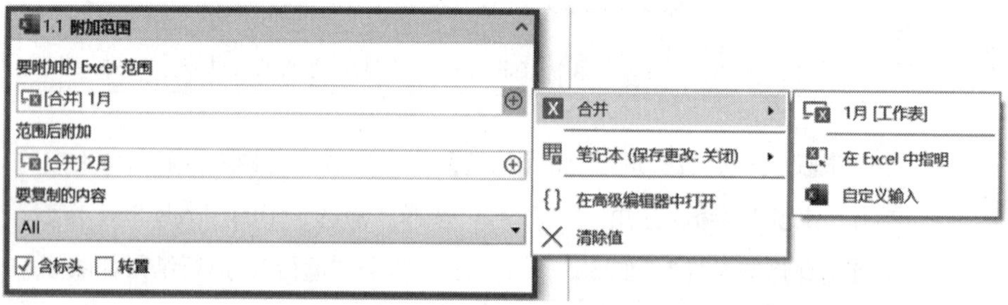

图 3-67 要附加的 Excel 范围

（2）范围后附加。选择要附加的目标范围或工作表。直接选择工作表或选择“在 Excel 中指明”，还可以通过“自定义输入”来确定范围。

（3）要复制的内容。在下拉菜单中选择需要复制的数据内容，如图 3-68 所示。菜单中选项的含义见 3.2.6 节【复制/粘贴范围】命令中的介绍。

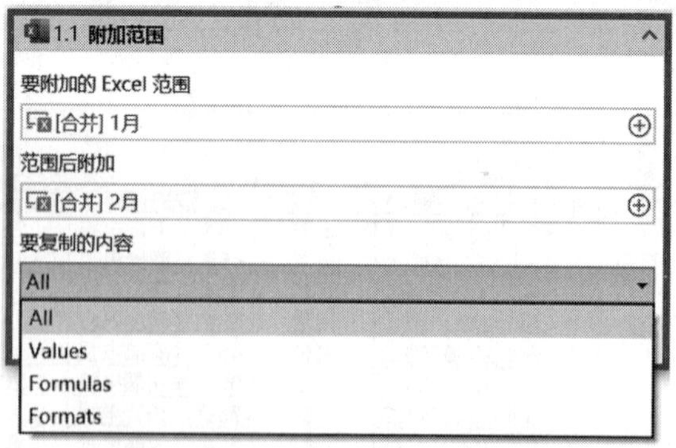

图 3-68 要复制的内容

注意：勾选“含标头”，确保 UiPath 可以将表中的第一行识别为标头。

接下来用一个实例来进行【附加范围】命令的演示。

【例 3-9】 某企业的财务人员从系统中导出了 1 月、2 月的销售信息表，如图 3-69 所示，它们是一个 Excel 工作簿中的两张工作表。现在我们利用财务机器人小玥来自动合并同一工作簿中的两张工作表。

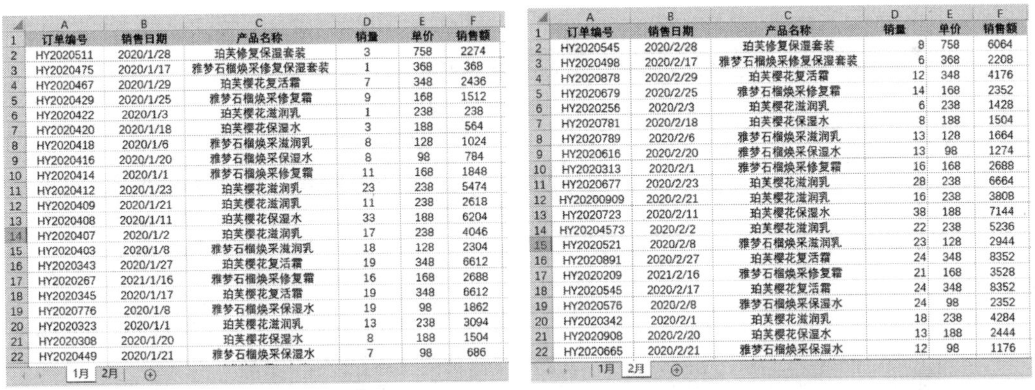

	A	B	C	D	E	F
1	订单编号	销售日期	产品名称	销量	单价	销售额
2	HY2020511	2020/1/28	珀芙修复保湿套装	3	758	2274
3	HY2020475	2020/1/17	雅梦石榴焕采修复保湿套装	1	368	368
4	HY2020467	2020/1/29	珀芙樱花复活霜	7	348	2436
5	HY2020429	2020/1/25	雅梦石榴焕采修复霜	9	168	1512
6	HY2020422	2020/1/3	珀芙樱花滋润乳	1	238	238
7	HY2020420	2020/1/18	珀芙樱花保湿水	3	188	564
8	HY2020418	2020/1/6	雅梦石榴焕采滋润乳	8	128	1024
9	HY2020416	2020/1/20	雅梦石榴焕采保湿水	8	98	784
10	HY2020414	2020/1/1	雅梦石榴焕采修复霜	11	168	1848
11	HY2020412	2020/1/23	珀芙樱花滋润乳	23	238	5474
12	HY2020409	2020/1/21	珀芙樱花滋润乳	11	238	2618
13	HY2020408	2020/1/11	珀芙樱花保湿水	33	188	6204
14	HY2020407	2020/1/2	珀芙樱花滋润乳	17	238	4046
15	HY2020403	2020/1/8	雅梦石榴焕采滋润乳	18	128	2304
16	HY2020343	2020/1/27	珀芙樱花复活霜	19	348	6612
17	HY2020267	2021/1/16	雅梦石榴焕采修复霜	16	168	2688
18	HY2020345	2020/1/17	珀芙樱花复活霜	19	348	6612
19	HY2020776	2020/1/8	雅梦石榴焕采保湿水	19	98	1862
20	HY2020323	2020/1/1	珀芙樱花滋润乳	13	238	3094
21	HY2020308	2020/1/20	珀芙樱花保湿水	8	188	1504
22	HY2020449	2020/1/21	雅梦石榴焕采保湿水	7	98	686

1月 2月

	A	B	C	D	E	F
1	订单编号	销售日期	产品名称	销量	单价	销售额
2	HY2020545	2020/2/28	珀芙修复保湿套装	8	758	6064
3	HY2020498	2020/2/17	雅梦石榴焕采修复保湿套装	6	368	2208
4	HY2020878	2020/2/29	珀芙樱花复活霜	12	348	4176
5	HY2020679	2020/2/25	雅梦石榴焕采修复霜	14	168	2352
6	HY2020256	2020/2/3	珀芙樱花滋润乳	6	238	1428
7	HY2020781	2020/2/18	珀芙樱花保湿水	8	188	1504
8	HY2020789	2020/2/6	雅梦石榴焕采滋润乳	13	128	1664
9	HY2020616	2020/2/20	雅梦石榴焕采保湿水	13	98	1274
10	HY2020313	2020/2/1	雅梦石榴焕采修复霜	16	168	2688
11	HY2020677	2020/2/23	珀芙樱花滋润乳	28	238	6664
12	HY20200909	2020/2/21	珀芙樱花滋润乳	16	238	3808
13	HY2020723	2020/2/11	珀芙樱花保湿水	38	188	7144
14	HY20204573	2020/2/2	珀芙樱花滋润乳	22	238	5236
15	HY2020521	2020/2/8	雅梦石榴焕采滋润乳	23	128	2944
16	HY2020891	2020/2/27	珀芙樱花复活霜	24	348	8352
17	HY2020209	2021/2/16	雅梦石榴焕采修复霜	21	168	3528
18	HY2020545	2020/2/17	珀芙樱花复活霜	24	348	8352
19	HY2020576	2020/2/8	雅梦石榴焕采保湿水	24	98	2352
20	HY2020342	2020/2/1	珀芙樱花滋润乳	18	238	4284
21	HY2020908	2020/2/20	珀芙樱花保湿水	13	188	2444
22	HY2020665	2020/2/21	雅梦石榴焕采保湿水	12	98	1176

1月 2月

图 3-69 1 月、2 月的销售信息表

具体步骤如下：

步骤 1：从"活动区"将【使用 Excel 文件】命令拖拽至"设计器面板"中；单击"Excel 文件"参数右边的"浏览文件"图标，在系统文件中选择"合并.xlsx"工作簿，在"引用为"参数处输入"合并"，如图 3-70 所示。

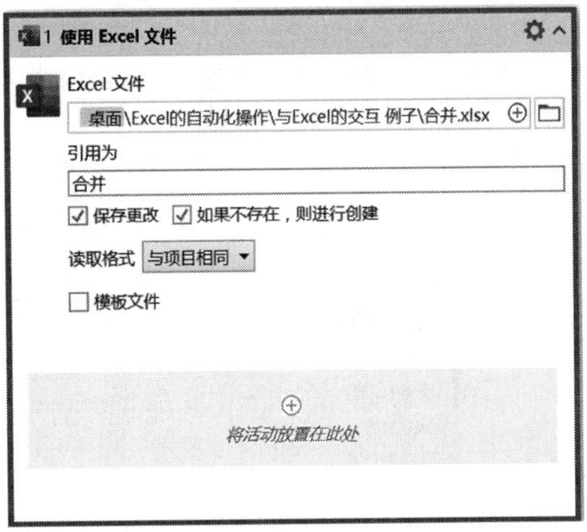

图 3-70 设置【使用 Excel 文件】命令的参数

步骤 2：从"活动区"将【附加范围】命令拖拽至图 3-70 所示的"将活动放置在此处"进行后续操作。

步骤 3：单击【附加范围】命令的“要附加的 Excel 范围”参数右边的“+”号，选择“合并”中的“2 月”工作表，如图 3－71 所示；同样地，单击“范围后附加”参数右边的“+”号，选择“合并”中的“1 月”工作表，如图 3－72 所示。

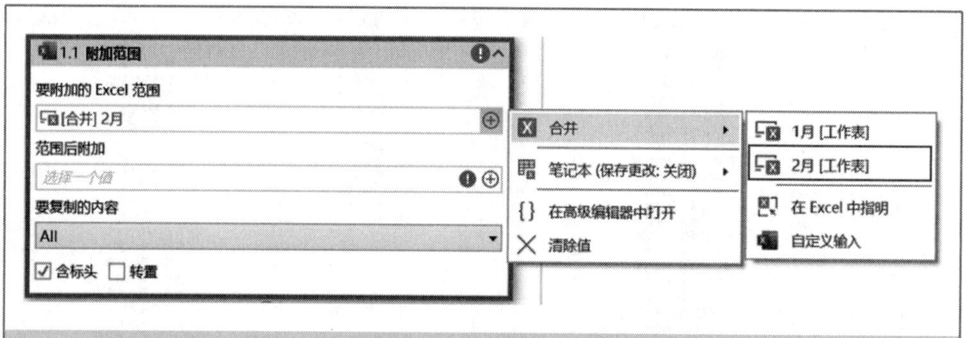

图 3－71　设置“要附加的 Excel 范围”参数

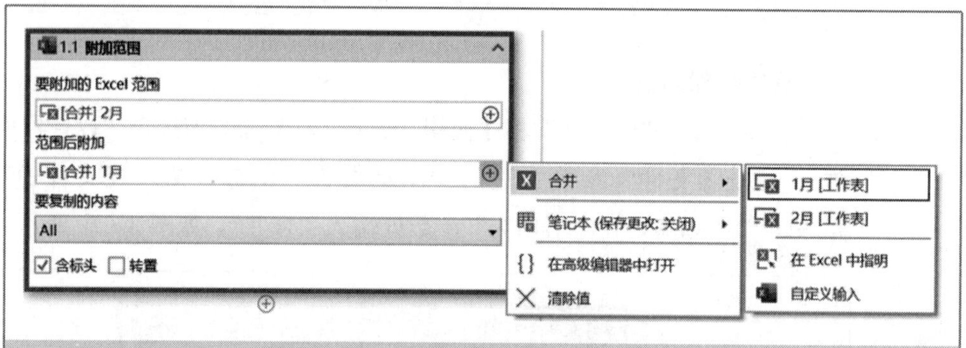

图 3－72　设置“范围后附加”参数

步骤 4：在“要复制的内容”参数下拉菜单中选择“All”，并勾选“含标头”，如图 3－73 所示。单击“运行”，运行结果如图 3－74 所示。

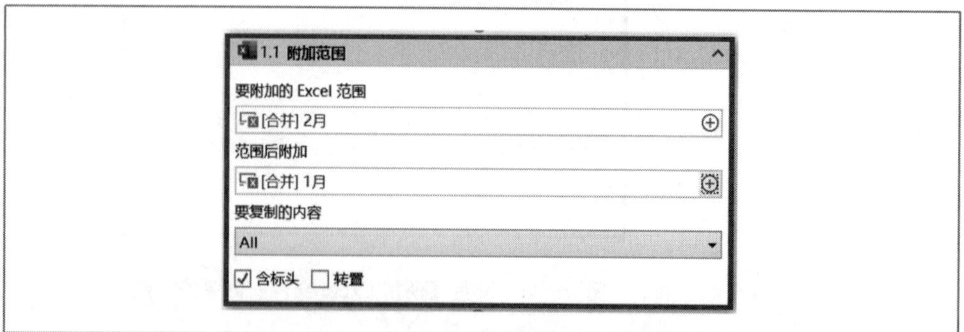

图 3－73　设置“要复制的内容”参数

	A	B	C	D	E	F
1	订单编号	销售日期	产品名称	销量	单价	销售额
2	HY2020511	2020/1/28	珀芙修复保湿套装	3	758	2274
3	HY2020475	2020/1/17	雅梦石榴焕采修复保湿套装	1	368	368
4	HY2020467	2020/1/29	珀芙樱花复活霜	7	348	2436
5	HY2020429	2020/1/25	雅梦石榴焕采修复霜	9	168	1512
6	HY2020422	2020/1/3	珀芙樱花滋润乳	1	238	238
7	HY2020420	2020/1/18	珀芙樱花保湿水	3	188	564
8	HY2020418	2020/1/6	雅梦石榴焕采滋润乳	8	128	1024
9	HY2020416	2020/1/20	雅梦石榴焕采保湿水	8	98	784
10	HY2020414	2020/1/1	雅梦石榴焕采修复霜	11	168	1848
11	HY2020412	2020/1/23	珀芙樱花滋润乳	23	238	5474
12	HY2020409	2020/1/21	珀芙樱花滋润乳	11	238	2618
13	HY2020408	2020/1/11	珀芙樱花保湿水	33	188	6204
14	HY2020407	2020/1/2	珀芙樱花滋润乳	17	238	4046
15	HY2020403	2020/1/8	雅梦石榴焕采滋润乳	18	128	2304
16	HY2020343	2020/1/27	珀芙樱花复活霜	19	348	6612
17	HY2020267	2021/1/16	雅梦石榴焕采修复霜	16	168	2688
18	HY2020345	2020/1/17	珀芙樱花复活霜	19	348	6612
19	HY2020776	2020/1/8	雅梦石榴焕采保湿水	19	98	1862
20	HY2020323	2020/1/1	珀芙樱花滋润乳	13	238	3094
21	HY2020308	2020/1/20	珀芙樱花保湿水	8	188	1504
22	HY2020449	2020/1/21	雅梦石榴焕采保湿水	7	98	686
23	HY2020545	2020/2/28	珀芙修复保湿套装	8	758	6064
24	HY2020498	2020/2/17	雅梦石榴焕采修复保湿套装	6	368	2208
25	HY2020878	2020/2/29	珀芙樱花复活霜	12	348	4176
26	HY2020679	2020/2/25	雅梦石榴焕采修复霜	14	168	2352
27	HY2020256	2020/2/3	珀芙樱花滋润乳	6	238	1428
28	HY2020781	2020/2/18	珀芙樱花保湿水	8	188	1504

图 3-74　运行结果

注意：选择工作表的顺序很重要，上述操作是将企业 2 月的销售信息复制粘贴到 1 月的销售信息后面。

【例 3-10】　接例 3-9，若 1 月、2 月的销售信息表是两个单独的 Excel 工作簿，如图 3-75 所示。现在我们利用财务机器人小玥来自动合并两个 Excel 工作簿。

名称	修改日期	类型	大小
1月.xlsx	2021/5/15 0:38	Microsoft Excel 工...	14 KB
2月 .xlsx	2021/5/15 0:37	Microsoft Excel 工...	13 KB

图 3-75　1 月、2 月工作簿

具体步骤如下：

步骤 1：从“活动区”将【使用 Excel 文件】命令拖拽至“设计器面板”中；单击“Excel 文件”参数右边的“浏览文件”图标，在系统文件中选择“1 月.xlsx”文件，此处我们将其引用为“一月”，如图 3-76 所示。

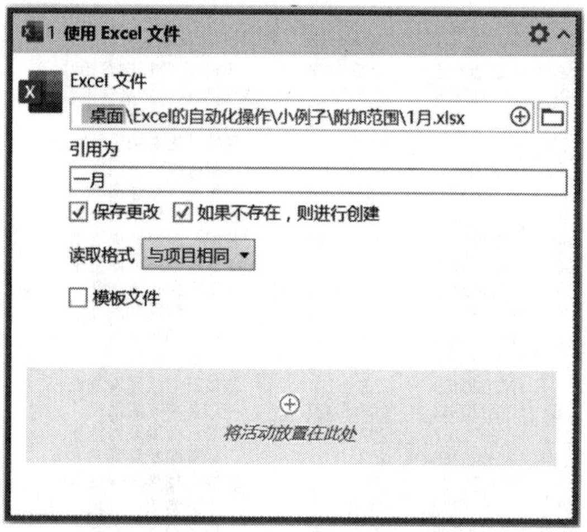

图 3-76　设置【使用 Excel 文件】命令的参数一

步骤 2：从“活动区”将【使用 Excel 文件】命令拖拽至图 3－76 所示的“将活动放置在此处”；单击“Excel 文件”参数右边的“浏览文件”图标，在系统中选择“2 月. xlsx”工作簿，此处我们将其引用为“二月”，如图 3－77 所示。

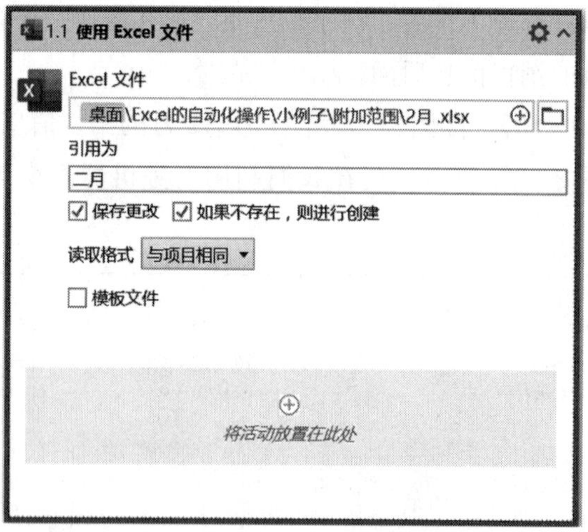

图 3-77　设置【使用 Excel 文件】命令的参数二

步骤 3：从“活动区”将【附加范围】命令拖拽至图 3－77 所示的“将活动放置在此处”进行后续操作。

步骤 4：单击【附加范围】命令的“要附加的 Excel 范围”参数右边的“＋”号，选择“二月”中的“2 月”工作表；单击“范围后附加”参数右边的“＋”号，选择“一月”中的“1 月”工作表，如图 3－78 至图 3－79 所示。

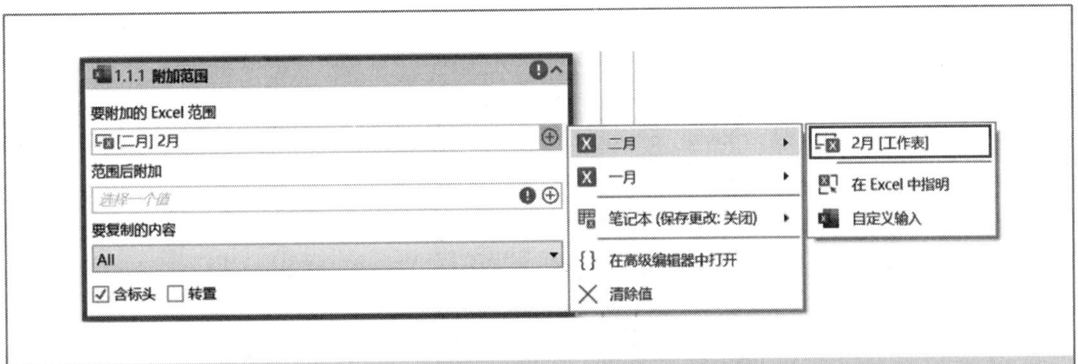

图 3-78　设置“要附加的 Excel 范围”参数

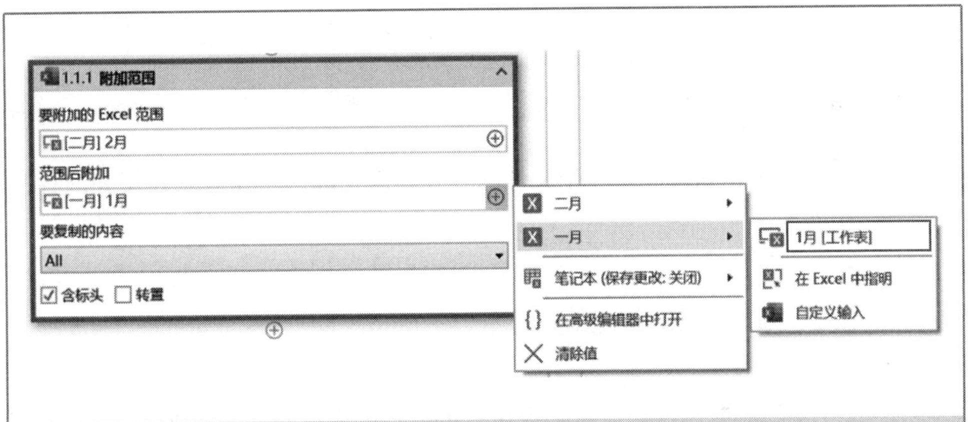

图 3-79　设置“范围后附加”参数

步骤 5：在“要复制的内容”参数的下拉菜单中选择“All”，并勾选“含标头”，如图 3-80 所示。单击“运行”，运行结果如图 3-81 所示。

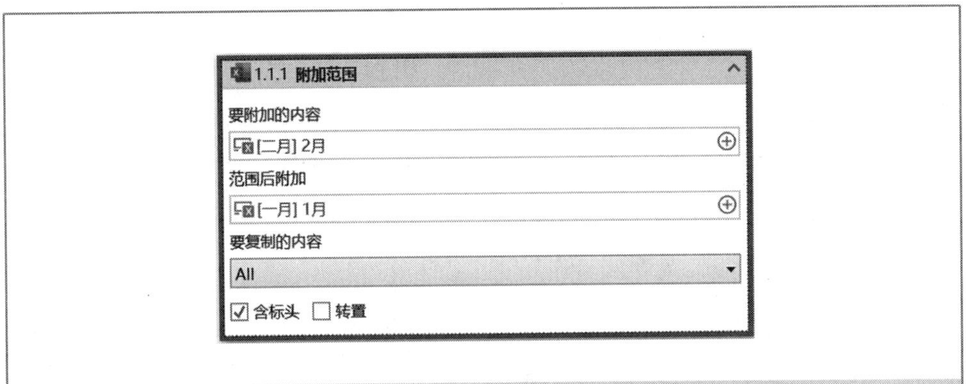

图 3-80　设置“要复制的内容”参数

	A	B	C	D	E	F
1	订单编号	销售日期	产品名称	销量	单价	销售额
2	HY2020511	2020/1/28	珀芙修复保湿套装	3	758	2274
3	HY2020475	2020/1/17	雅梦石榴焕采修复保湿套装	1	368	368
4	HY2020467	2020/1/29	珀芙樱花复活霜	7	348	2436
5	HY2020429	2020/1/25	雅梦石榴焕采修复霜	9	168	1512
6	HY2020422	2020/1/3	珀芙樱花滋润乳	1	238	238
7	HY2020420	2020/1/18	珀芙樱花保湿水	3	188	564
8	HY2020418	2020/1/6	雅梦石榴焕采滋润乳	8	128	1024
9	HY2020416	2020/1/20	雅梦石榴焕采保湿水	8	98	784
10	HY2020414	2020/1/1	雅梦石榴焕采修复霜	11	168	1848
11	HY2020412	2020/1/23	珀芙樱花滋润乳	23	238	5474
12	HY2020409	2020/1/21	珀芙樱花滋润乳	11	238	2618
13	HY2020408	2020/1/11	珀芙樱花保湿水	33	188	6204
14	HY2020407	2020/1/2	珀芙樱花滋润乳	17	238	4046
15	HY2020403	2020/1/8	雅梦石榴焕采滋润乳	18	128	2304
16	HY2020343	2020/1/27	珀芙樱花复活霜	19	348	6612
17	HY2020267	2021/1/16	雅梦石榴焕采修复霜	16	168	2688
18	HY2020345	2020/1/17	珀芙樱花复活霜	19	348	6612
19	HY2020776	2020/1/8	雅梦石榴焕采保湿水	19	98	1862
20	HY2020323	2020/1/1	珀芙樱花滋润乳	13	238	3094
21	HY2020308	2020/1/20	珀芙樱花保湿水	8	188	1504
22	HY2020449	2020/1/21	雅梦石榴焕采保湿水	7	98	686
23	HY2020545	2020/2/28	珀芙修复保湿套装	8	758	6064
24	HY2020498	2020/2/17	雅梦石榴焕采修复保湿套装	6	368	2208

图 3-81　运行结果

说明：如果涉及多个文件的合并，需要加入循环命令，相关内容会在第 4 章中介绍。

3.2.15　创建透视表

【创建透视表】命令是指在指定范围或表格中创建数据表，主要参数有：

（1）来源。指透视表数据的来源，可以通过“在 Excel 中指明”或“自定义输入”来选择范围，如图 3-82 所示。

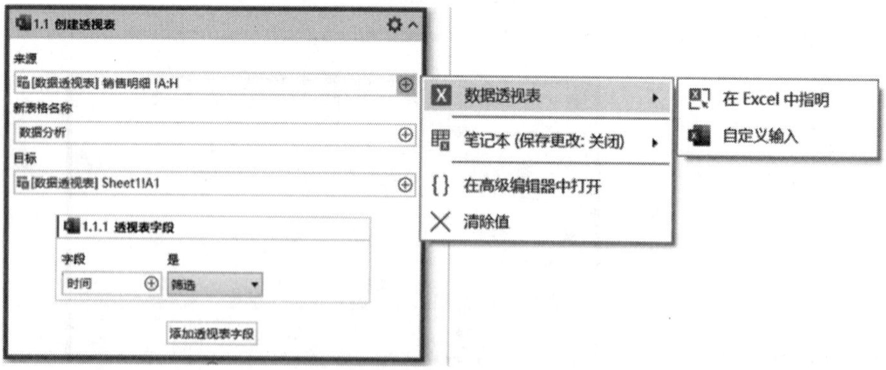

图 3-82　来源

（2）新表格名称。为数据透视表设置一个名称。

（3）目标。直接选择创建透视表的目标工作表或通过“在 Excel 中指明”选择范围，还可以通过“自定义输入”来确定范围。

（4）添加透视表字段。字段是指要添加到透视表的列名称，可以在“是”参数的下拉菜单中将字段设置为筛选、行、列或值，如图 3-83 所示。

图 3-83　添加透视表字段

接下来用一个实例来进行【创建透视表】命令的演示。

【例 3-11】 图 3-84 为某企业上半年各网点各种产品的销售信息表，要求创建数据透视表，按照月份动态显示各网点、各种商品的销售额。现在我们利用财务机器人小玥来自动创建数据透视表。

	A	B	C	D	E	F	G	H
1	时间	网点	销售员	商品编码	商品名称	单价	销量	销售额
2	1月	北京大悦城	杨滢	CB01060301-A	珀芙樱花保湿水	188.00	30	5595
3	1月	北京大悦城	杨滢	CB02060301-A	珀芙樱花滋润乳	238.00	35	8256.5
4	1月	北京大悦城	杨滢	CB03060301-A	珀芙樱花复活霜	348.00	28	9702
5	1月	北京大悦城	杨滢	CT04060301-A	珀芙修复保湿套装	758.00	28	21182
6	1月	北京大悦城	杨滢	CY01060301-B	雅梦石榴焕采保湿水	98.00	18	1747.8
7	1月	北京大悦城	杨滢	CY02060301-B	雅梦石榴焕采滋润乳	128.00	19	2414.9
8	1月	北京大悦城	杨滢	CY03060301-B	雅梦石榴焕采修复霜	168.00	15	2506.5
9	1月	北京大悦城	杨滢	CT04060301-B	雅梦石榴焕采修复保湿套装	368.00	18	6607.8
10	1月	北京大悦城	夏雅辰	CB01060301-A	珀芙樱花保湿水	188.00	32	5958.4
11	1月	北京大悦城	夏雅辰	CB02060301-A	珀芙樱花滋润乳	238.00	30	7095
12	1月	北京大悦城	夏雅辰	CB03060301-A	珀芙樱花复活霜	348.00	25	8670
13	1月	北京大悦城	夏雅辰	CT04060301-A	珀芙修复保湿套装	758.00	25	18920
14	1月	北京大悦城	夏雅辰	CY01060301-B	雅梦石榴焕采保湿水	98.00	20	1936
15	1月	北京大悦城	夏雅辰	CY02060301-B	雅梦石榴焕采滋润乳	128.00	18	2287.8
16	1月	北京大悦城	夏雅辰	CY03060301-B	雅梦石榴焕采修复霜	168.00	18	3007.8
17	1月	北京大悦城	夏雅辰	CT04060301-B	雅梦石榴焕采修复保湿套装	368.00	24	8803.2
18	1月	北京大悦城	石怡	CB01060301-A	珀芙樱花保湿水	188.00	25	4662.5
19	1月	北京大悦城	石怡	CB02060301-A	珀芙樱花滋润乳	238.00	22	5209.6
20	1月	北京大悦城	石怡	CB03060301-A	珀芙樱花复活霜	348.00	20	6942
21	1月	北京大悦城	石怡	CT04060301-A	珀芙修复保湿套装	758.00	23	17406.4
22	1月	北京大悦城	石怡	CY01060301-B	雅梦石榴焕采保湿水	98.00	15	1461

图 3-84　销售信息表

具体步骤如下：

步骤 1：从“活动区”将【使用 Excel 文件】命令拖拽至“设计器面板”中；单击“Excel 文件”参数右边的“浏览文件”图标，在系统中选择“数据透视表. xlsx”文件，此处我们将其引用为“数据透视表”，如图 3－85 所示。

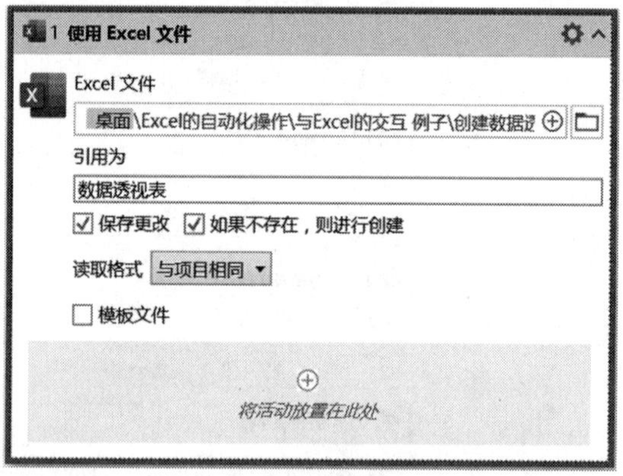

图 3－85　设置【使用 Excel 文件】命令的参数

步骤 2：从“活动区”将【创建透视表】命令拖拽至图 3－85 所示的“将活动放置在此处”进行后续操作。

步骤 3：单击【创建透视表】命令“来源”参数右边的“＋”号，选择“数据透视表”中的“在 Excel 中指明”，如图 3－86 所示；在打开的 Excel 工作簿中选择“A:H”范围，单击“确认”。

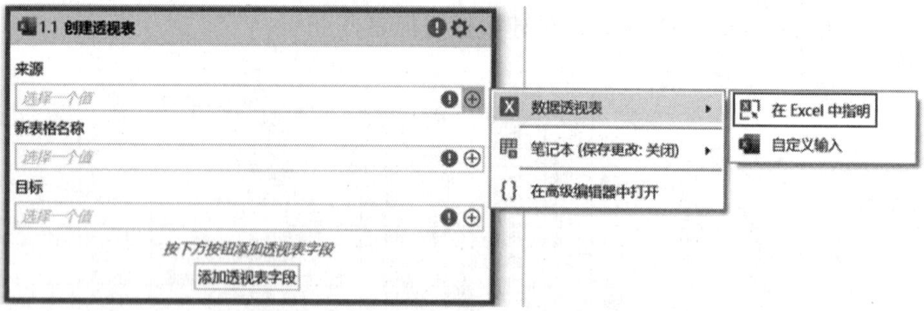

图 3－86　设置“来源”参数

步骤 4：单击“新表格名称”参数右边的“＋”号，选择“文本”，在打开的“文本生成器”中输入“数据分析”，如图 3－87 所示。

步骤 5：单击“目标”参数右边的“＋”号，选择“数据透视表”中的“在 Excel 中指明”，如图 3－88 所示；在打开的 Excel 工作簿中指定 Sheet1 工作表的 A1 单元格，表示从 A1 单元格开始创建数据透视表。

图 3-87　设置“新表格名称”参数

图 3-88　设置“目标”参数

步骤 6：单击图 3-89 所示的“添加透视表字段”按钮，添加字段；在“字段”参数处单击“+”号，选择“Range”中相应的列名称，如图 3-90 所示；在“是”参数处选择将该字段作为“筛选”“行”“列”“值”，如图 3-91 所示。

图 3-89　单击“添加透视表字段”按钮

最后设置透视表字段，如图 3-92 所示；单击“运行”，生成的数据透视表如图 3-93 所示。

图 3-90　设置“字段”参数

图 3-91　设置“是”参数

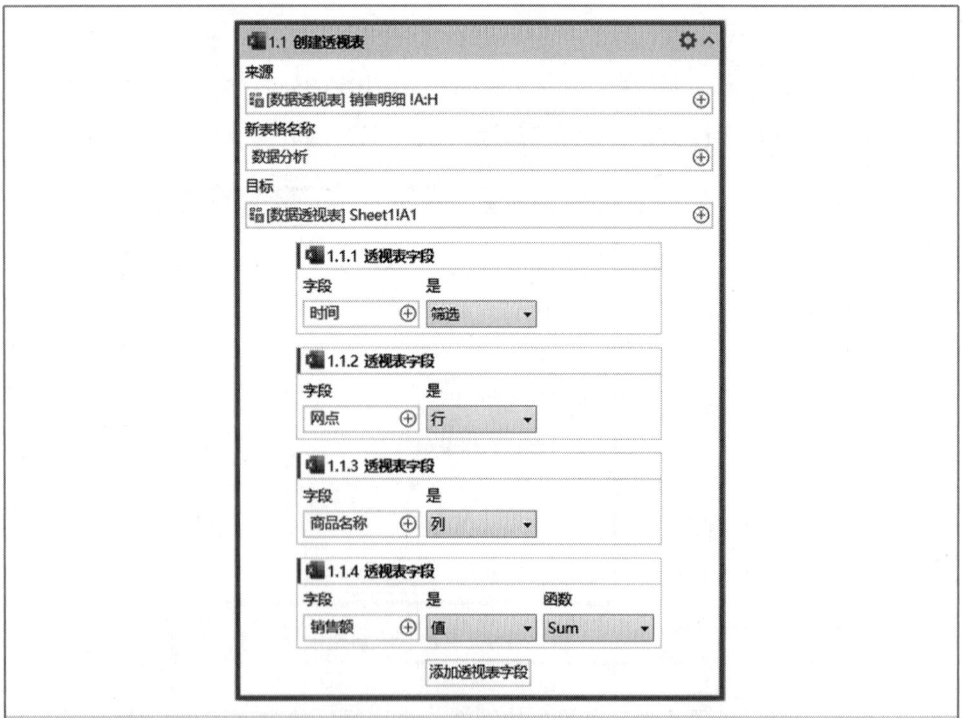

图 3-92　设置“添加透视表字段”参数

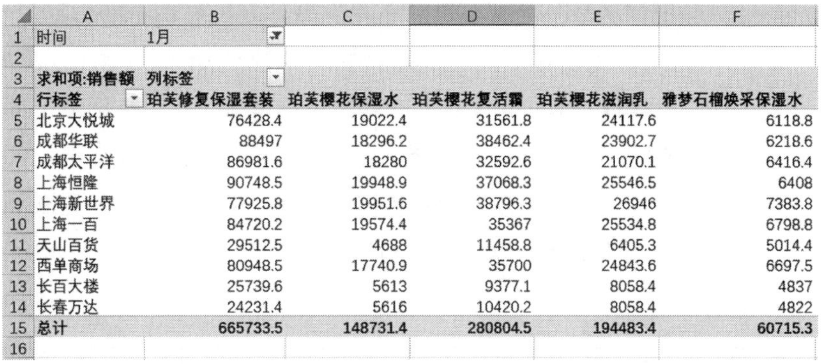

	A	B	C	D	E	F
1	时间	1月				
2						
3	求和项:销售额	列标签				
4	行标签	珀芙修复保湿套装	珀芙樱花保湿水	珀芙樱花复活霜	珀芙樱花滋润乳	雅梦石榴焕采保湿水
5	北京大悦城	76428.4	19022.4	31561.8	24117.6	6118.8
6	成都华联	88497	18296.2	38462.4	23902.7	6218.6
7	成都太平洋	86981.6	18280	32592.6	21070.1	6416.4
8	上海恒隆	90748.5	19948.9	37068.3	25546.5	6408
9	上海新世界	77925.8	19951.6	38796.3	26946	7383.8
10	上海一百	84720.2	19574.4	35367	25534.8	6798.8
11	天山百货	29512.5	4688	11458.8	6405.3	5014.4
12	西单商场	80948.5	17740.9	35700	24843.6	6697.5
13	长百大楼	25739.6	5613	9377.1	8058.4	4837
14	长春万达	24231.4	5616	10420.2	8058.4	4822
15	总计	665733.5	148731.4	280804.5	194483.4	60715.3
16						

图 3-93　生成的数据透视表

3.2.16　插入 Excel 图表

【插入 Excel 图表】命令主要用于在 Excel 文件中插入图表，主要参数有：

（1）图表类别。选择所创建的图表的类别，包括条形、线条、饼状、散点图等。

（2）图表类型。在图表类别的基础上选择图表类型。

（3）数据范围。选择图表的数据范围。

（4）插入至工作表。选择要插入图表的工作表。如图 3-94 所示。

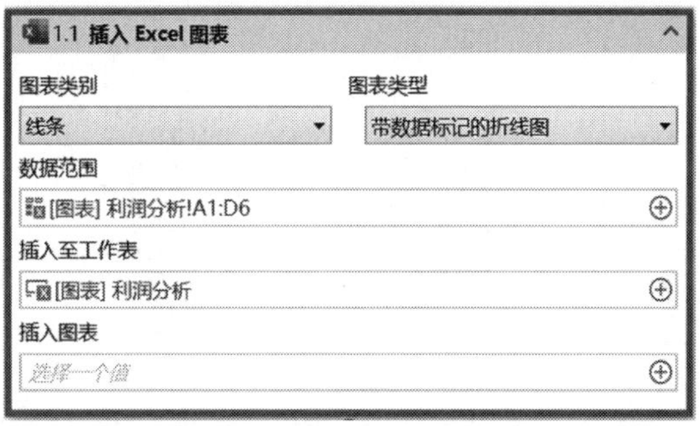

图 3-94　插入 Excel 图表

3.3　实战演练：库存管理机器人

从本章起引入实战演练环节，模拟工作中的实际场景，帮助读者更好地掌握相应章节的内容。

库存管理是现代企业管理非常重要的环节，存货的账龄分析则是其中的关键点。存货的账龄越长，其周转速度越慢，进而对企业的现金流造成压力。

【例 3-12】 某企业下设五家分公司，图 3-95 所示的五个 Excel 文件是财务人员从 ERP（企业资源计划）系统导出的五家分公司的库存表，表格中的具体信息包括公司名称、产品编号、产品名称、类别、单价、数量和金额等，如图 3-96 所示。我们将利用财务机器人小玥自动汇总分析五家分公司账龄大于三个月的产品信息。

名称	修改日期	类型	大小
好运来电器有限公司库存表.xlsx	2021/3/23 20:32	Microsoft Excel 工...	13 KB
黄河电器有限公司库存表.xlsx	2021/3/23 20:32	Microsoft Excel 工...	12 KB
银河电器有限公司库存表.xlsx	2021/3/23 20:32	Microsoft Excel 工...	12 KB
长城电器有限公司库存表.xlsx	2021/3/23 20:31	Microsoft Excel 工...	12 KB
长江电器有限公司库存表.xlsx	2021/3/23 20:49	Microsoft Excel 工...	12 KB

图 3-95　五家分公司的库存表工作簿

	A	B	C	D	E	F	G	H
1	公司名称	产品编号	产品名称	类别	单价	数量	金额	最近入库日期
2	好运来电器有限公	202102220001	海尔冰箱-BCD-343WDPM	立式冰箱	2899	30	86970	44097.00
3	好运来电器有限公	202102220001	海尔统帅变频洗衣机@HB1276W	洗衣机	2458	35	86030	44223.00
4	好运来电器有限公	202102220001	海尔空调KFR-72LW	立式空调	3589	40	143560	44150.00
5	好运来电器有限公	202102220001	松下微波炉NN-GM33HB	厨房电器	567	42	23814	43908.00
6	好运来电器有限公	202102220001	华为S55电视	平板电视	3286	25	82150	44109.00
7	好运来电器有限公	202102220001	海尔消毒柜12LCS2	厨房电器	1250	44	55000	44254.00
8	好运来电器有限公	202102220001	海尔冰箱-BCD-343WDPM	立式冰箱	2899	36	104364	44033.00
9	好运来电器有限公	202102220001	华为S55电视	平板电视	3286	30	98580	43967.00
10	好运来电器有限公	202102220001	海尔冰箱-BCD-343WDPM	立式冰箱	2899	20	57980	43910.00
11	好运来电器有限公	202102220001	海尔统帅变频洗衣机@HB1276W	洗衣机	2458	28	68824	43884.00
12	好运来电器有限公	202102220001	海尔空调KFR-72LW	立式空调	3589	35	125615	44283.00
13	好运来电器有限公	202102220001	松下微波炉NN-GM33HB	厨房电器	567	0	0	44272.00
14	好运来电器有限公	202102220001	海尔消毒柜12LCS2	厨房电器	1250	36	45000	44255.00
15	好运来电器有限公	202102220001	海尔冰箱-BCD-343WDPM	立式冰箱	2899	24	69576	43988.00
16	好运来电器有限公	202102220001	海尔冰箱-BCD-343WDPM	立式冰箱	2899	50	144950	43836.00
17	好运来电器有限公	202102220001	海尔空调KFR-72LW	立式空调	3589	30	107670	44139.00
18	好运来电器有限公	202102220001	松下微波炉NN-GM33HB	厨房电器	567	33	18711	44241.00
19	好运来电器有限公	202102220001	海尔消毒柜12LCS2	厨房电器	1250	36	45000	44053.00
20	好运来电器有限公	202102220001	海尔冰箱-BCD-343WDPM	立式冰箱	2899	46	133354	43975.00
21	好运来电器有限公	202102220001	海尔冰箱-BCD-343WDPM	立式冰箱	2899	23	66677	44218.00
22	好运来电器有限公	202102220001	华为S55电视	平板电视	3286	20	65720	43982.00

图 3-96　库存表的具体信息

由图 3-96 可知，从系统中导出的库存表数据并不规范，不仅存在数量为“0”的库存信息，“最近入库日期”一列的格式也是错误的，因此，除了要对五个 Excel 文件中的数据进行合并汇总，还需要对其进行规范化处理，删除数量为

“0”的库存信息并统一日期格式，再计算账龄，然后利用数据透视表进行账龄分析，最后插入图表。

下面对财务机器人小玥的具体开发步骤进行讲解。

步骤 1：从“活动区”将【使用 Excel 文件】命令拖拽至“设计器面板”中，如图 3－97 所示。本书拖拽动作皆是类似操作，后续不再赘述。

图 3－97　添加【使用 Excel 文件】命令

单击“Excel 文件”参数右边的“浏览文件”图标，在系统文件中选择“库存汇总. xlsx”工作簿，在“引用为”参数处输入“库存汇总”，如图 3－98 所示。

图 3－98　设置【使用 Excel 文件】命令的参数一

步骤 2：在“活动区”再次将【使用 Excel 文件】命令拖拽至图 3－98 所示的“将活动放置在此处”。单击“Excel 文件”参数右边的“浏览文件”图标，在系统文件中选择“好运来电器有限公司库存表. xlsx”工作簿，在“引用为”参数处输入“好运来”，如图 3－99 所示。

图 3－99　设置【使用 Excel 文件】命令的参数二

步骤 3：从“活动区”将【复制/粘贴范围】命令拖拽至图 3－99 所示的“将活动放置在此处”。单击“来源”参数右边的“＋”号，选择“好运来”中的“Sheet1”工作表。单击“目标”参数右边的“＋”号，选择“库存汇总”中的“Sheet1”工作表。在“要复制的内容”参数下拉菜单中选择“All”，即复制所有内容。如图 3－100 所示。

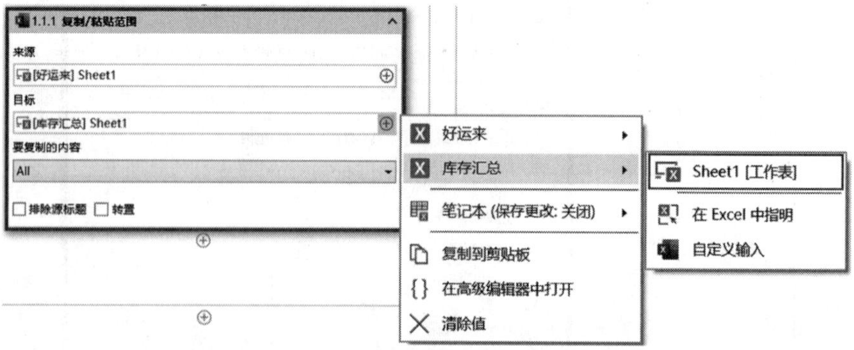

图 3－100　设置【复制/粘贴范围】命令的参数

步骤 4：继续从“活动区”拖拽添加【使用 Excel 文件】命令至步骤 2 的【使用 Excel 文件】命令下方的“＋”号处。单击“Excel 文件”参数右边的“浏览文件”图标，在系统文件中选择“黄河电器有限公司库存表. xlsx”工作簿，在“引用为”参数处输入“黄河电器”，如图 3 - 101 所示。

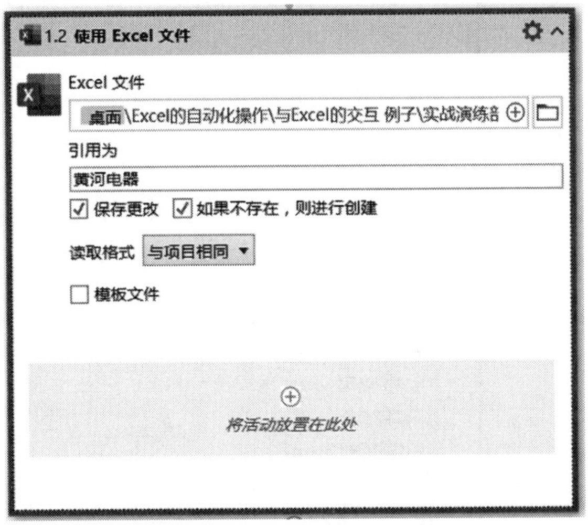

图 3 - 101　设置【使用 Excel 文件】命令的参数三

步骤 5：从“活动区”将【附加范围】命令拖拽至图 3 - 101 所示的“将活动放置在此处”。单击“要附加的 Excel 范围”参数右边的“+”号，选择“黄河电器”中的“Sheet1”工作表。单击“范围后附加”参数右边的“+”号，选择“库存汇总”中的“Sheet1”工作表。在“要复制的内容”参数下拉菜单中选择“All”，即复制所有内容，勾选“含标头”。如图 3 - 102 所示。此时我们完成了“好运来”与“黄河电器”Excel 工作簿在“库存汇总”Excel 工作簿中的合并。

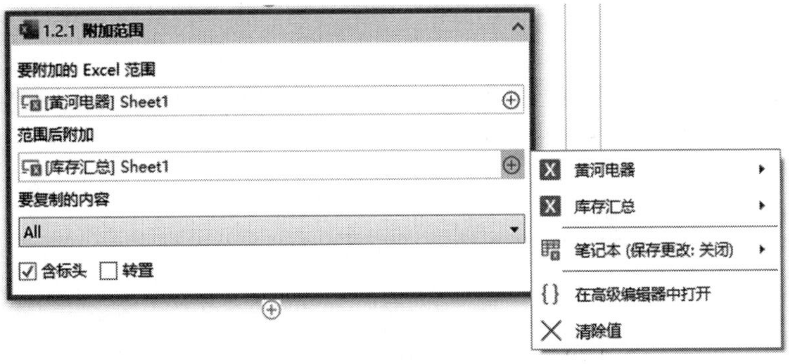

图 3 - 102　设置【附加范围】命令的参数

步骤 6：重复步骤 4 和步骤 5 的操作，从“活动区”拖拽添加【使用 Excel 文件】命令和【附加范围】命令，完成其余三家分公司库存表的合并，如图 3 - 103 所示（以银河电器为例）。

图 3-103　合并工作表

步骤 7：从“活动区”将【筛选】命令拖拽至步骤 6 最后添加的【使用 Excel 文件】命令下方的“+”号处。单击“来源”参数右边的“+”号，选择“库存汇总”中的“Sheet1”工作表。单击“列名称”参数右边的“+”号，选择“文本”，在打开的“文本生成器”中输入列名称“数量”。如图 3-104 所示。

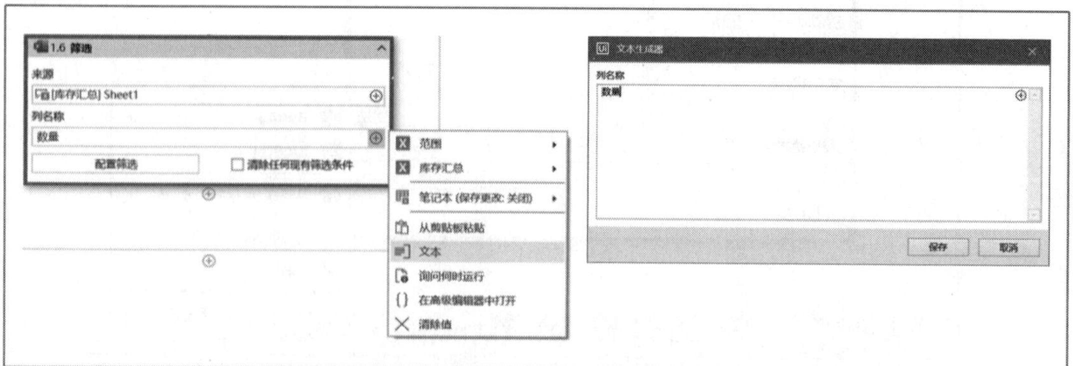

图 3-104　设置“来源”参数和“列名称”参数

步骤 8：单击“配置筛选”按钮，选择“基本筛选器”，在值处输入“0”，单击“确定”，如图 3-105 所示。

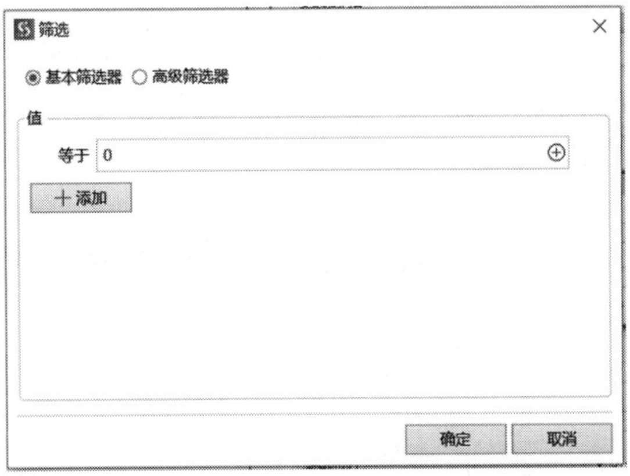

图 3 - 105　设置“配置筛选”参数

步骤 9：从“活动区”将【删除行】命令拖拽至【筛选】命令下方的“+”号处。单击“目标表格或范围”参数右边的“+”号，选择“汇总”中的“Sheet1”工作表；在“要删除的内容”参数的下拉菜单中选择“所有可见行”，并勾选“含标头”，如图 3 - 106 所示。

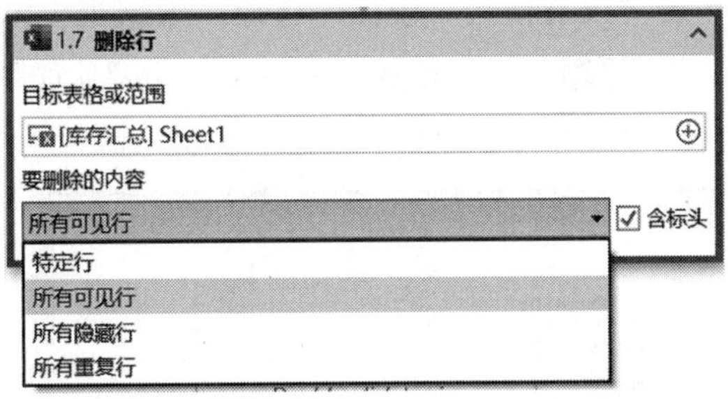

图 3 - 106　设置【删除行】命令的参数

步骤 10：从“活动区”将【筛选】命令拖拽至【删除行】命令下方的“+”号处。单击“来源”参数右边的“+”号，选择“库存汇总”中的“Sheet1”工作表；勾选“清除任何现有筛选条件”，如图 3 - 107 所示。

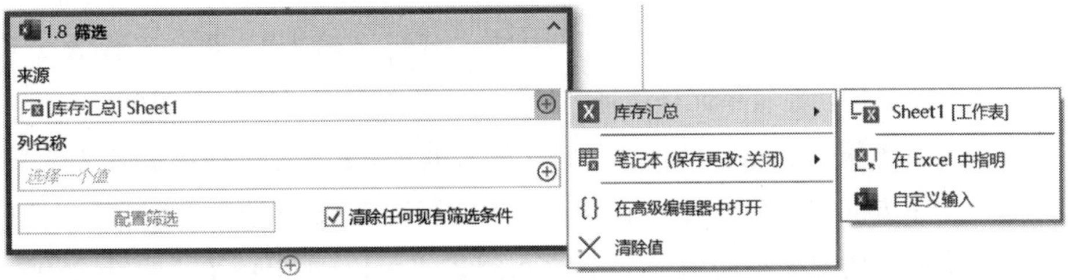

图 3 - 107　设置【筛选】命令的参数

步骤 11：从“活动区”将【设置单元格的格式】命令拖拽至上述【筛选】命令下方的“+”号处。单击“来源”参数右边的“+”号，选择“库存汇总”中的“自定义输入”；在“工作表名称”处选择“Sheet1”，在“范围地址”处输入文本“H:H”，如图 3 - 108 所示。

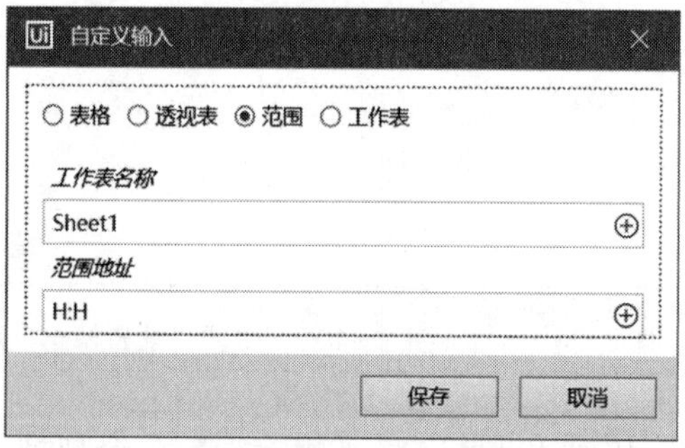

图 3 - 108　设置“自定义输入”参数

说明：本案例中后续选择“自定义输入”的步骤与图 3 - 108 类似，不再一一图示。

随后单击“设置格式”按钮，选择“数据类型”，在“类别”下拉菜单中选择“自定义”，并输入日期格式“yyyy-mm-dd”，如图 3 - 109 所示。

图 3 - 109　设置“设置格式”参数

步骤 12：从“活动区”将【写入单元格】命令拖拽至上述【设置单元格的格式】命令下方的“+”号处。单击“写入内容”参数右边的“+”号，选择“文本”，在打开的“文本生成器”中输入“账龄”。单击“写入位置”参数右边的“+”号，选择“库存汇总”中的“自定义输入”。在“工作表名称”处选择“Sheet1”，在“单元格地址”处输入文本“I1”。如图 3 - 110 所示。

步骤 13：从“活动区”将【写入单元格】命令拖拽至上述【写入单元格】命令下方的“+”号处。单击“写入内容”参数右边的“+”号，选择“文本”，在打开的“文本生成器”中输入公式“=IF(TODAY()－H4>90,"三个月以上","三个月以内")”。

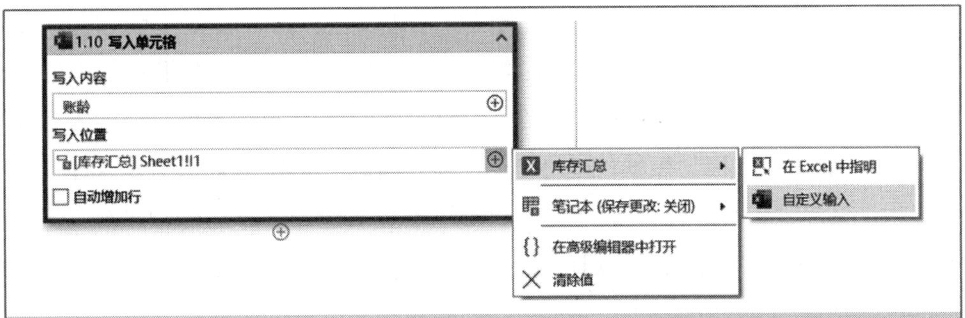

图 3-110　设置【写入单元格】命令的参数

注意：公式中的“TODAY()－H4”表示存货的账龄，此公式表示如果账龄大于 90，表格中会显示“三个月以上”，否则显示“三个月以内”。

步骤 14：单击“写入位置”参数右边的“＋”号，选择“库存汇总”中的“自定义输入”，在“工作表名称”处选择“Sheet1”，在“单元格地址”处输入文本“I2”，如图 3-111 所示。

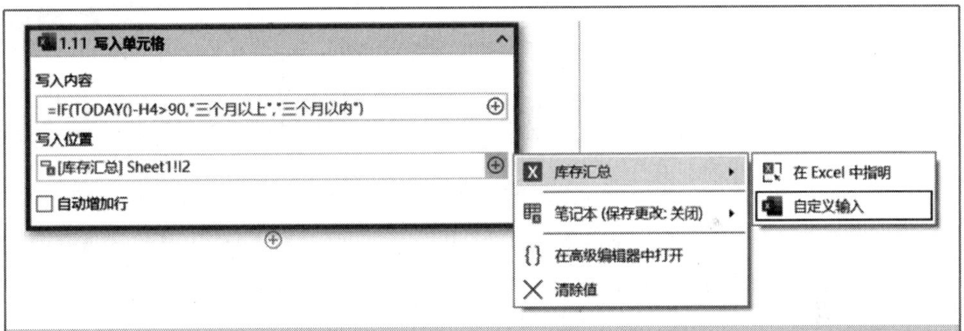

图 3-111　设置【写入单元格】命令的参数

步骤 15：从“活动区”将【自动填充】命令拖拽至上述命令下方的“＋”号处。单击“选择来源”参数右边的“＋”号，选择“库存汇总”中的“自定义输入”，在“工作表名称”处选择“Sheet1”，在“范围地址”处输入文本“I2”，如图 3-112 所示。

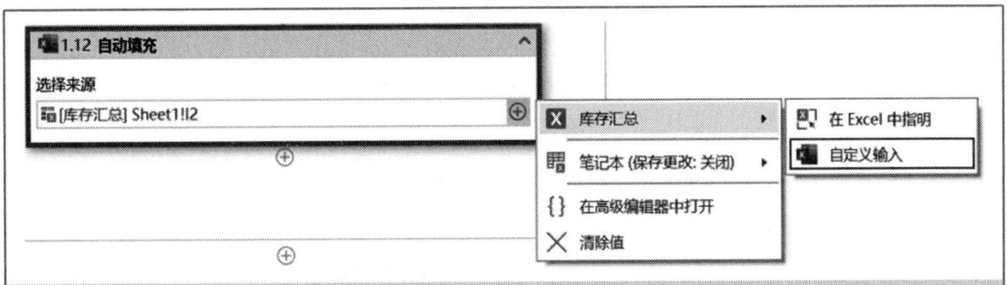

图 3-112　设置【自动填充】命令的参数

步骤 16：从“活动区”将【创建透视表】命令拖拽至上述命令下方的“+”号处。单击“来源”参数右边的“+”号，选择“库存汇总”中的“自定义输入”，在“工作表名称”处输入“Sheet1”，在“范围地址”处输入“A:I”。单击“新表格名称”参数右边的“+”号，选择“文本”，在打开的文本生成器中输入文本“账龄分析表”。单击“目标”参数右边的“+”号，选择“库存汇总”中的“自定义输入”，选择“工作表”，并在“工作表名称”处输入“Sheet2”。如图 3-113 所示。

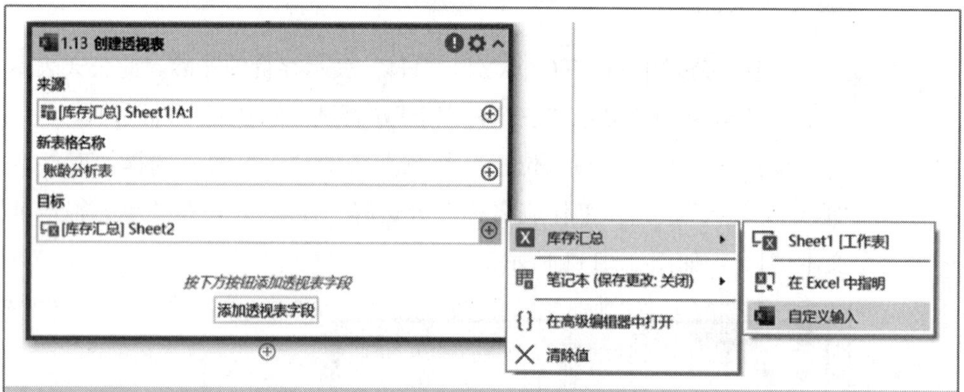

图 3-113 设置【创建透视表】命令的参数

单击图 3-113 所示的“添加透视表字段”按钮添加字段。在“字段”参数处单击“+”号，选择文本，输入所需的列名称，在“是”参数处选择字段为“筛选”“行”“列”“值”。设置透视表字段，如图 3-114 所示。

图 3-114 设置“添加透视表字段”参数

步骤 17：从“活动区”将【插入 Excel 图表】命令拖拽至上述【创建透视表】命令下方的“+”号处。在“图表类别”参数的下拉菜单中选择“线条”。在“图表类型”参数的下拉菜单中选择“带数据标记的折线图”。单击“数据范围”参数右边的“+”号，选择“库存汇总”中的“自定义输入”，选择“表格”后，输入表格名称“Sheet2”。单击“插入至工作表”参数右边的“+”号，选择“库存汇总”中的“自定义输入”，选择“表格”后，输入表格名称“Sheet2”。如图 3－115 所示。

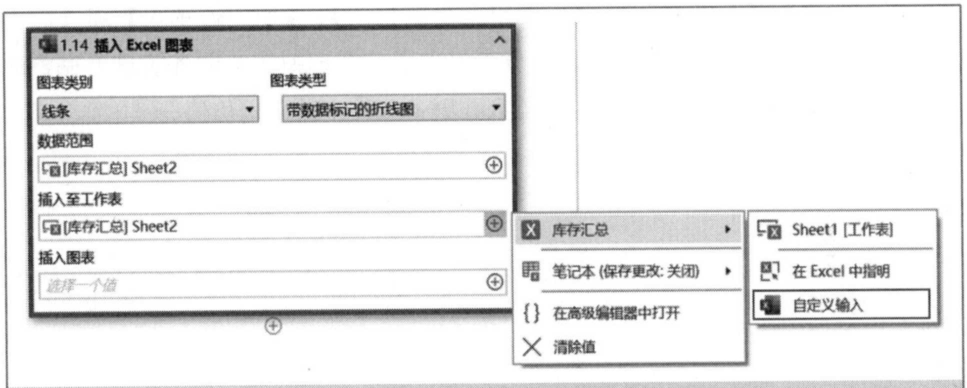

图 3－115　设置【插入 Excel 图表】命令的参数

步骤 18：单击“运行”，库存账龄分析结果如图 3－116 所示。

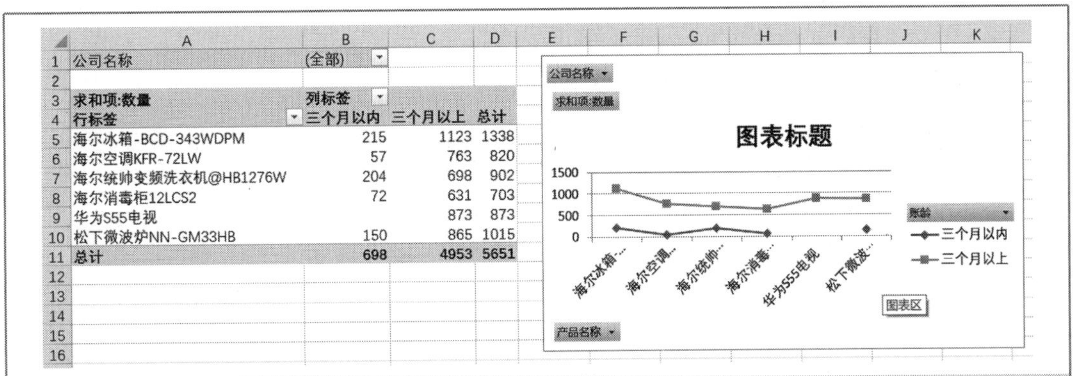

图 3－116　库存账龄分析结果

本章小结

综合本章所述，UiPath StudioX 中与 Excel 自动化操作相关的常用命令基本与 Excel 软件中的功能相似，这大大降低了学习 Excel 自动化操作的难度。此外，它的常用命令范围相当广泛，不仅包括数据的写入、插入行/列/工作表、删除行/列/工作表、筛选、分列、查找和替换、设置单元格格式等基础操作，还包括创建透视表、插入 Excel 图表和合并工作表等高级操作，适用于多种财务和业务场景。

库存管理是现代企业管理非常重要的环节，企业库存账龄的分析是在掌握 Excel 自动化操作的常用命令的基础上所模拟出的一个综合实践案例，主要分为 18 个具体开发步骤，案例将【筛选】、【附加范围】、【使用 Excel 文件】、【写入单元格】、【自动填充】、【设置单元格的格式】、【创建透视表】和【插入 Excel 图表】等命令串联在一起，为读者呈现了一个模拟真实财务场景下完整的 Excel 自动化流程，体现了 RPA 机器人在财务工作中的应用价值。

第 4 章

Excel 的自动化操作：基于循环结构和条件结构

4.1　顺序结构、循环结构和条件结构

4.2　基于循环结构的主要操作

4.3　基于条件结构的主要操作

4.4　实战演练：表格合并及数据透视分析机器人

第 3 章详尽地讲解了 RPA 与 Excel 交互操作的常用命令，各种命令的使用主要是以顺序结构为基础进行展示的。而在 RPA 的开发与应用中，除了顺序结构，还有两个非常重要的逻辑结构：循环结构和条件结构。本章将首先总述三大逻辑结构；继而结合 UiPath StudioX 中 Excel 的自动化操作，详细讲解循环结构与条件结构涉及的主要命令及相关参数设置，并引入相关财务工作的实例进行演示；最后进行实战演练——设计与开发表格合并及数据透视分析机器人原型。

通过本章的学习，应掌握：

- 基于循环结构的主要操作；
- 基于条件结构的主要操作；
- 表格合并及数据透视分析机器人原型的设计与开发方法。

4.1 顺序结构、循环结构和条件结构

RPA 自动化机器人的开发有三种逻辑结构：顺序结构、循环结构和条件结构。

4.1.1 顺序结构

顺序结构是程序运行的基本结构，在 UiPath 中编程也不例外。所有的命令从上至下按顺序依次执行，当最后一个命令执行完成后，程序结束。

以起床这件事为例，假设必须下床叠被子。从开始起床作为程序的入口点（整个程序开始运行的地方）开始运行，依次经历掀开被子、下床、叠好被子这三个命令。三个命令完成后，程序运行就结束了。如图 4-1 所示。

程序的每个命令都具有阻塞的特性，一个命令未运行完成，下一个命令就不会运行。比如，假设要求必须下床叠被子，如果一直不从床上下来，即一直卡在“下床”这个命令中，那么“叠好被子”命令就不会运行。

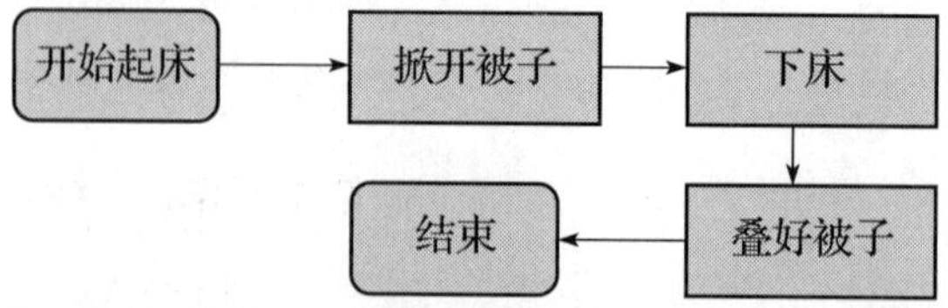

图 4-1　顺序结构流程图（以起床为例）

Excel 自动化操作的顺序结构，主要是对单张工作表的单次操作实现自动化。然而，我们在使用 Excel 处理日常工作任务时，经常需要对一个或者多个工作簿中的多个工作表进行重复操作以及按各种各样的条件进行多个工作表的不同数据操作。在这种情况下，仅使用顺序结构制作的自动化程序会存在很大的局限性，不能完成整个工作流程的自动化。

为了解决这一问题，我们可以利用 UiPath StudioX 来实现循环操作和条件判断操作。循环功能可以实现对每个工作表的自动重复操作；判断功能通常指如果符合某种条件则进行相关操作，如果不符合则进行另一种操作。应用循环结构和条件结构可以快速完成对多个 Excel 工作表的数据处理，大幅提升工作效率。

4.1.2　循环结构

采用顺序结构，大部分简单的编程问题都可以解决。但是，有时同一个编程逻辑需要重复大量次数。对于这样的流程，可以按照顺序结构进行多个重复的检验，但应用循环结构更加快速便捷。

例如，某企业在其审核表中需要重复检查审核表中的审核结果是否为“通过”。如果是，则跳到下一个项目。否则向对应项目负责人发送电子邮件通知。整个流程中，检查审核结果和发送电子邮件这部分操作是重复的。循环结构可帮助判断是否完成了整个检查流程，如没有则按“下一个”按钮，否则检查结束，如图 4-2 所示。

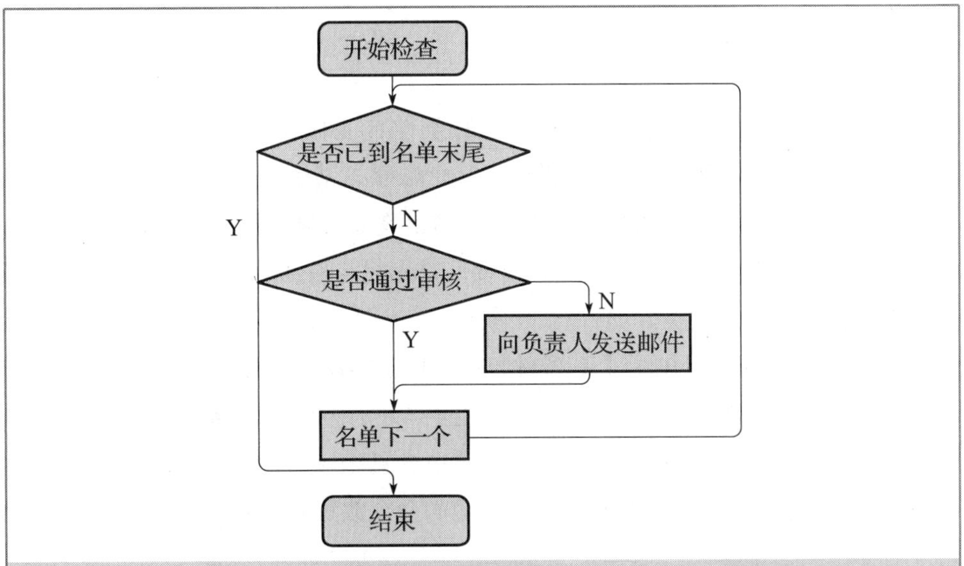

图 4-2　循环、条件和顺序结构流程图（以检查企业审核表为例）

由此可见，循环结构以条件判断为前提，结合判断后的顺序结构操作，形成一个循环，循环结构的重点在于结束循环的条件设置与判断成功，如果条件设置不合适，将陷入死循环。

UiPath StudioX 已经给出循环的条件设置，便于直接调用，如图 4-3 所示。

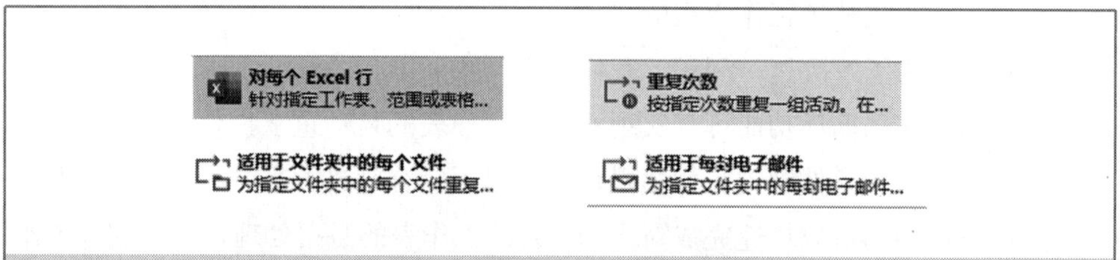

图 4-3　UiPath StudioX 中几种常用的循环命令

通常，循环会在满足给定的条件后自动结束运行，但有时会希望遇到某个条件时自动跳过此次循环或结束循环。如对多个条件进行审核时，只要不符合其中任意一个，即可跳出循环。如图 4-4 所示，UiPath StudioX 提供了【跳过当前项】命令和【退出循环】命令以满足这两种要求。

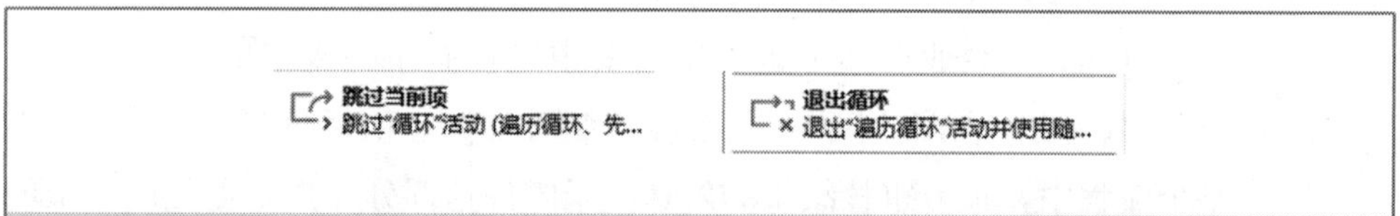

图 4-4　UiPath StudioX 中的【跳过当前项】命令和【退出循环】命令

4.1.3　条件结构

有时需要机器人根据设定的条件自主做出判断。比如，判断一个填写在 Excel 工作表中的数值是否小于某个数字、某个文件或者文件夹是否存在等。以穿衣选择为例，如图 4-5 所示，当出现需要判断的情形时，添加【IF 条件】命令，对两种可能性分别做出设置。首先判定是否出席正式场合，如果有，则穿正装，否则穿便装。

UiPath 提供了【IF 条件】命令用于实现条件判断与分支处理，如图 4-6 所示。使用条件结构来解决问题的操作方法为：首先输入条件内容，进行条件判断，判断结果为是，在 Then 区域中放置相应的命令。判断结果为否，需首先点击“显示"Else"”按钮，再将相应的命令放置在 Else 区域中。

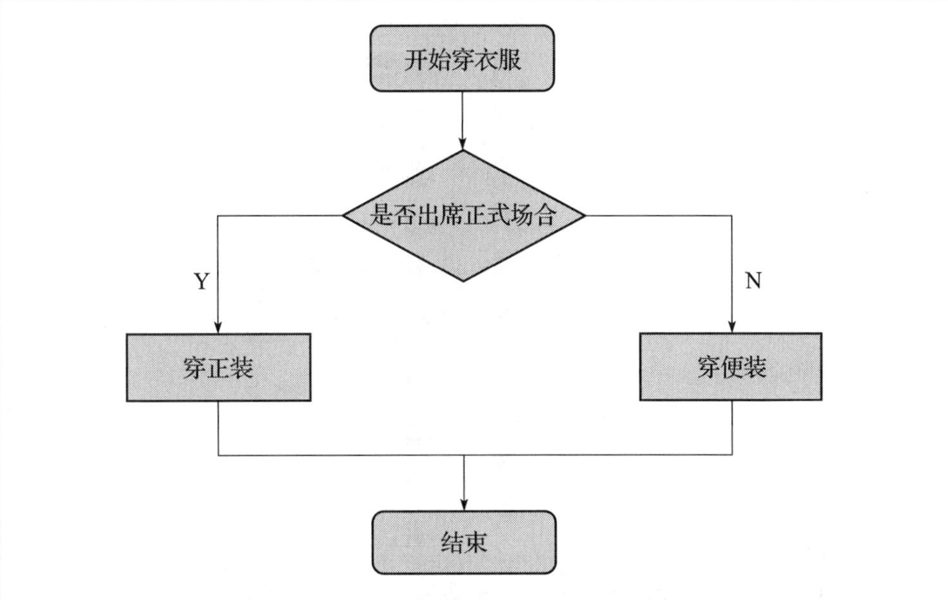

图 4-5　条件结构流程图（以穿衣选择为例）

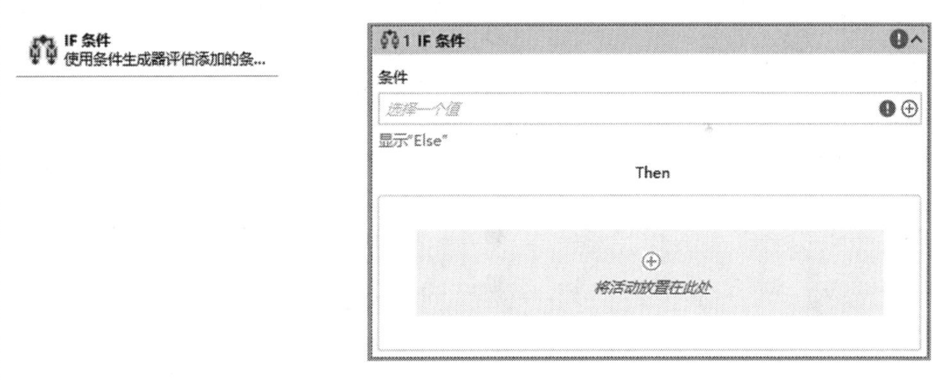

图 4-6　UiPath StudioX 中的【IF 条件】命令

4.2　基于循环结构的主要操作

UiPath StudioX 的循环结构主要利用【对每个 Excel 工作表】命令和【适用于文件夹中的每个文件】命令来实现，其中【对每个 Excel 工作表】命令在 Excel 的活动区中，如图 4-7 所示，【适用于文件夹中的每个文件】命令在文件的活动区中，如图 4-8 所示。

图 4-7　Excel 的活动区

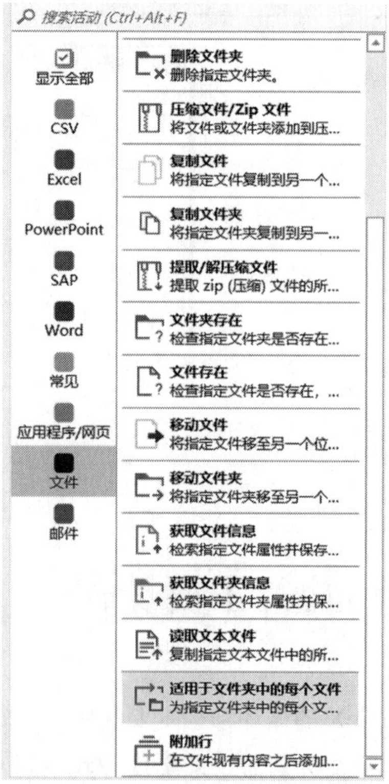

图 4-8　文件的活动区

本小节介绍利用循环结构实现 Excel 多表合并和循环操作的自动化。

4.2.1　Excel 循环合并多工作表

Excel 循环合并多工作表是将一个工作簿中的多张工作表合并成一张工作表。该功能可以快速无误地实现多张工作表的上下合并，缩减人工复制粘贴的时间，避免复制过程中的错误，从而有效提升工作效率。

【对每个 Excel 工作表】命令主要用于对 Excel 工作簿中的每个工作表进行重复操作，其主要参数有：

（1）遍历。指在所包含的命令中引用每个工作表中的数据时所使用的名称，通常为默认名称，不需要更改。

（2）在工作簿中。指要对每个工作表重复执行操作的工作簿，默认跟随【使用 Excel 文件】命令中“引用为”参数的名称，如图 4－9 所示。

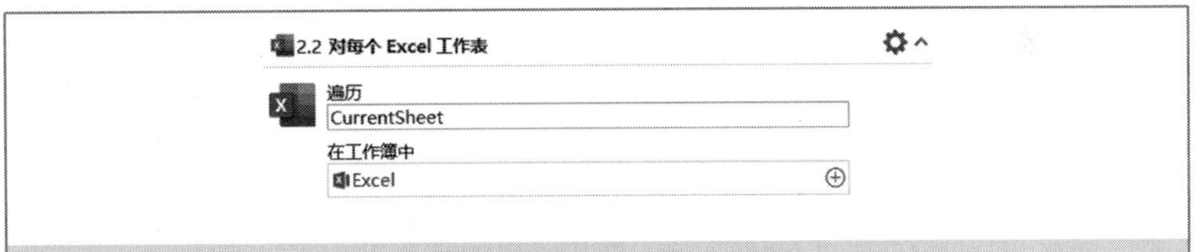

图 4－9　对每个 Excel 工作表

接下来用一个实例来进行【对每个 Excel 工作表】命令的演示。

【例 4－1】 某企业的财务人员需要根据每日收款流水制作一份资金管理工作簿，如图 4－10 所示，工作簿中包含支付宝、微信、现金、借记卡、信用卡五张

序号	付款时间	业务员	付款人	付款方式	付款银行名称	商品名称	付款卡号	付款凭证数	预付款	本次收款金额	收款总额	发票开具类别	发票开具金额	发票开具号码	收款人	审批人
1	4月5日	张伟	宋宇	支付宝	平安	210PFBRUN	11013954355701	2	0	4052.2	4052.2	普票	4052.2	285964	李晓丽	王晓保
2	4月6日	张伟	宋宇	支付宝	平安	黑色咖啡盖	11013954355701	2	0	1457.1	1457.1	普票	1457.1	285965	张智霖	王晓保
3	4月8日	张伟	宋宇	支付宝	平安	瓦楞汉堡盒	11013954355701	2	0	850	850	普票	850	285966	李晓丽	王晓保
4	4月8日	张伟	宋宇	支付宝	平安	165K瓦楞汉	11013954355701	2	4400	10000	14400	普票	14400	285967	李晓丽	王晓保
5	4月8日	张伟	宋宇	支付宝	平安	豆浆杯1000	11013954355701	3	2000	8000	10000	普票	10000	285968	李成	王晓保
6	4月10日	经超	宋宇	支付宝	平安	12中空不印	11013954355701	3	3700	5000	8700	普票	8700	285969	李成	王晓保
7	4月11日	张伟	宋宇	支付宝	平安	210PFMBRU	11013954355701	3	0	1100	1100	普票	1100	285970	李晓丽	王晓保
8	4月11日	经超	宋宇	支付宝	平安	210WRAPX	11013954355701	2	0	750	750	普票	750	285971	李晓丽	王晓保
9	4月13日	经超	石丽娟	支付宝	建行	210BCNEW	34001777708053000000	2	0	6545	6545	普票	6545	26489157	李晓丽	王晓保
10	4月13日	经超	宋宇	支付宝	平安	210CCLAIR	11013954355701	2	0	3567.6	3567.6	专票	3567.6	285972	李晓丽	王晓保
11	4月17日	经超	宋宇	支付宝	平安	209PAT100	11013954355701	2	0	4200	4200	专票	4200	285973	李晓丽	王晓保
12	4月18日	经超	宋宇	支付宝	平安	无印刷杯套	11013954355701	2	2100	10400	12500	普票	12550	285974	安格	王晓保
13	4月19日	经超	宋宇	支付宝	平安	24盎司Savo	11013954355701	2	0	361.79	361.79	专票	361.79	285975	王宇	王晓保
14	4月20日	张伟	宋宇	支付宝	平安	面具直线盒	11013954355701	2	1200	1296	2496	专票	2592	285976	尹桂娜	王晓保
15	4月20日	张伟	宋宇	支付宝	平安	新款船盒	11013954355701	2	2000	2680	4680	专票	5360	285977	李玲	王晓保
16	4月24日	张伟	宋宇	支付宝	平安	12盎司木纹	11013954355701	2	1000	10000	11000	普票	11148	285978	李晓丽	王晓保
17	4月25日	张伟	徐晓菲	支付宝	建行	定制牛卡纸	34001777708053000000	3	0	748	748	普票	748	1868530	柯滢	王晓保
18	4月27日	经超	曹月萍	支付宝	建行	中号牛皮纸	34001777708053000000	2	0	7800	7800	普票	9735	25327267	王青	王晓保

资金管理汇总　支付宝　微信　现金　借记卡　信用卡

图 4－10　资金管理工作簿

资金管理的工作表，每个工作表都包含付款时间、业务员、付款人、付款方式、付款银行名称、商品名称、付款卡号等数据信息，我们需要将五张不同付款方式的资金管理工作表合并成一张总的资金管理表。现在我们利用财务机器人小玥来完成 Excel 工作簿内多张工作表的上下合并。

具体步骤如下：

步骤 1：从“活动区”将【使用 Excel 文件】命令拖拽至“设计器面板”中，单击“浏览文件”按钮，在系统文件中选择所需要的 Excel 文件“资金管理. xlsx”，勾选“保存更改”，如图 4－11 所示。

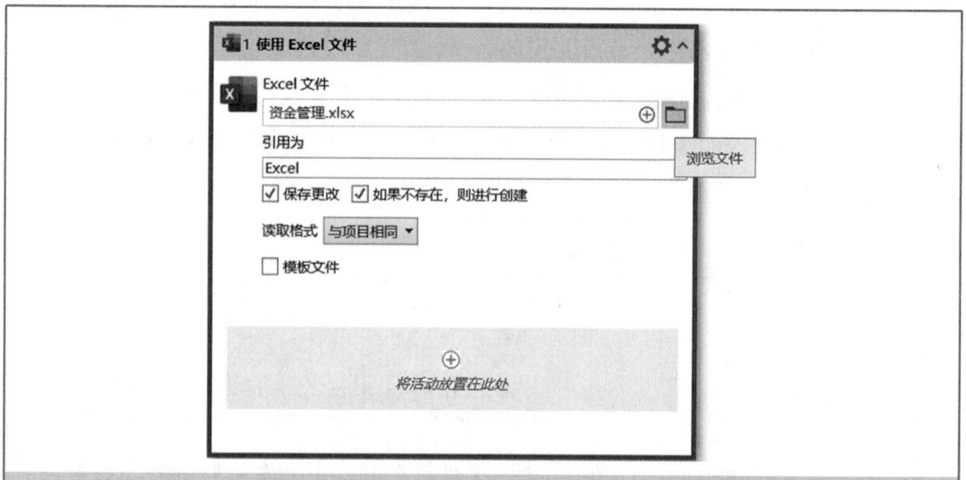

图 4－11　设置【使用 Excel 文件】命令的参数

步骤 2：从“活动区”中将【复制/粘贴范围】命令拖拽至【使用 Excel 文件】命令下方的“将活动放置在此处”。在“来源”参数中可以选择“Excel”中的“在 Excel 中指明”，如图 4－12 所示，范围是“支付宝”工作表的第一行。

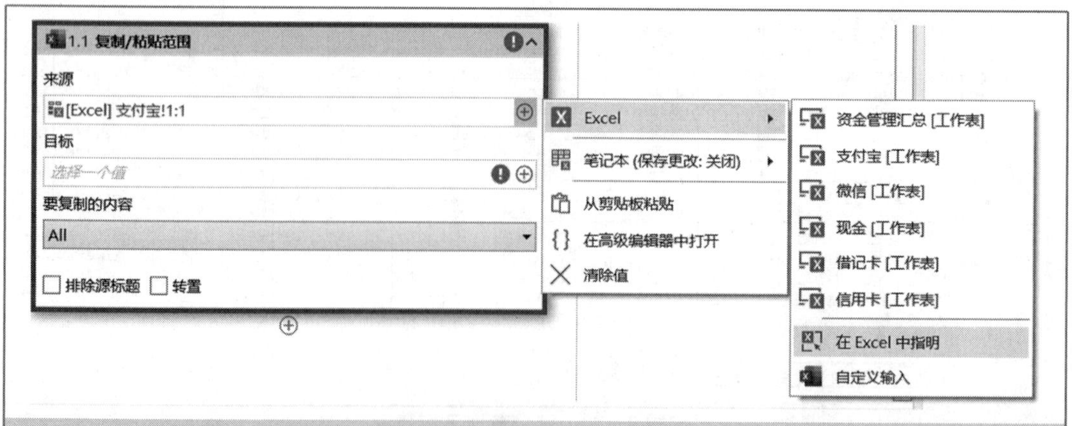

图 4－12　设置“来源”参数

在“目标”参数中选择“Excel”中的“在 Excel 中指明”，范围是“资金管理汇总”工作表的第一行，在“要复制的内容”参数处选择“All”，如图 4－13 所示。

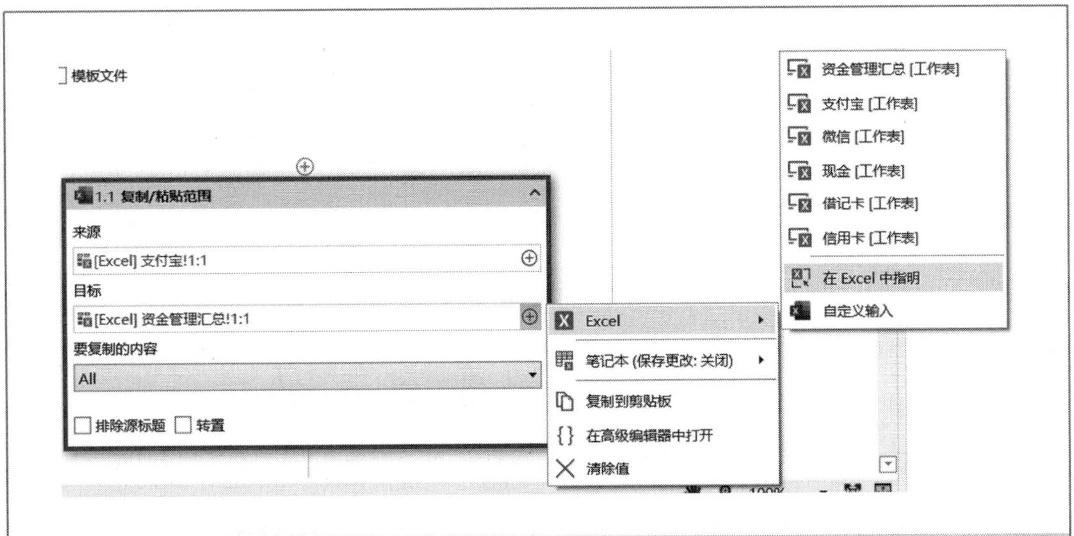

图 4－13　设置“目标”参数和“要复制的内容”参数

注意： 此步骤是将标头复制到汇总表中，以便后续操作。

步骤 3：从“活动区”将【对每个 Excel 工作表】命令拖拽至【复制/粘贴范围】命令下方的“＋”号处，该命令无须进行参数设置。

步骤 4：从“活动区”将【附加范围】命令拖拽至【对每个 Excel 工作表】命令下方的“将活动放置在此处”。在“要附加的 Excel 范围”参数处选择“CurrentSheet”，如图 4－14 所示。

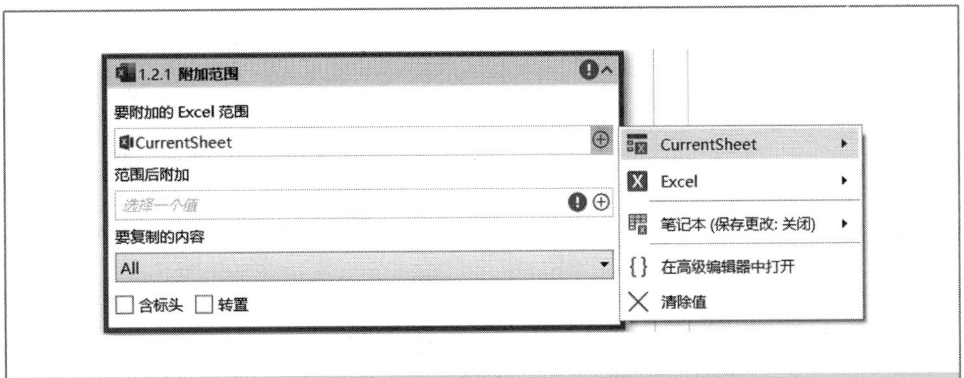

图 4－14　设置“要附加的 Excel 范围”参数

在“范围后附加”参数处选择“Excel”中的“资金管理汇总”工作表，在“要复制的内容”参数处选择“All”并勾选“含标头”，如图 4－15 所示。

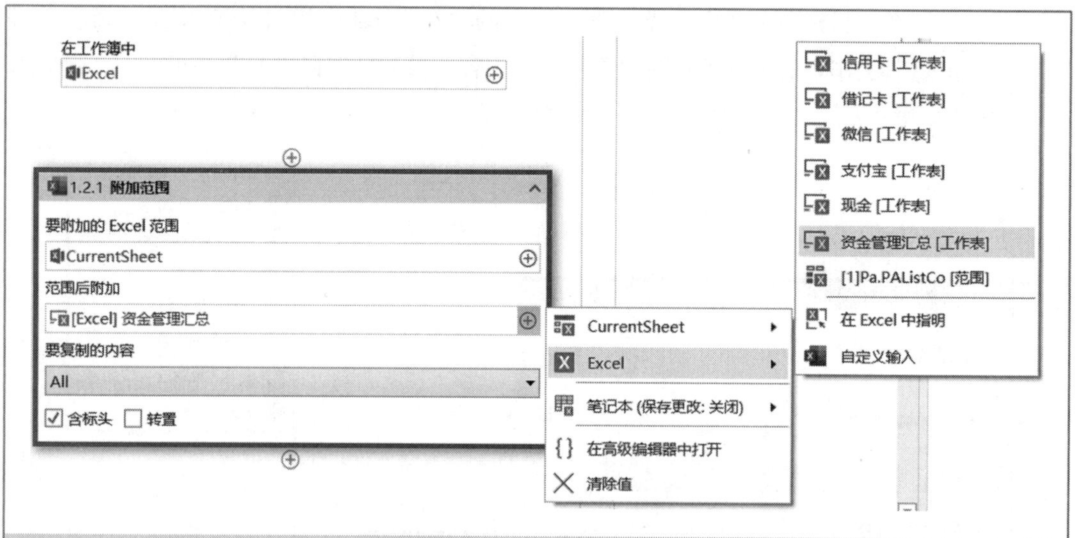

图 4-15　设置“范围后附加”参数和“要复制的内容”参数

说明：至此已完成多个工作表的合并，后续进行数据整理。

步骤 5：从“活动区”将【写入单元格】命令拖拽至步骤 1 中【使用 Excel 文件】命令下方的“+”号处。“写入内容”参数以文本形式填写，在打开的“文本生成器”中填写公式“=ROW()-1”。在“写入位置”参数中选择“Excel”中的“在 Excel 中指明”，再选择“资金管理汇总”工作表中的“A2”单元格，如图 4-16 所示。

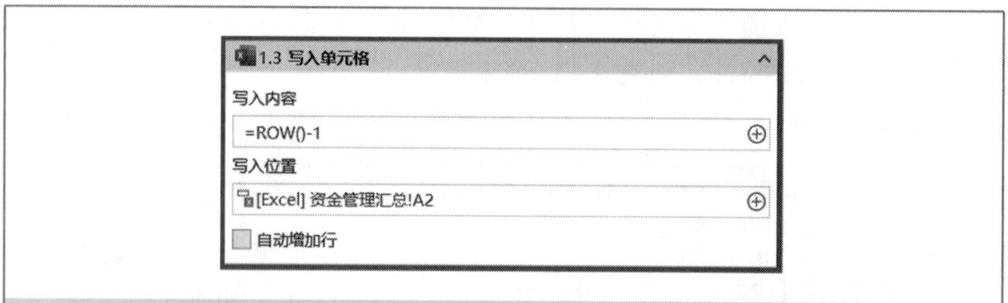

图 4-16　设置【写入单元格】命令的参数

说明：

（1）此步骤是对 A 列的序号进行重新排序。

（2）函数“ROW”是用来确定单元格当前行位置的函数，由于“1”序号在 A2 单元格，而非 A1 单元格，所以公式需要“-1”，即“=ROW()-1”。

步骤 6：从“活动区”将【自动填充】命令拖拽至【写入单元格】命令下方的“+”号处。在“选择来源”参数中选择“在 Excel 中指明”，再选择“资金管理汇总”中的“A2”单元格，如图 4-17 所示。

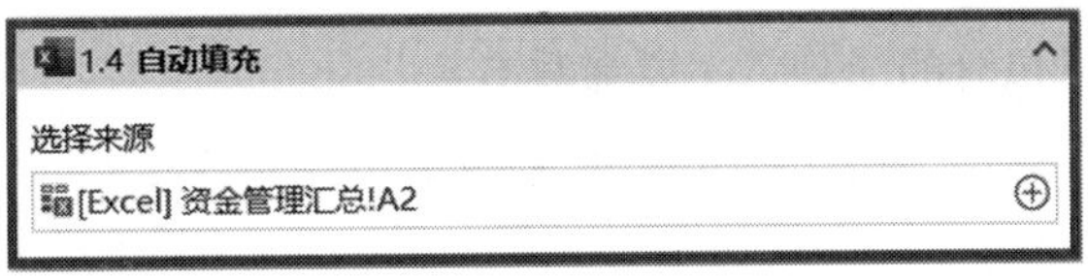

图 4－17　设置【自动填充】命令的参数

步骤 7：从“活动区”将【自动调整范围】命令拖拽至【自动填充】命令下方的“＋”号处。在“选择来源”参数中选择“资金管理汇总”工作表，勾选“列”标签，完成最后分析数据整理工作，如图 4－18 所示。

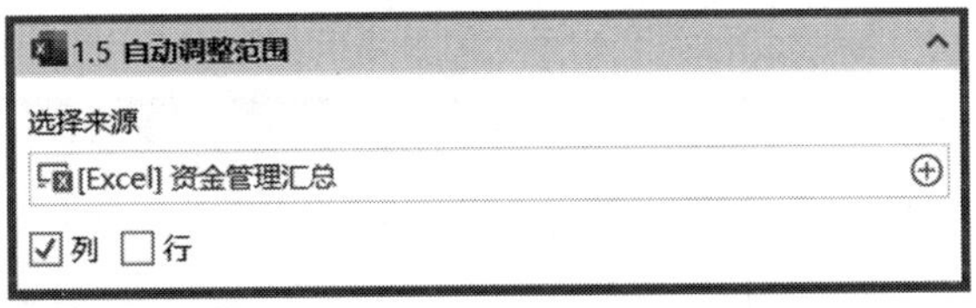

图 4－18　设置【自动调整范围】命令的参数

单击“运行”，运行结果如图 4－19 所示。

序号	付款时间	业务员	付款人	付款方式	付款银行名称	商品名称	付款卡号	付款凭证数	预付款	本次收款金额	收款总额	发票开具类别	发票开具金额	发票开具号码	收款人	审批人
1	4月5日	张伟	宋宇	支付宝	平安	210PFBRUN涂布牛卡薯条盒	11013954355701	2	0	4052.2	4052.2	普票	4052.2	285964	李晓丽	王晓保
2	4月6日	张伟	宋宇	支付宝	平安	黑色咖啡盖尖口1000只装	11013954355701	2	0	1457.1	1457.1	普票	1457.1	285965	张智霖	王晓保
3	4月8日	张伟	宋宇	支付宝	平安	瓦楞汉堡盒	11013954355701	2	0	850	850	普票	850	285966	李晓丽	王晓保
4	4月8日	张伟	宋宇	支付宝	平安	165K瓦楞汉堡盒	11013954355701	2	4400	10000	14400	普票	14400	285967	李晓丽	王晓保
5	4月8日	张伟	宋宇	支付宝	平安	豆浆杯1000只装	11013954355701	3	2000	8000	10000	普票	10000	285968	李成	王晓保
6	4月10日	经超	宋宇	支付宝	平安	12中空不印刷（白卡反包）	11013954355701	3	3700	5000	8700	普票	8700	285969	李成	王晓保
7	4月11日	张伟	宋宇	支付宝	平安	210PFMBRUN涂布牛卡大薯条盒	11013954355701	3	0	1100	1100	普票	1100	285970	李晓丽	王晓保
8	4月11日	经超	宋宇	支付宝	平安	210WRAPX涂布牛卡贴窗蛋糕盒	11013954355701	2	0	750	750	普票	750	285971	李晓丽	王晓保
9	4月13日	经超	石丽娟	支付宝	建行	210BCNEWS850食品白卡印刷船盒	34001777708053000000	2	0	6545	6545	普票	6545	26489157	李晓丽	王晓保
10	4月13日	经超	宋宇	支付宝	平安	210CCLAIR食品白卡贴窗小蛋糕盒	11013954355701	2	0	3567.6	3567.6	专票	3567.6	285972	李晓丽	王晓保
11	4月17日	经超	宋宇	支付宝	平安	209PAT100J食品白卡贴窗六角盒	11013954355701	2	0	4200	4200	专票	4200	285973	李晓丽	王晓保
12	4月18日	经超	宋宇	支付宝	平安	无印刷杯套	11013954355701	2	2100	10400	12500	普票	12550	285974	文楷	王晓保
13	4月19日	经超	宋宇	支付宝	平安	24盎司Savor Coffee单层杯	11013954355701	2	0	361.79	361.79	专票	361.79	285975	王宇	王晓保
14	4月20日	张伟	宋宇	支付宝	平安	餐具直线盒内衬	11013954355701	2	1200	1296	2496	专票	2592	285976	尹桂娇	王晓保
15	4月20日	张伟	宋宇	支付宝	平安	新款船盒	11013954355701	2	2000	2680	4680	专票	5360	285977	李玲	王晓保
16	4月24日	张伟	宋宇	支付宝	平安	12盎司木纹直壁杯	11013954355701	2	1000	10000	11000	普票	11148	285978	李晓丽	王晓保
17	4月25日	张伟	徐晓菲	支付宝	建行	定制牛卡纸覆包袋+303*91+47MM厚0.025MM防雾塑料袋	34001777708053000000	3	0	748	748	普票	748	1868530	柯滢	王晓保
18	4月27日	经超	曹月萍	支付宝	建行	中号牛皮纸袋	34001777708053000000	2	0	7800	7800	普票	9735	25327267	王青	王晓保
19	4月3日	经超	宋宇	微信	平安	圆底打包桶28盎司	11013954355701	3	0	3000	3000	普票	3000	285935	李双明	王晓保
20	4月6日	经超	宋宇	微信	平安	杯套2018.11.26	11013954355701	2	0	400	400	专票	400	285936	何文峰	王晓保
21	4月9日	经超	石丽娟	微信	建行	杯套12.20	34001777708053000000	2	0	300	300	普票	300	285937	陈晓伟	王晓保
22	4月9日	张伟	宋宇	微信	建行	中号薯条盒	34001777708053000000	2	3000	6166.81	9166.81	普票	9166.81	285938	林敏	王晓保
23	4月10日	张伟	裘江辉	微信	建行	中号鸡米花盒	34001777708053000000	2	0	1928.29	1928.29	普票	1928.29	285939	谷悦	王晓保
24	4月10日	张伟	裘江辉	微信	建行	鸡块盒	34001777708053000000	2	0	300	300	普票	300	285940	方宁	王晓保
25	4月11日	张伟	宋宇	微信	建行	小号打包盒	34001777708053000000	2	0	1915.7	1915.7	普票	1915.7	285941	韩慧	王晓保
26	4月11日	经超	宋宇	微信	建行	新鲜蔬菜汉堡盒	34001777708053000000	3	5000	2697	7697	普票	7697	285942	李京	王晓保
27	4月18日	张伟	宋宇	微信	工行	10盎司Mr Teh Tarik	1302068219300050000	2	2500	2500	5000	专票	5000	285943	李京	王晓保
28	4月19日	经超	宋宇	微信	平安	满版黑杯套	11013954355701	2	0	463	463	普票	463	285963	李京	王晓保
29	4月20日	张伟	徐晓菲	微信	平安	马丁豆豆定制打包盒20190513	11013954355701	2	0	2626	2626	专票	2626	285964	李京	王晓保
30	4月20日	经超	曹月萍	微信	平安	老板炸鸡定制4号打包盒	11013954355701	3	0	3478	3478	普票	3478	285965	曹爱华	王晓保
31	4月21日	经超	裘江辉	微信	平安	烽鲁炒饭喝黑塑手提打包盒	11013954355701	3		9991.52	9991.52	普票	9991.52	285966	李玉清	王晓保
32	4月21日	经超	裘江辉	微信	平安	铭双定制尺寸Be burger牛卡纸汉堡盒	11013954355701	2	0	220.37	220.37	普票	220.37	285967	何莹莹	王晓保
33	4月23日	经超	裘江辉	微信	平安	[illegible]12盎司单层杯Hugos	11013954355701	2	0	375.69	375.69	普票	375.69	285968	[illegible]	王晓保

资金管理汇总　支付宝　微信　现金　借记卡　信用卡

图 4－19　运行结果

4.2.2　Excel 循环操作多工作簿

Excel 循环操作多工作簿是对每个工作簿自动进行操作的功能，它能减少人为操作的时间，极大地提升工作效率。

【适用于文件夹中的每个文件】命令通常用于对指定文件夹中的每个文件重复操作所包含的活动，主要参数有：

（1）遍历。指在所包含的命令中引用每个文件时使用的名称，通常默认为“CurrentFile”。

（2）在文件夹中。指目标文件夹的路径。

（3）包括子文件夹。对指定文件夹包含的子文件夹中的文件重复操作命令。

（4）筛选依据。按文件名称筛选要重复活动的文件，如需要筛选扩展名为“. xlsx”的 Excel 工作簿，则需要输入“*. xlsx”。

（5）排序依据。按以下条件作为循环活动的排序依据，包括名称、创建日期、上次更新日期、大小、升序或降序，如图 4 - 20 所示。

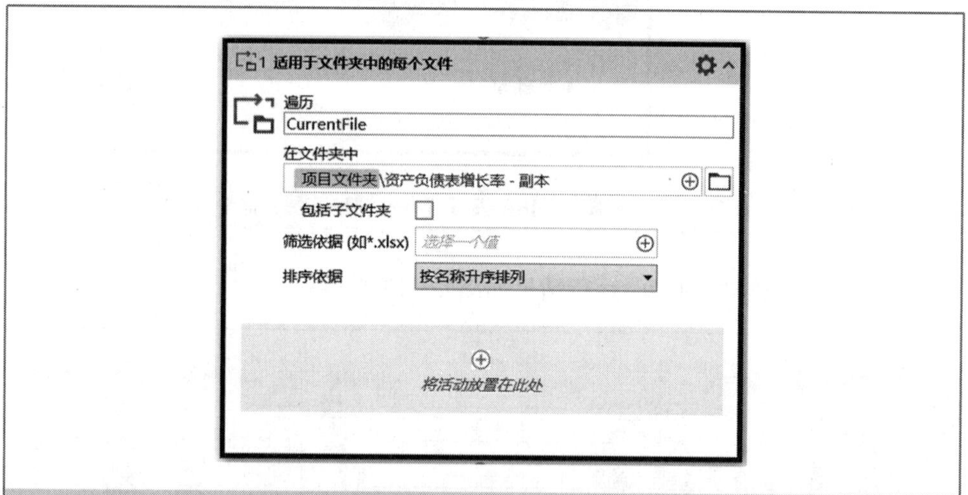

图 4 - 20　适用于文件夹中的每个文件

接下来用一个实例来进行【适用于文件夹中的每个文件】命令的演示。

【例 4 - 2】 某企业的财务人员需要将一个文件夹（如图 4 - 21 所示）内近五年的资产负债表（如图 4 - 22 所示）中“期末数”列后插入一列，计算每年资产、负债的增长率。现在我们利用财务机器人小玥来完成多文件的循环操作。

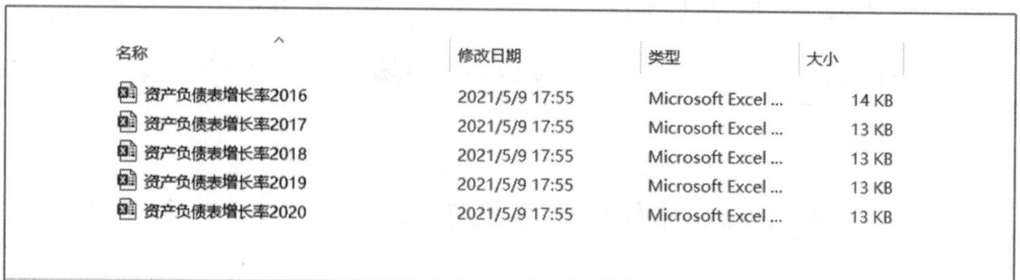

图 4 - 21　资产负债表文件夹

	A	B	C	D	E	F	G	H
1	资　产	行次	年初数	期末数	负债及所有者权益	行次	年初数	期末数
2	流动资产:				流动负债:			
3	货币资金	1	2, 630, 961, 674. 66	3, 238, 731, 958. 43	短期借款	68	639, 815, 309. 62	781, 133, 786. 15
4	短期投资	2			应付票据	69	806, 373, 821. 28	1, 284, 619, 936. 34
5	应收票据	3	390, 177, 148. 83	306, 412, 404. 37	应付帐款	70	1, 212, 774, 679. 45	1, 336, 302, 990. 91
6	应收股利	4			预付帐款	71	169, 330, 746. 55	
7	应收利息	5			应付工资	72	105, 107, 510. 19	140, 189, 585. 73
8	应收帐款	6	2, 211, 716, 538. 21	2, 146, 606, 146. 02	应付福利费	73		
9	其他应收款	7	64, 172, 629. 46	66, 391, 395. 37	应付股利	74		
10	预付帐款	8	184, 073, 560. 81	214, 795, 910. 74	应交税金	75	127, 482, 731. 56	110, 088, 402. 55
11	应收补贴款	9			其他应交款	80		
12	存货	10	1, 265, 221, 933. 44	1, 691, 614, 464. 92	其他应付款	81	102, 636, 591. 79	112, 892, 797. 43
13	待摊费用	11			预提费用	82		
14	一年内到期的长期债权投资	21			预计负债	83		
15	其他流动资产	24	41, 358, 276. 78	62, 621, 534. 64	一年内到期的长期负债	86		
16	流动资产合计	31	6, 787, 681, 762. 19	7, 727, 173, 814. 49	其他流动负债	90		74, 726, 363. 24
17	长期投资:				流动负债合计	100	3, 163, 521, 390. 44	3, 839, 953, 862. 35
18	长期股权投资	32	350, 838, 421. 66	496, 207, 351. 02	长期负债:			
19	长期债权投资	34			长期借款	101	52, 000, 000. 00	152, 312, 385. 42
20	长期投资合计	38	350, 838, 421. 66	496, 207, 351. 02	应付债券	102		
21	固定资产:				其他应付款	103	4, 396, 206. 56	4, 723, 479. 54
22	固定资产原价	39			专项应付款	106		
23	减:累计折旧	40			其他长期负债	108		
24	固定资产净值	41			长期负债合计	110	56, 396, 206. 56	157, 035, 864. 96
25	减：固定资产减值准备	42			递延税项:			
26	固定资产净额	43	1, 447, 234, 775. 65	1, 497, 340, 828. 40	递延税款贷项	111	120, 299, 979. 06	172, 773, 496. 63
27	工程物资	44	54, 134, 416. 80	48, 745, 007. 07	负债合计	114	3, 340, 217, 576. 06	4, 169, 763, 223. 94

图 4-22　资产负债表

具体步骤如下：

步骤 1：从“活动区”将【适用于文件夹中的每个文件】命令拖拽至“设计器面板”中。点击“在文件夹中”参数右侧的“浏览文件夹”按钮，选择“资产负债表增长率”文件夹；“筛选依据”参数以文本形式填写“*. xlsx”，如图 4-23 所示。

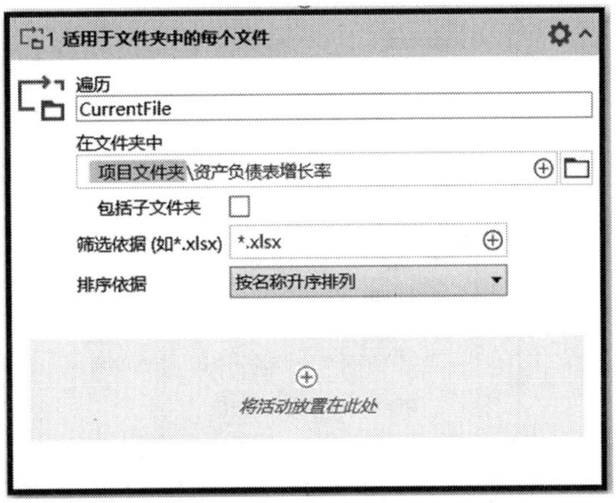

图 4-23　设置【适用于文件夹中的每个文件】命令的参数

说明：此步骤是为了对文件夹中的每个工作簿进行重复操作创建一个循环。

步骤 2：从“活动区”将【使用 Excel 文件】命令拖拽至【适用于文件夹中的每个文件】命令下方的“将活动放置在此处”。点击“Excel 文件”参数右侧的“+”

号，选择“CurrentFile”中的“完整名称（包括完整路径）”，如图 4－24 所示。

图 4－24　设置“Excel 文件”参数

勾选“模板文件”参数，单击“浏览文件”按钮，选择文件夹中的一张工作簿，此处选择 2016 年的资产负债表，如图 4－25 所示。

图 4－25　设置“模板文件”参数

说明：

（1）在“Excel 文件”参数中选择“CurrentFile”中的“完整名称（包括完整路径）”是循环操作的基础。

（2）勾选“模板文件”是为了在选择“在 Excel 中指明”时可以弹出 Excel 界面以进行指定。

步骤 3：从“活动区”将【插入列】命令拖拽至【使用 Excel 文件】命令下方的“将活动放置在此处”。在“范围”参数中选择“Excel”中的“Sheet1”工作表，勾选“含标头”。在“参照列”参数中选择“Excel”中的“在 Excel 中指明”，选择“E1”单元格。在“添加标头”参数中以文本形式填写“增长率”，设置格式为“百分比”，小数为“2”。如图 4－26 所示。

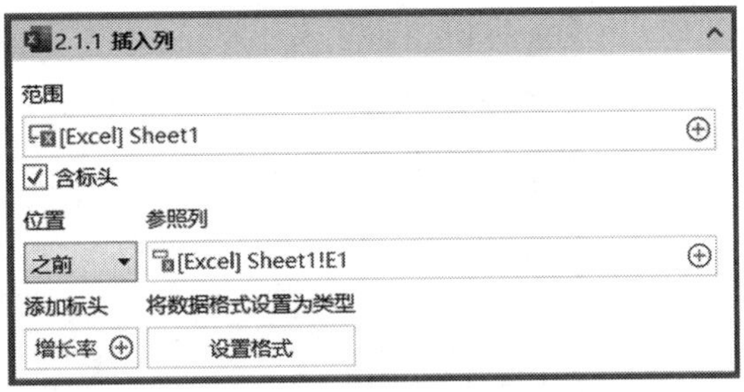

图 4－26　设置【插入列】命令的参数

步骤 4：从“活动区”将【写入单元格】命令拖拽至【插入列】命令的下方。在“写入内容”参数处选择文本形式，在文本框中填写公式“＝IF(C3＝"","",(D3－C3)/C3)”，输入完成后点击保存。在“写入位置”参数处选择“Excel”中的“在 Excel 中指明”，选择“E3”单元格。如图 4－27 所示。

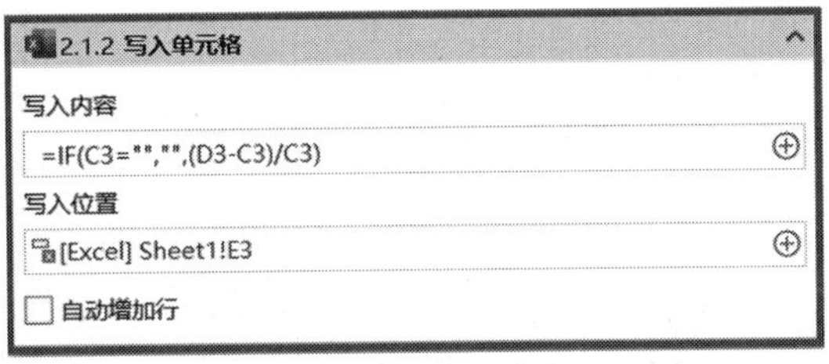

图 4－27　设置【写入单元格】命令的参数

注意：填写的公式“＝IF(C3＝"","",(D3－C3)/C3)”意为如果 C3 单元格为空，则输出结果为空，否则输出结果为“(D3－C3)/C3”的值。

步骤 5：从“活动区”将【自动填充】命令拖拽至【写入单元格】命令的下方。在“选择来源”参数中选择“Excel”中的“在 Excel 中指明”，选择“E3”

单元格，如图 4 - 28 所示。

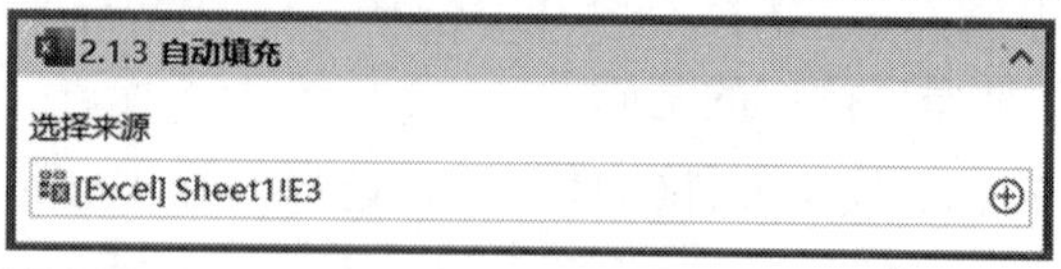

图 4 - 28　设置【自动填充】命令的参数

步骤 6：从“活动区”将【复制/粘贴范围】命令拖拽至【自动填充】命令的下方。在“来源”参数中选择“Excel”中的“在 Excel 中指明”，选择“E”列。在“目标”参数中选择“Excel”中的“在 Excel 中指明”，选择“J”列。在“要复制的内容”参数中选择“All”。如图 4 - 29 所示。

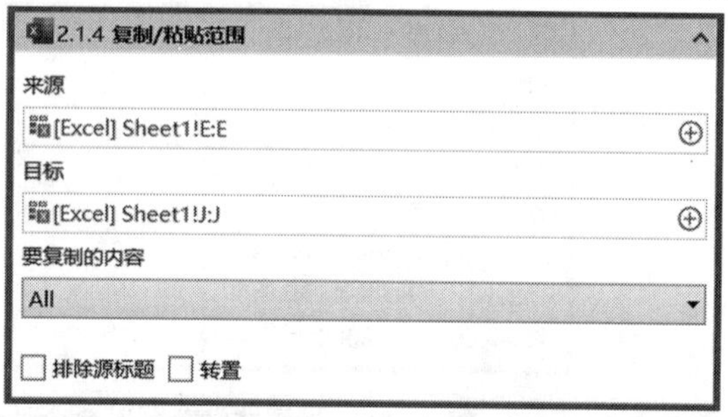

图 4 - 29　设置【复制/粘贴范围】命令的参数

单击“运行”，运行结果如图 4 - 30 所示。

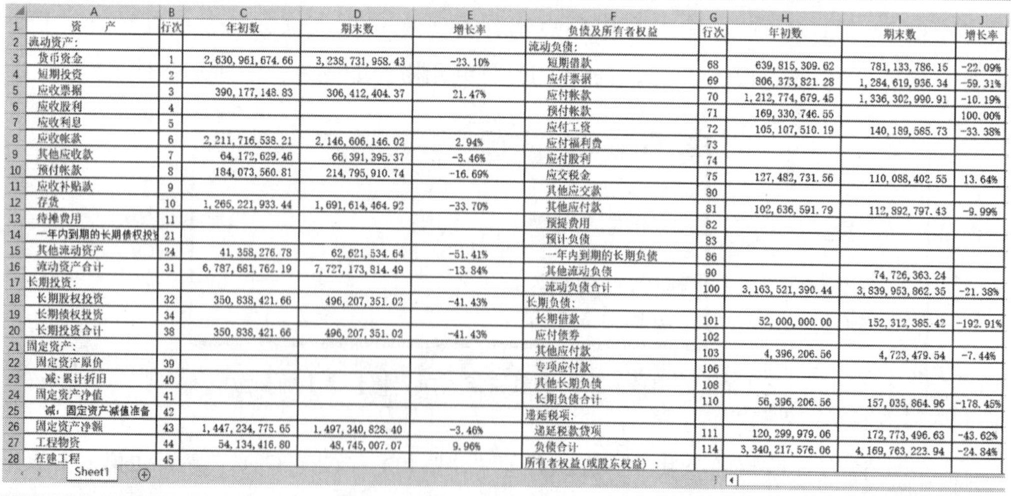

	A	B	C	D	E	F	G	H	I	J
1	资　　产	行次	年初数	期末数	增长率	负债及所有者权益	行次	年初数	期末数	增长率
2	流动资产：					流动负债：				
3	货币资金	1	2, 630, 961, 674. 66	3, 238, 731, 958. 43	-23. 10%	短期借款	68	639, 815, 309. 62	781, 133, 786. 15	-22. 09%
4	短期投资	2				应付票据	69	806, 373, 821. 28	1, 284, 619, 936. 34	-59. 31%
5	应收票据	3	390, 177, 148. 83	306, 412, 404. 37	21. 47%	应付帐款	70	1, 212, 774, 679. 45	1, 336, 302, 990. 91	-10. 19%
6	应收股利	4				预付帐款	71	169, 330, 746. 55		100. 00%
7	应收利息	5				应付工资	72	105, 107, 510. 19	140, 189, 585. 73	-33. 38%
8	应收帐款	6	2, 211, 716, 538. 21	2, 146, 606, 146. 02	2. 94%	应付福利费	73			
9	其他应收款	7	64, 172, 629. 46	66, 391, 395. 37	-3. 46%	应付股利	74			
10	预付帐款	8	184, 073, 560. 81	214, 795, 910. 74	-16. 69%	应交税金	75	127, 482, 731. 56	110, 088, 402. 55	13. 64%
11	应收补贴款	9				其他应交款	80			
12	存货	10	1, 265, 221, 933. 44	1, 691, 614, 464. 92	-33. 70%	其他应付款	81	102, 636, 591. 79	112, 892, 797. 43	-9. 99%
13	待摊费用	11				预提费用	82			
14	一年内到期的长期债权投资	21				预计负债	83			
15	其他流动资产	24	41, 358, 276. 78	62, 621, 534. 64	-51. 41%	一年内到期的长期负债	86			
16	流动资产合计	31	6, 787, 681, 762. 19	7, 727, 173, 814. 49	-13. 84%	其他流动负债	90		74, 726, 363. 24	
17	长期投资：					流动负债合计	100	3, 163, 521, 390. 44	3, 839, 953, 862. 35	-21. 38%
18	长期股权投资	32	350, 838, 421. 66	496, 207, 351. 02	-41. 43%	长期负债：				
19	长期债权投资	34				长期借款	101	52, 000, 000. 00	152, 312, 385. 42	-192. 91%
20	长期投资合计	38	350, 838, 421. 66	496, 207, 351. 02	-41. 43%	应付债券	102			
21	固定资产：					其他应付款	103	4, 396, 206. 56	4, 723, 479. 54	-7. 44%
22	固定资产原价	39				专项应付款	106			
23	减：累计折旧	40				其他长期负债	108			
24	固定资产净值	41				长期负债合计	110	56, 396, 206. 56	157, 035, 864. 96	-178. 45%
25	减：固定资产减值准备	42				递延税项：				
26	固定资产净额	43	1, 447, 234, 775. 65	1, 497, 340, 828. 40	-3. 46%	递延税款贷项	111	120, 299, 979. 06	172, 773, 496. 63	-43. 62%
27	工程物资	44	54, 134, 416. 80	48, 745, 007. 07	9. 96%	负债合计	114	3, 340, 217, 576. 06	4, 169, 763, 223. 94	-24. 84%
28	在建工程	45				所有者权益(或股东权益)：				

Sheet1

图 4 - 30　运行结果

4.3　基于条件结构的主要操作

UiPath StudioX 的条件结构功能主要利用【IF 条件】命令来实现，如图 4-31 所示。

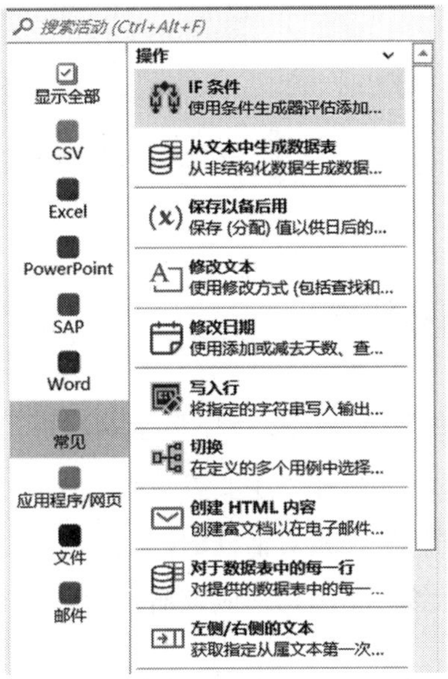

图 4-31　常见的活动区

本节主要讲解 UiPath StudioX 条件结构中的判断功能。接下来，我们以挑选原表中不同维度数据制作透视表为例，介绍【IF 条件】命令和【输入对话框】命令的功能。

4.3.1　IF 条件

【IF 条件】命令主要用于使用条件生成器评估添加的条件，如果符合条件，则执行 Then 分支中的命令；如果不符合条件，则执行 Else 分支中的命令。若为空，表示不执行任何命令，如图 4-32 所示。

主要参数有：

(1) 条件。指活动执行时的判断标准，通常选择“条件生成器”进行设置。

(2) Then。指符合条件时执行的活动。

（3）Else。指不符合条件时执行的活动。

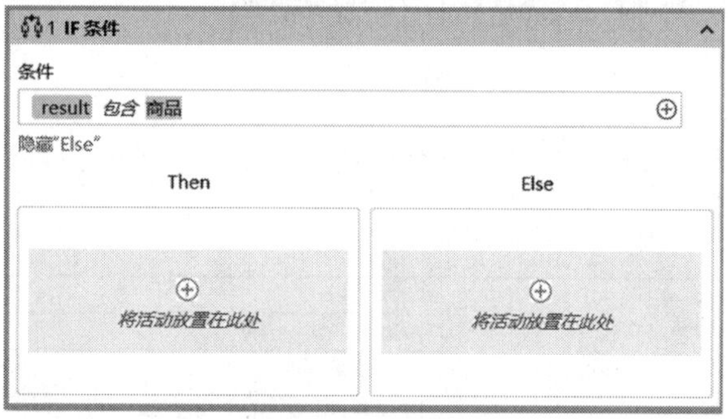

图 4－32　IF 条件

4.3.2　输入对话框

【输入对话框】命令主要用于显示对话框，通过其中的标签消息和输入参数提示用户进行下一步操作，主要参数有：

（1）对话框标题。指对话框的标题，可通过文本方式填写相应内容。

（2）输入标签。指示用户应该输入什么内容的标签，可通过文本方式填写相应内容。

（3）输入类型。选择“文本”，则需要在对话框中输入文本；选择“多选”，则对话框中出现多个待选项，通过“输入选项”参数进行设置，需要用“;”隔开每个待选项，如图 4－33 所示。

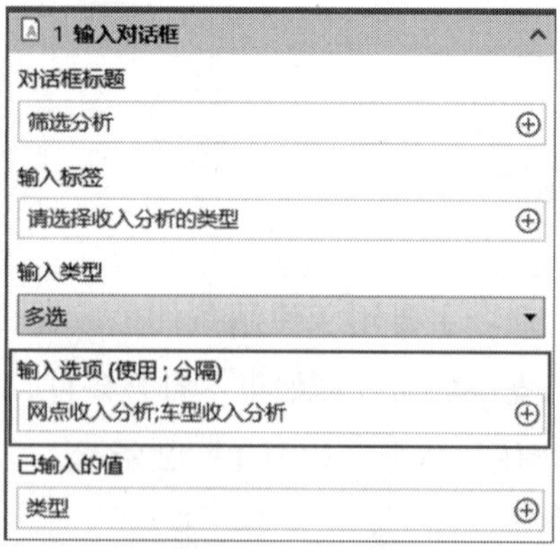

图 4－33　输入选项

（4）已输入的值。指在其他命令中引用用户输入值时使用的名称，选择“保存以便以后使用”，输入相关名称。

接下来用一个实例来进行【IF 判断】命令及【输入对话框】命令的演示。

【例 4－3】 某企业的财务人员从系统中导出了一张销售数据分析表，如图 4－34 所示，其中包含时间、销售员、商品编码、商品名称、单价、销量、销售额等数据。我们可以根据自身需求挑选所需的数据，创建数据透视表来分析数据。例如，创建一张与商品名称和销售额相关的数据透视表以及一张与销售员和销售额相关的数据透视表。现在我们利用财务机器人小玥来完成相关操作。

	A	B	C	D	E	F	G	H	I	J
1	序号	时间	销售员	商品编码	商品名称	单价	销量	折算销量	折扣金额	销售额
2	1	1月	杨滢	CB01060301-A	珀芙晶钻保湿水	418	51	51	1530	19788
3	2	1月	杨滢	CB02060301-A	珀芙晶钻滋润乳	618	56	56	1680	32928
4	3	1月	杨滢	CB03060301-A	珀芙晶钻复活霜	712	49	49	1470	33418
5	4	1月	杨滢	CT04060301-A	珀芙晶钻修复保湿套装	1588	29	87	870	45182
6	5	1月	杨滢	CY01060301-B	雅梦石榴焕采保湿水	228	39	39	1170	7722
7	6	1月	杨滢	CY02060301-B	雅梦石榴焕采滋润乳	322	40	40	1200	11680
8	7	1月	杨滢	CY03060301-B	雅梦石榴焕采修复霜	428	36	36	1080	14328
9	8	1月	杨滢	CT04060301-B	雅梦石榴焕采修复保湿套装	868	19	57	570	15922
10	9	1月	夏雅辰	CB01060301-A	珀芙晶钻保湿水	418	47	47	1410	18236
11	10	1月	夏雅辰	CB02060301-A	珀芙晶钻滋润乳	618	45	45	1350	26460
12	11	1月	夏雅辰	CB03060301-A	珀芙晶钻复活霜	712	40	40	1200	27280
13	12	1月	夏雅辰	CT04060301-A	珀芙晶钻修复保湿套装	1588	20	60	600	31160
14	13	1月	夏雅辰	CY01060301-B	雅梦石榴焕采保湿水	228	35	35	1050	6930
15	14	1月	夏雅辰	CY02060301-B	雅梦石榴焕采滋润乳	322	33	33	990	9636
16	15	1月	夏雅辰	CY03060301-B	雅梦石榴焕采修复霜	428	33	33	990	13134
17	16	1月	夏雅辰	CT04060301-B	雅梦石榴焕采修复保湿套装	868	19	57	570	15922
18	17	1月	石怡	CB01060301-A	珀芙晶钻保湿水	418	26	26	780	10088
19	18	1月	石怡	CB02060301-A	珀芙晶钻滋润乳	618	23	23	690	13524
20	19	1月	石怡	CB03060301-A	珀芙晶钻复活霜	712	21	21	630	14322
21	20	1月	石怡	CT04060301-A	珀芙晶钻修复保湿套装	1588	4	12	120	6232
22	21	1月	石怡	CY01060301-B	雅梦石榴焕采保湿水	228	16	16	480	3168
23	22	1月	石怡	CY02060301-B	雅梦石榴焕采滋润乳	322	13	13	390	3796
24	23	1月	石怡	CY03060301-B	雅梦石榴焕采修复霜	428	13	13	390	5174
25	24	1月	石怡	CT04060301-B	雅梦石榴焕采修复保湿套装	868	1	3	30	838
26	25	1月	唐冰冰	CB01060301-A	珀芙晶钻保湿水	418	36	36	1080	13968
27	26	1月	唐冰冰	CB02060301-A	珀芙晶钻滋润乳	618	36	36	1080	21168
28	27	1月	唐冰冰	CB03060301-A	珀芙晶钻复活霜	712	39	39	1170	26598
29	28	1月	唐冰冰	CT04060301-A	珀芙晶钻修复保湿套装	1588	26	78	780	40508

图 4－34　销售数据分析表

具体步骤如下：

步骤 1：从“活动区”将【输入对话框】命令拖拽至“设计器面板”中。在“对话框标题”参数中选择文本形式，在“文本生成器”中填写“各大区销售统计表”并点击保存。在“输入标签”参数中选择文本形式，在“文本生成器”中填写“请选择您要生成的图表”并点击保存。在“输入类型”参数中选择“多选”。在“输入选项”参数处以文本形式填写“商品销售分析透视表；业务员业绩分析透视表”。在“已输入的值”参数中选择“保存以便以后使用”，在弹出的“保存值以备后用”对话框中输入“result”，并点击“确定”。如图 4－35 所示。

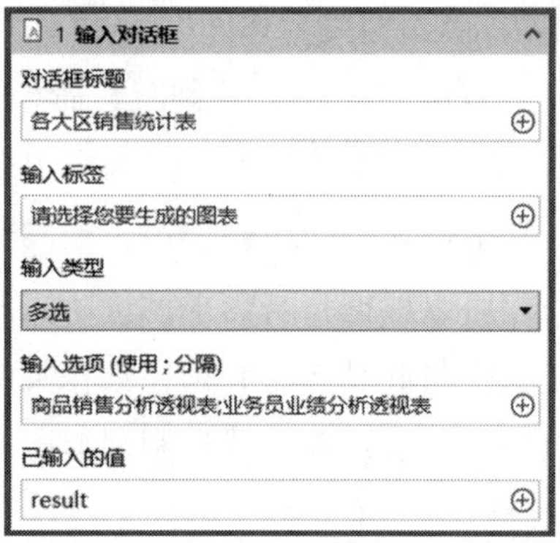

图 4-35　设置【输入对话框】命令的参数

说明：

(1)“已输入的值”可以理解为一个变量，以便在其他命令中引用，由于上一个参数已经进行选项设置，若在运行时弹出的文本框中选择“商品销售分析透视表”，则“已输入的值”就代表“商品销售分析透视表”，选择“业务员业绩分析透视表”同理。

(2)“已输入的值”可以根据需求更换名称，此例中为“result”。

步骤 2：从“活动区”将【IF 条件】命令拖拽至【输入对话框】命令的下方。在“条件”参数中选择“条件生成器”，如图 4-36 所示。

图 4-36　选择“条件生成器”

第一个文本框中选择“使用保存的值”中的“result”，如图 4-37 所示。

在中间的条件逻辑关系下拉菜单中选择“包含”，右边的文本框中选择文本形式，填写“商品销售”并点击“保存”，如图 4-38 所示。

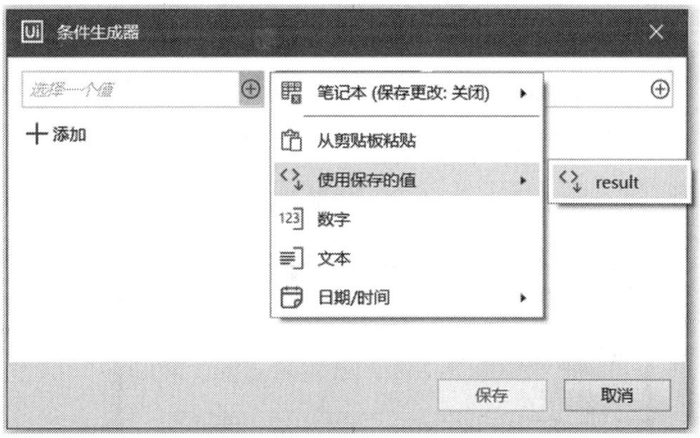

图 4 - 37　选择“使用保存的值”中的“result”

图 4 - 38　设置“条件生成器”参数

说明：第二个文本框填写“商品销售”可以理解为以“商品销售”字段作为 IF 中“Then”的判断条件，即选择“商品销售分析透视表”为判断条件。

步骤 3：从“活动区”将【使用 Excel 文件】命令拖拽至“Then”区域。在“Excel 文件”参数处通过“浏览文件”选择“销售数据分析表”，如图 4 - 39 所示。

步骤 4：从“活动区”将【创建透视表】命令拖拽至【使用 Excel 文件】命令下方的“将活动放置在此处”。在“来源”参数中选择“Excel”中的“在 Excel 中指明”，选择“A:J”范围。在“新表格名称”参数中以文本形式填写“销售数据表”。在“目标”参数中选择“Excel”中的“Sheet2”工作表。如图 4 - 40 所示。

图 4-39　设置【使用 Excel 文件】命令的参数

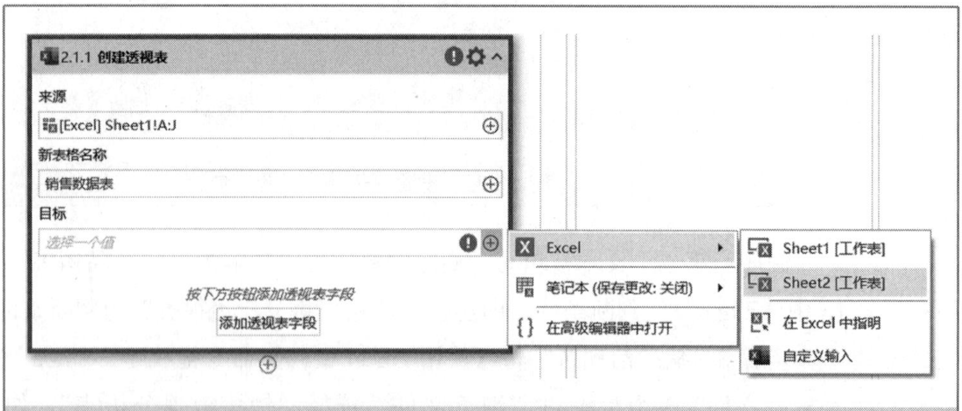

图 4-40　设置"来源""新表格名称""目标"参数

步骤 5：单击"添加透视表字段"按钮，"字段"选择"Range"中的"商品名称"，如图 4-41 所示。

在"字段"右边的下拉菜单中选择"行"标签，如图 4-42 所示。

单击"添加透视表字段"按钮，"字段"选择"Range"中的"销售额"，在"字段"右边的下拉菜单中选择"值"标签，"函数"选择"Sum"，如图 4-43 所示。

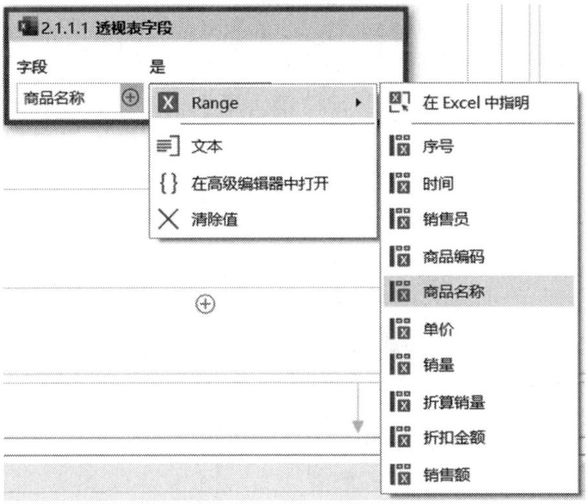

图 4－41　选择字段

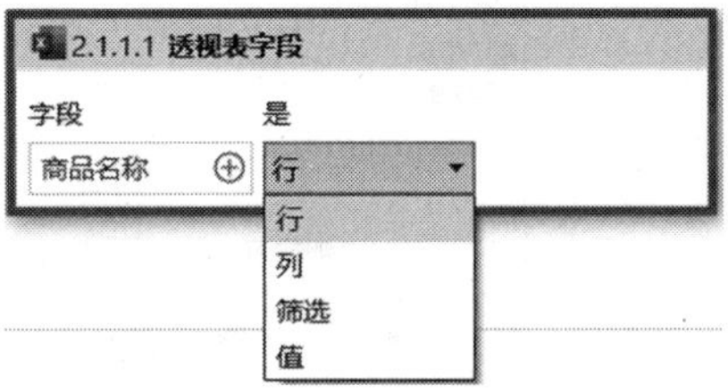

图 4－42　选择行

图 4－43　设置“添加透视表字段”参数

步骤 6：与“Then”区域的操作步骤类似，“Else”区域是选择“业务员业绩分析透视表”后的操作，需要按照销售员与销售额的关系创建透视表，因此“字段”要选择“销售员”与“销售额”，如图 4－44 所示。

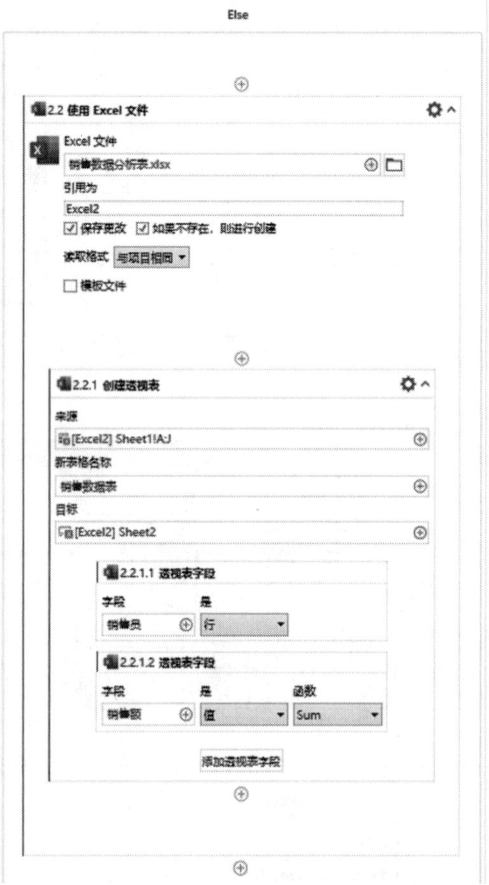

图 4－44　“Else”区域的设置

步骤 7：单击“运行”，插入的数据透视表如图 4－45 所示。

	A	B
1	行标签	求和项:销售额
2	珀芙晶钻保湿水	4057704
3	珀芙晶钻复活霜	6942078
4	珀芙晶钻修复保湿套装	13182238
5	珀芙晶钻滋润乳	6076980
6	雅梦石榴焕采保湿水	2639340
7	雅梦石榴焕采修复保湿套装	10231980
8	雅梦石榴焕采修复霜	5349916
9	雅梦石榴焕采滋润乳	3912216
10	(空白)	
11	总计	52392452

图 4－45　数据透视表

4.4　实战演练：表格合并及数据透视分析机器人

Excel 除了上下合并数据，往往还存在更复杂的工作场景，例如根据工作表数据创建透视表以及绘制相关的数据分析图，以便更直观地分析数据。

【例 4－4】 某企业财务人员从系统中导出了十张不同地区汽车 4S 店销售及售后数据的工作簿，其中包含五个地区的“现代”汽车与“马自达”汽车的收入数据，如图 4－46 所示。我们将利用财务机器人小玥来完成不同地区汽车 4S 店的收入数据汇总以及分析工作。

名称	修改日期	类型	大小
北京马自达	2021/5/17 10:36	Microsoft Excel ...	12 KB
北京现代	2021/5/16 9:10	Microsoft Excel ...	12 KB
广州马自达	2021/5/16 9:11	Microsoft Excel ...	12 KB
广州现代	2021/5/16 9:11	Microsoft Excel ...	13 KB
南京马自达	2021/5/16 9:12	Microsoft Excel ...	12 KB
南京现代	2021/5/16 9:12	Microsoft Excel ...	12 KB
上海马自达	2021/5/16 9:13	Microsoft Excel ...	13 KB
上海现代	2021/5/16 9:13	Microsoft Excel ...	12 KB
郑州马自达	2021/5/16 9:13	Microsoft Excel ...	12 KB
郑州现代	2021/5/16 9:14	Microsoft Excel ...	13 KB

图 4－46　不同地区汽车 4S 店销售及售后数据的工作簿

每张工作簿的内容基本相同，包含时间、指标、类型、收入与台次等，如图 4－47 所示。

	A	B	C	D
1	经营数据报告中心	2020/12/3		
2	指标	类型	金额单位：万元	北京 马自达
3	4S店销售	整车	台次	20
4			收入	402.6
5			其中：消贷台次	0
6			其中：融资租赁台次	0
7		二手车	收购台次	0
8			销售台次	0
9			收入	0
10	4S店销售水平事业	汽车装潢品	台次	0
11			收入	0
12		汽车精品	台次	0
13			收入	0
14	3	金融服务费	台次	15
15			收入	3.8
16		上牌服务费	台次	17
17			收入	3.9
18	4S店售后	维修保养	台次	20
19			收入	6.5
20		事故车	台次(保险平台)	3
21			收入(保险平台)	7.7
22			台次(自找客户)	0
23			收入(自找客户)	0
24	汇总		总收入	424.5

图 4－47　工作簿内容

从图 4-46 和图 4-47 中可以看出文件夹中有十张不同地区的经营数据工作簿，需要将这十张工作簿通过左右合并的方式合并成一张工作表，并利用合并后的工作表数据创建透视表，绘制相应图表。

小玥来啦

下面对财务机器人小玥的具体开发步骤进行讲解。

步骤 1：从“活动区”将【输入对话框】命令拖拽至“设计器面板”中。在“对话框标题”参数中选择文本形式，填写标题名称，此处填写“筛选分析”。在“输入标签”参数中选择文本形式，填写“请选择收入分析的类型”，单击“保存”。在“输入类型”参数的下拉菜单中选择“多选”。在“输入选项”参数中选择文本形式，填写“网点收入分析；车型收入分析”。在“已输入的值”参数中选择“保存以便以后使用”，在弹出的“保存值以备后用”对话框中输入“类型”。如图 4-48 所示。

图 4-48　设置【输入对话框】命令的参数

步骤 2：从“活动区”将【使用 Excel 文件】命令拖拽至【输入对话框】命令的下方。单击“Excel 文件”参数右面的“浏览文件”按钮，在系统中选择“经营数据报告中心汇总表.xlsx”，在“引用为”参数中填写工作表标题“总表”，如图 4-49 所示。

步骤 3：从“活动区”将【使用 Excel 文件】命令拖拽至【使用 Excel 文件】命令下方的“将活动放置在此处”。单击“Excel 文件”参数右面的“浏览文件”按钮，在系统中选择“经营中心报告原表\北京马自达.xlsx”文件，在“引用为”参数中填写工作表标题“北京马自达”，如图 4-50 所示。

步骤 4：从“活动区”将【复制/粘贴范围】命令拖拽至【使用 Excel 文件】命令下方的“将活动放置在此处”。在“来源”参数中选择“北京马自达”中的“在 Excel 中指明”，在 Excel 界面选择“A:C”范围。在“目标”参数中选择

“总表”中的“在 Excel 中指明”，在 Excel 界面选择“A:C”范围。在“要复制的内容”参数中选择“All”，如图 4 - 51 所示。

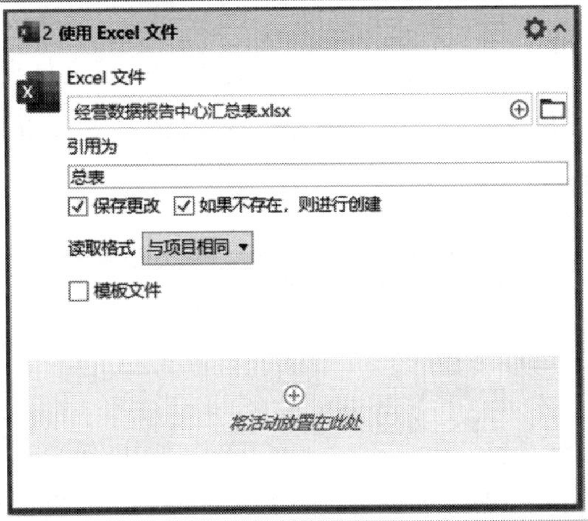

图 4 - 49　设置【使用 Excel 文件】命令的参数一

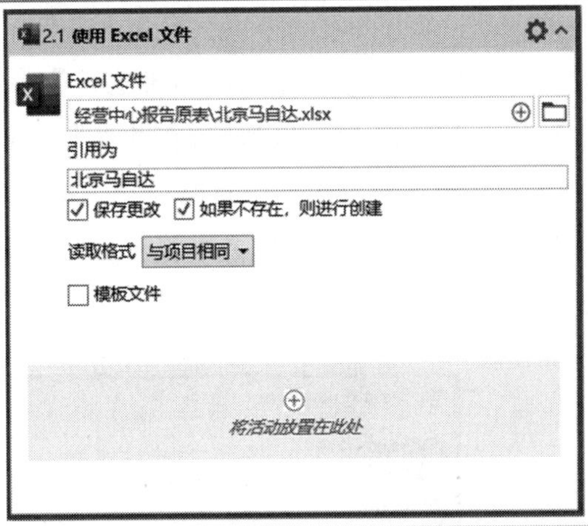

图 4 - 50　设置【使用 Excel 文件】命令的参数二

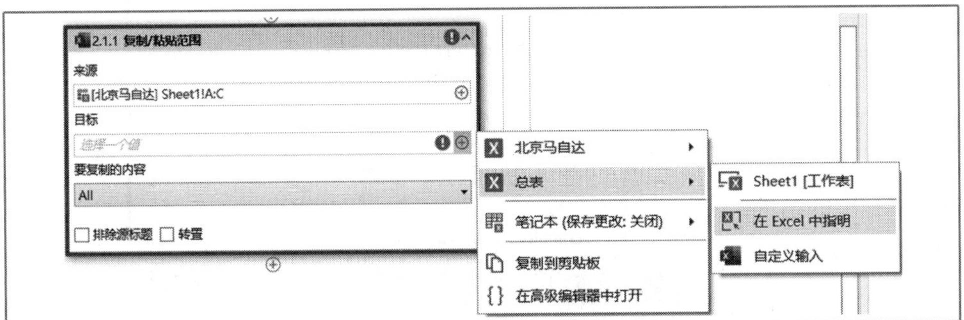

图 4 - 51　设置【复制/粘贴范围】命令的参数

说明：此步骤是将北京马自达工作表的前三列标题复制粘贴到总表中。

步骤 5：从“活动区”将【适用于文件夹中的每个文件】命令拖拽至第二个【使用 Excel 文件】命令下方的“+”号处。“遍历”参数默认值为“CurrentFile”。单击“在文件夹中”参数右边的“浏览文件夹”按钮，选择“经营中心报告原表”文件夹。“筛选依据”参数选择文本形式，填写为“*.xlsx”。如图 4-52 所示。

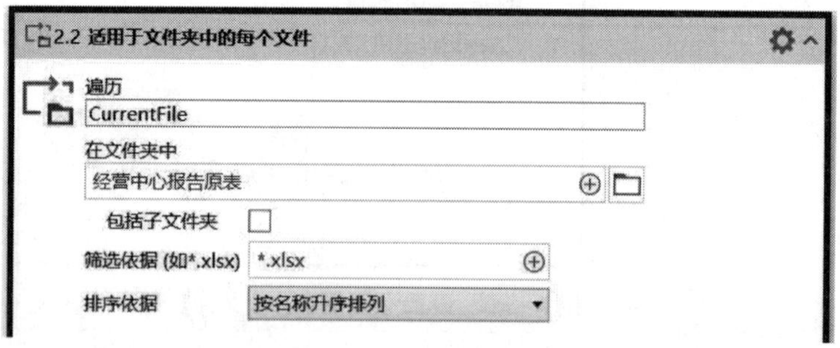

图 4-52　设置【适用于文件夹中的每个文件】命令的参数

步骤 6：从“活动区”将【使用 Excel 文件】命令拖拽至【适用于文件夹中的每个文件】命令下方的“将活动放置在此处”。“Excel 文件”参数选择“CurrentFile”中的“完整名称（包括完整路径）”。勾选“模板文件”，单击“浏览文件”按钮，选择其中一张工作簿作为模板工作簿，此处选择北京马自达工作簿。如图 4-53 所示。

图 4-53　设置【使用 Excel 文件】命令的参数

步骤 7：从“活动区”将【复制/粘贴范围】命令拖拽至上述【使用 Excel 文

件】命令下方的“将活动放置在此处”。“来源”参数选择“Excel”中的“在 Excel 中指明”，在 Excel 界面选择 D 列。在“目标”参数中选择“在高级编辑器中打开”。在“要复制的内容”参数中选择“All”。如图 4－54 所示。

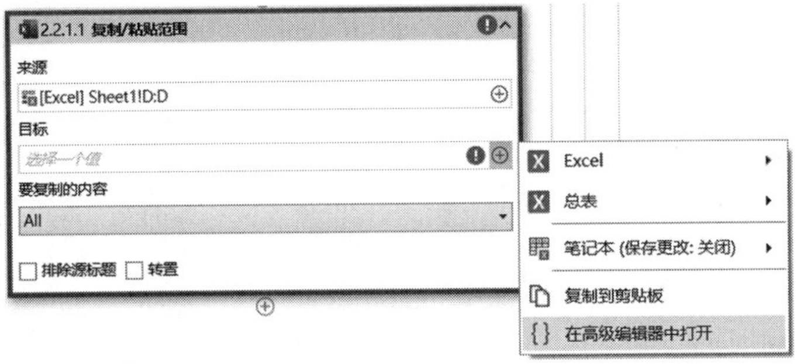

图 4－54　设置【复制/粘贴范围】命令的参数

输入“总表. Sheet("Sheet1"). Range(Convert. ToChar(67+CurrentIndex)+"1")”，如图 4－55 所示。

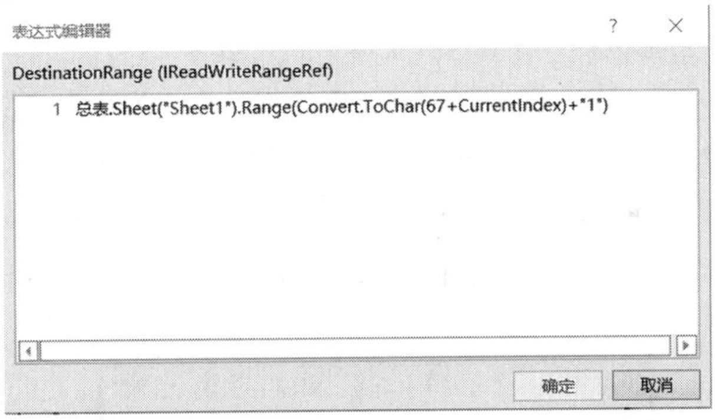

图 4－55　设置“在高级编辑器中打开”参数

注意：

（1）公式中“总表. Sheet("Sheet1")”的含义为定位在总表中的 Sheet1 页。

（2）公式中“Range(Convert. ToChar(67+CurrentIndex)+"1")”的含义为将每个工作簿中的 D 列复制，依次从总表 D 列开始进行粘贴，完成左右合并工作。

（3）公式中“67”可暂时理解为 C 列，同理“65”为 A 列，“66”为 B 列。

说明：到步骤 7 为止，已完成左右合并工作，后续步骤为整合表格并进行判断的操作。

可以先单击“运行”完成合并，再进行下一步操作，合并文件如图 4－56 所示。

	A	B	C	D	E	F	G	H	I	J	K	L	M	N
1	经营数据报告中，	2020/12/3												
2	指标	类型	金额单位：万元		上海 现代	上海 马自达	北京 现代	北京 马自达	南京 现代	南京 马自达	广州 现代	广州 马自达	郑州 现代	郑州 马自达
3	4S店销售	整车	台次	台次	2.00	10.00	23.00	20.00	8.00	7.00	24.00	9.00	8.00	7.00
4			收入	收入	949.00	372.54	532.00	402.60	143.02	143.80	491.01	123.34	78.46	77.95
5			其中：消贷台次	其中：消贷	-	-	-	-	-	-	-	-	-	-
6			其中：融资租赁台次	其中：融资	-	-	-	-	-	-	-	-	-	-
7		二手车	收购台次	收购台次	-	-	-	-	-	-	-	-	-	-
8			销售台次	销售台次	-	-	-	-	-	-	-	-	-	-
9			收入	收入	-	-	-	-	-	-	-	-	-	-
10	4S店销售水平事	汽车装潢品	台次	台次	2.00	4.00	13.00	-	-	-	12.00	-	-	-
11			收入	收入	19.60	2.80	4.60	-	-	-	3.30	-	-	-
12		汽车精品	台次	台次	-	-	11.00	-	-	-	7.00	-	-	-
13			收入	收入	-	-	4.20	-	-	-	1.82	-	-	-
14	3	金融服务费	台次	台次	2.00	9.00	21.00	15.00	5.00	7.00	20.00	7.00	7.00	5.00
15			收入	收入	14.00	4.40	6.20	3.80	1.00	1.70	7.20	1.40	1.40	1.00
16		上牌服务费	台次	台次	1.00	5.00	15.00	17.00	6.00	4.00	18.00	6.00	3.00	5.00
17			收入	收入	1.00	2.00	2.90	3.90	1.30	0.55	4.10	0.95	0.45	1.00
18	4S店售后	维修保养	台次	台次	1.00	11.00	19.00	20.00	18.00	12.00	28.00	10.00	12.00	11.00
19			收入	收入	2.10	6.10	7.10	6.50	4.11	2.49	7.10	1.23	2.32	1.67
20		事故车	台次（保险平台）	台次（保险	1.00	2.00	4.00	3.00	4.00	7.00	9.00	6.00	4.00	5.00
21			收入（保险平台）	收入（保险	82.10	21.20	4.70	7.70	2.10	5.20	26.41	3.30	3.00	2.80
22			台次（自找客户）	台次（自找	-	-	-	-	-	-	-	-	-	-
23			收入（自找客户）	收入（自找	-	-	-	-	-	-	-	-	-	-
24	汇总			总收入	1,067.80	409.04	561.70	424.50	151.53	153.74	540.94	130.22	85.63	84.42

图 4-56　合并文件

步骤 8：从“活动区”将【删除行】命令拖拽至【使用 Excel 文件】命令下方的“+”号处。在“目标表格或范围”参数处选择“总表”中的“在 Excel 中指明”，选择范围为第一行。在“要删除的内容”参数下拉菜单中选择“特定行”，“目标位置”参数选择文本形式，填写“1”。

步骤 9：从“活动区”将【删除列】命令拖拽至【使用 Excel 文件】命令下方的“将活动放置在此处”。在“来源”参数处选择“总表”中的“在 Excel 中指明”，在 Excel 界面选择 A 列，勾选“含标头”。在“列名称”参数中选择文本形式，填写 A 列的列名称“指标”。如图 4-57 所示。

图 4-57　设置【删除列】命令的参数

步骤 10：从“活动区”将【删除列】命令拖拽至【使用 Excel 文件】命令下

方的“+”号处。在“来源”参数处选择“总表”中的“在 Excel 中指明”，在 Excel 界面选择 A 列，勾选“含标头”。在“列名称”参数中选择文本形式，填写 A 列的列名称“类型”。如图 4－58 所示。

图 4－58　设置【删除列】命令的参数

注意：此步骤是步骤 10 删除 A 列之后的操作，因为原 B 列已变更为 A 列，所以删除列的来源选择 A 列。

步骤 11：从“活动区”将【复制/粘贴范围】命令拖拽至【删除列】命令的下方。“来源”参数选择“总表”中的“在 Excel 中指明”，在 Excel 界面选择“A1:K23”范围。“目标”参数选择“总表”中的“在 Excel 中指明”，先点击“Sheet1”旁边的“+”号创建一张新的工作表，然后在新工作表“Sheet2”中选择“A1”。“要复制的内容”参数选择“All”。勾选“转置”。如图 4－59 所示。

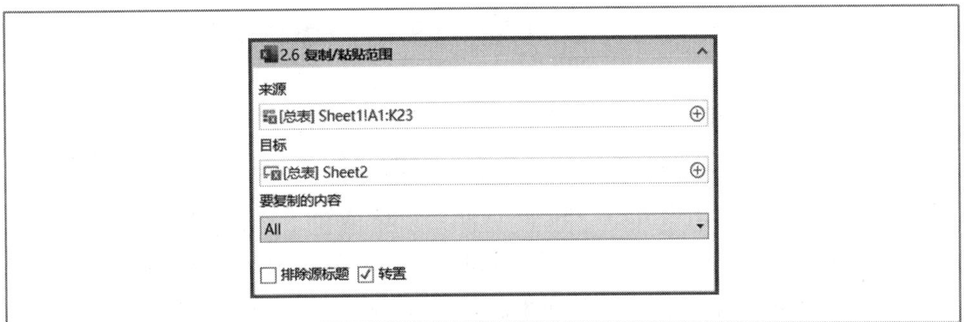

图 4－59　设置【复制/粘贴范围】命令的参数

说明：勾选“转置”是为了将数据转换为创建透视表需要的格式。

步骤 12：从“活动区”将【写入单元格】命令拖拽至【复制/粘贴范围】命令的下方。“写入内容”参数选择文本形式，填写标头“网点 车型”。在“写入位置”参数处选择“总表”中的“在 Excel 中指明”，在 Excel 界面选择“Sheet2”工作表的“A1”单元格。如图 4-60 所示。

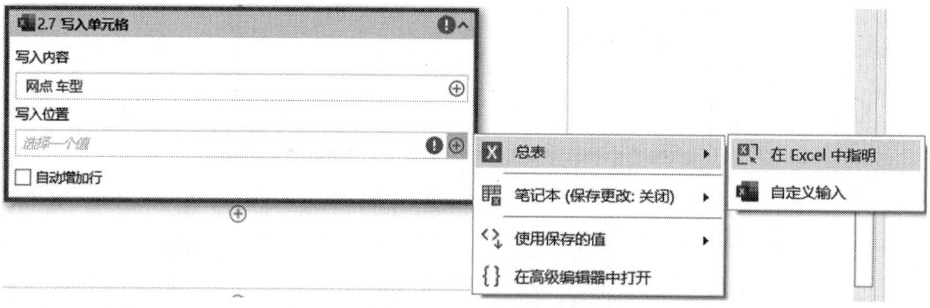

图 4-60　设置【写入单元格】命令的参数

步骤 13：从“活动区”将【插入列】命令拖拽至【写入单元格】命令下方的“+”号处。“范围”参数选择“总表”中的“Sheet2”表，勾选“含标头”。“参照列”参数选择“总表”中的“在 Excel 中指明”，在 Excel 界面选择“Sheet2”工作表的“A1”单元格。如图 4-61 所示。

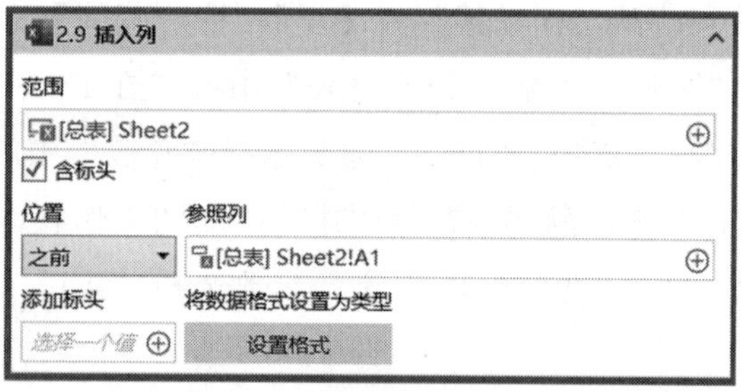

图 4-61　设置【插入列】命令的参数

步骤 14：从“活动区”将【分列】命令拖拽至【插入列】命令下方的“+”号处。“来源”参数选择“总表”中的“在 Excel 中指明”，在 Excel 界面选择“Sheet2”工作表的 B 列。“目标”参数选择“总表”中的“在 Excel 中指明”，在 Excel 界面选择“Sheet2”表的 A 列。“数据类型”参数选择“带分隔符”，勾选“空格”。如图 4-62 所示。

步骤 15：从“活动区”将【IF 条件】命令拖拽至【分列】命令下方的“+”号处。在“条件”参数处选择“条件生成器”，如图 4-63 所示。

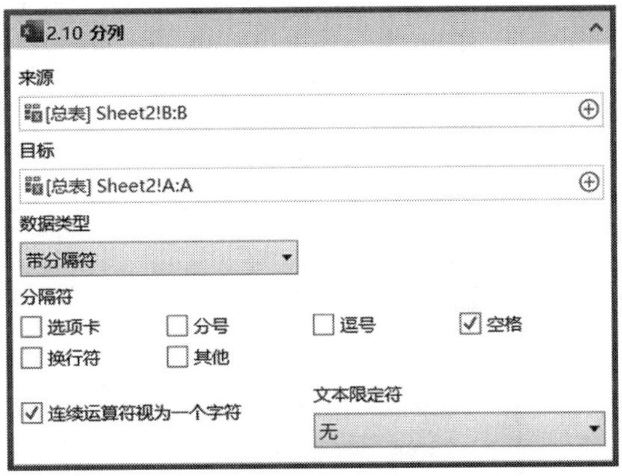

图 4-62　设置【分列】命令的参数

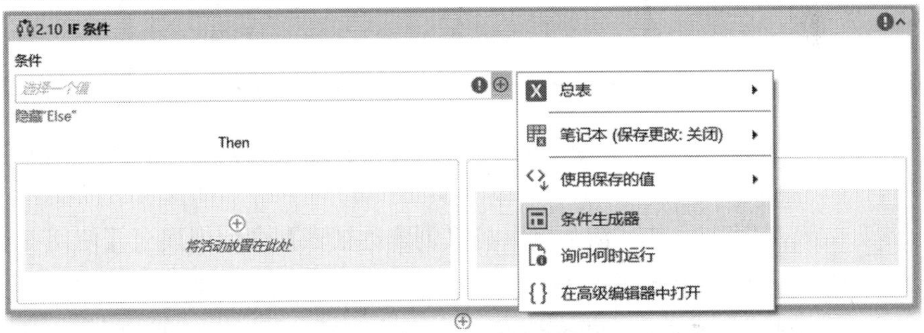

图 4-63　选择“条件生成器”

打开“条件生成器”窗口，第一个文本框选择“使用保存的值”中的“类型”，随后在下拉菜单中选择“包含”，第二个文本框选择文本形式，填写“网点收入分析”，如图 4-64 所示。

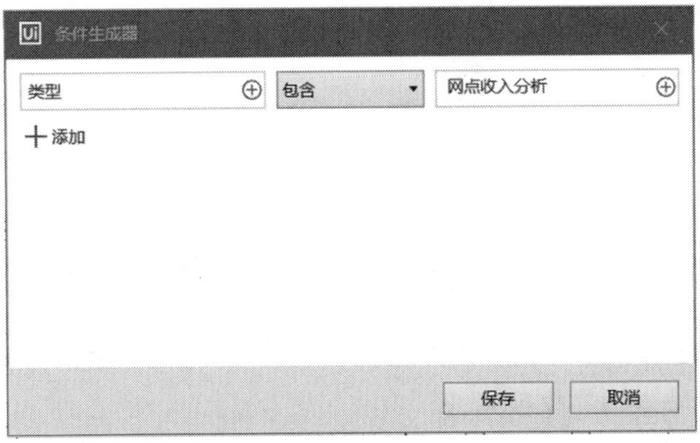

图 4-64　设置“条件生成器”参数

步骤 16：在“Then”区域进行操作，从“活动区”将【使用 Excel 文件】命令拖拽至“Then”区域。“Excel 文件”参数通过单击“浏览文件”按钮选择“经营中心报告汇总表.xlsx”，如图 4-65 所示。

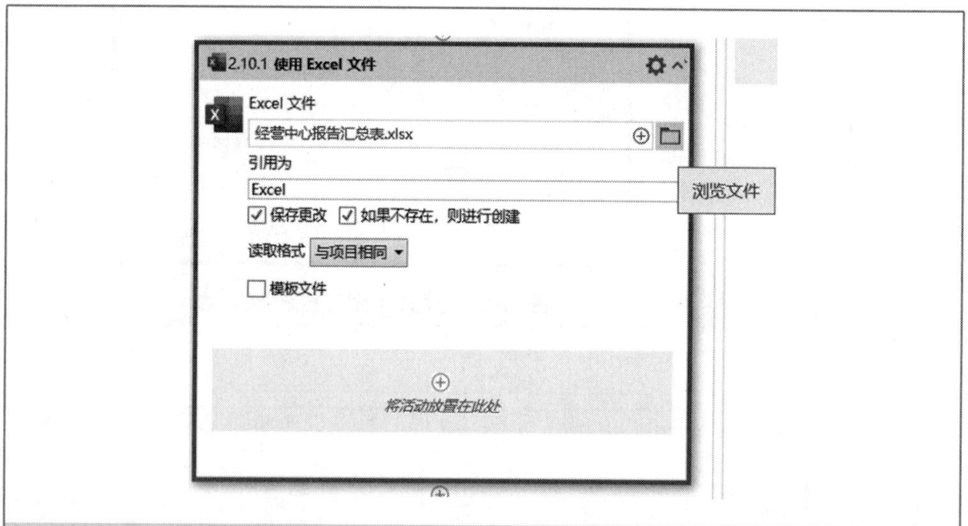

图 4-65　设置【使用 Excel 文件】命令的参数

步骤 17：从“活动区”将【创建透视表】命令拖拽至【使用 Excel 文件】命令下方的“将活动放置在此处”。在“来源”参数处选择“总表”中的“在 Excel 中指明”，在 Excel 界面选择“Sheet2”的“A1:X11”范围。“新表格名称”参数选择文本形式，填写“网点收入分析”。在“目标”参数中选择“Excel”中的“在 Excel 中指明”，先点击“Sheet2”旁边的“+”号创建一张新的工作表，然后在新工作表“Sheet3”中选择“A1”单元格。如图 4-66 所示。

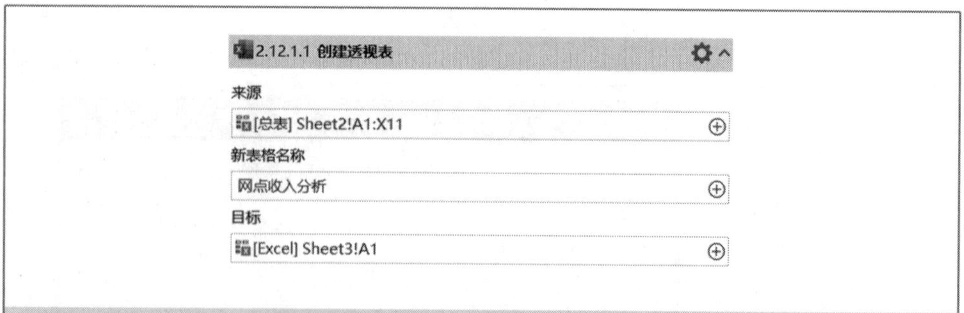

图 4-66　设置【创建透视表】命令的参数

步骤 18：单击“添加透视表字段”按钮，“字段”选择“Range”中的“网点”，如图 4-67 所示。

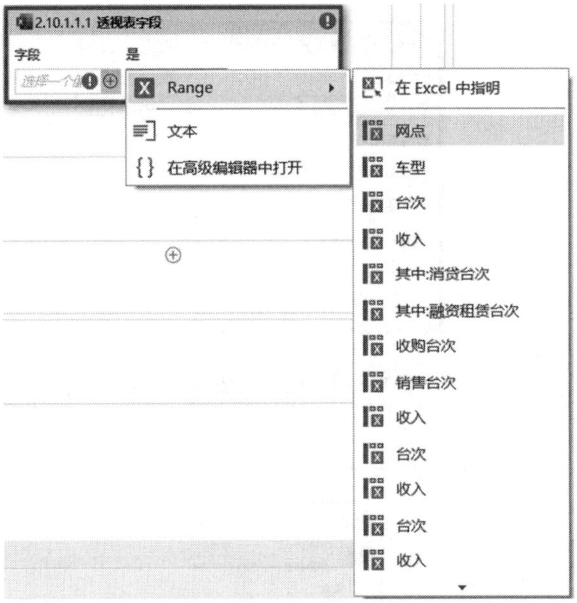

图 4-67　选择字段

在右侧的下拉菜单中选择“行”标签，再单击“添加透视表字段”，“字段”选择“Range”中的“总收入”，下拉菜单选择“值”标签，“函数”选择“Sum”。如图 4-68 所示。

图 4-68　设置“添加透视表字段”参数

步骤 19：从“活动区”将【插入 Excel 图表】命令拖拽至【创建透视表】命令下方的“+”号处。“图表类别”参数选择“列”。“图表类型”参数选择“簇状柱形图”。“数据范围”参数选择“Excel”中的“Sheet3”工作表。“插入至工作表”参数选择“Excel”中的“Sheet3”工作表。如图 4-69 所示。

步骤 20：与“Then”区域的操作步骤类似，“Else”区域是选择“车型收入分析”后的操作，需要按照车型与总收入的关系创建透视表，因此“透视表字段”要选择“车型”与“总收入”，在此不再赘述，参数设置如图 4-70 所示。

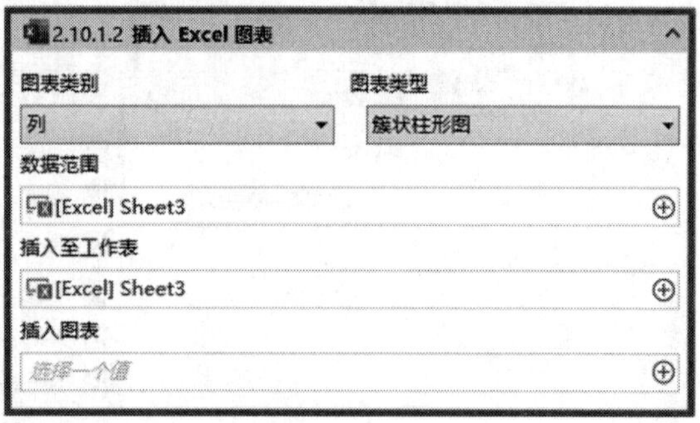

图 4-69　设置【插入 Excel 图表】命令的参数

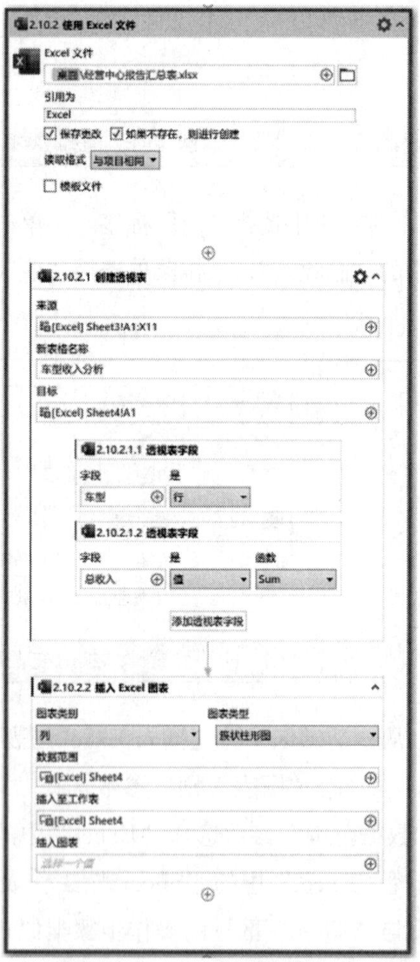

图 4-70　“Else”区域的设置

步骤 21：单击“运行”，运行结果如图 4－71 所示。

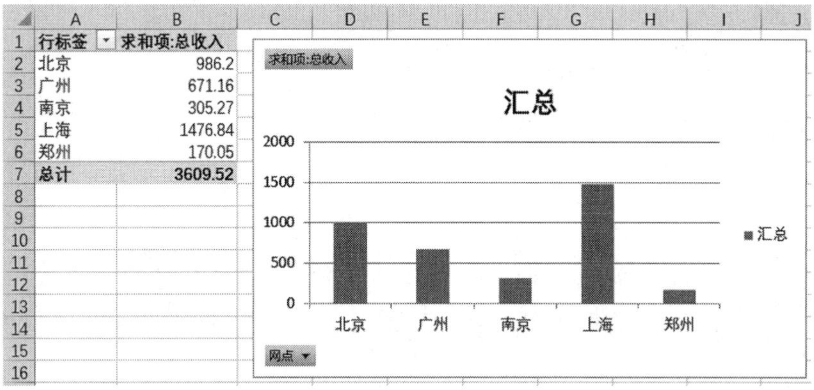

图 4－71　运行结果

本章小结

综合本章所述，在掌握了 UiPath StudioX 与 Excel 交互的常用命令的基础上，我们实现了循环结构与条件结构的应用。通过【使用 Excel 文件】、【写入单元格】、【删除行】、【复制/粘贴范围】、【创建透视表】等基础命令的操作，以及引入的【IF 条件】、【输入对话框】、【适用于文件夹中的每个文件】、【对每个 Excel 工作表】等附加命令的操作，实现了 Excel 多文件和单文件多工作表的循环与判断。

实战演练中，我们以销售数据分析为例进行演示，这是在掌握 Excel 自动化操作的常用命令的基础上，结合循环结构和条件结构中涉及的其他命令所模拟出的一个综合实践案例，主要分为 21 个具体开发步骤，案例将【使用 Excel 文件】、【写入单元格】、【复制/粘贴范围】、【删除行】、【分列】、【创建透视表】、【插入 Excel 图表】、【输入对话框】、【适用于文件夹中的每个文件】等命令串联在一起，为读者呈现了一个模拟真实财务场景下完整的 Excel 自动循环及判断的流程，体现了 RPA 机器人在财务工作中的应用价值。

第5章 桌面文件的自动化操作

5.1 桌面文件的自动化操作简介
5.2 主要功能介绍
5.3 实战演练：文件管理机器人

本章首先介绍如何利用 UiPath StudioX 实现桌面文件的自动化操作，分为四个部分，分别是创建文件与创建文件夹、复制文件与复制文件夹、移动文件与移动文件夹和压缩与解压缩文件；然后进行实战演练——设计与开发文件管理机器人原型。

通过本章的学习，应掌握：

- 创建文件与创建文件夹功能的相关命令；
- 复制文件与复制文件夹功能的相关命令；
- 移动文件与移动文件夹功能的相关命令；
- 压缩与解压缩文件的相关命令；
- 文件管理机器人原型的设计与开发方法。

5.1　桌面文件的自动化操作简介

日常工作中需要在桌面上对文件进行一系列操作，如果文件数量众多，人工操作难免会出现疏漏，这时，我们可以利用 UiPath StudioX 实现桌面文件的自动化处理，从而避免操作失误、提升工作效率。

UiPath StudioX 中桌面文件的自动化操作，包括创建文件与创建文件夹、复制文件与复制文件夹、移动文件与移动文件夹以及压缩与解压缩文件等功能，可以帮助用户对桌面文件进行归类和整理。

在本章中，我们会利用财务机器人小玥对桌面文件自动化操作中的常用命令进行演示。

5.2　主要功能介绍

本节将介绍利用 UiPath StudioX 实现桌面文件自动化操作的常用命令，在菜单栏中选择“文件”，可以看见与之相关的命令，如图 5-1 所示。

本小节包括四个部分的内容，分别是创建文件与创建文件夹、复制文件与复制文件夹、移动文件与移动文件夹和压缩与解压缩文件。

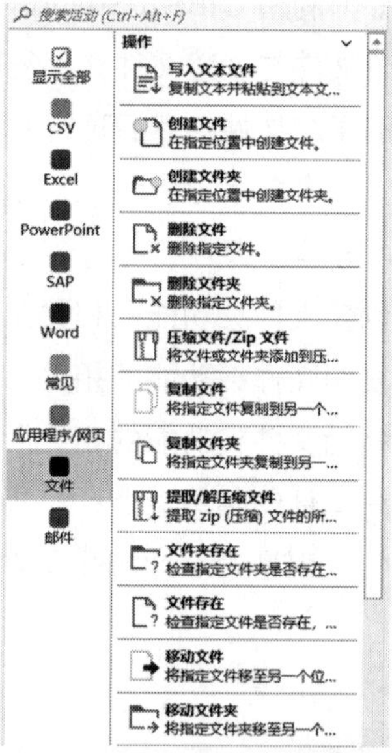

图 5－1　文件的活动区

5.2.1　创建文件与创建文件夹

【创建文件】命令主要用于在指定位置创建一个文件，主要参数有：

（1）文件位置。通过点击“浏览文件夹”按钮，选择创建文件的位置，如图 5－2 所示。

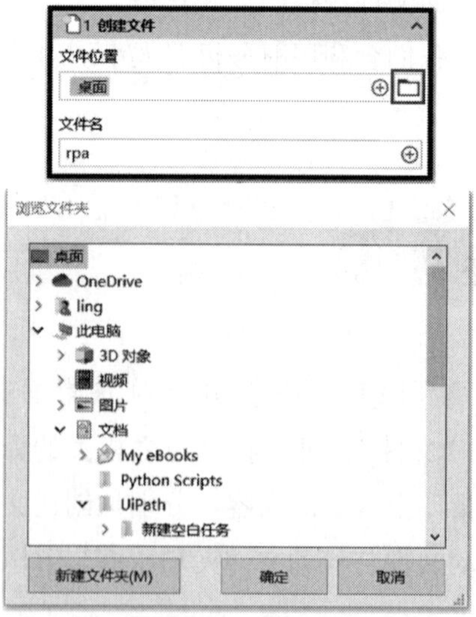

图 5－2　文件位置

（2）文件名。选择“文本”，为所创建的文件命名，如图 5－3 所示。

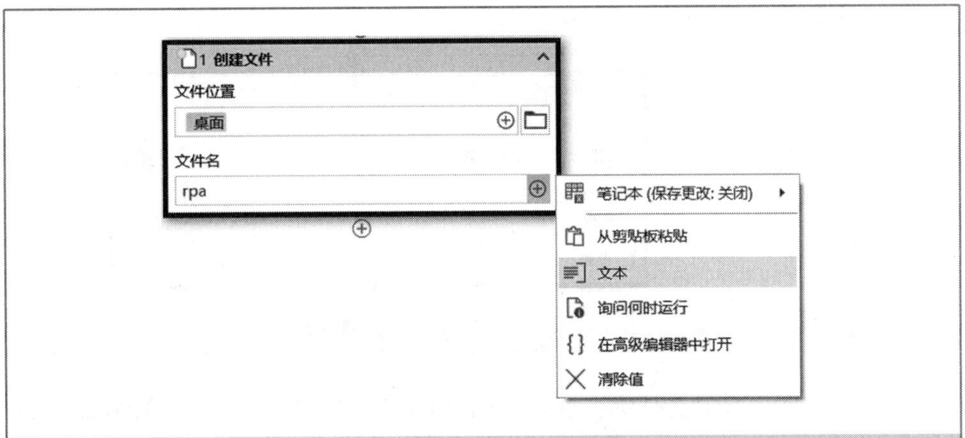

图 5－3　文件名

【创建文件夹】命令主要用于在指定位置创建一个文件夹，主要参数有文件夹名称，点击“浏览文件夹”图标，选择创建文件夹的位置，点击“新建文件夹”并命名，如图 5－4 所示。

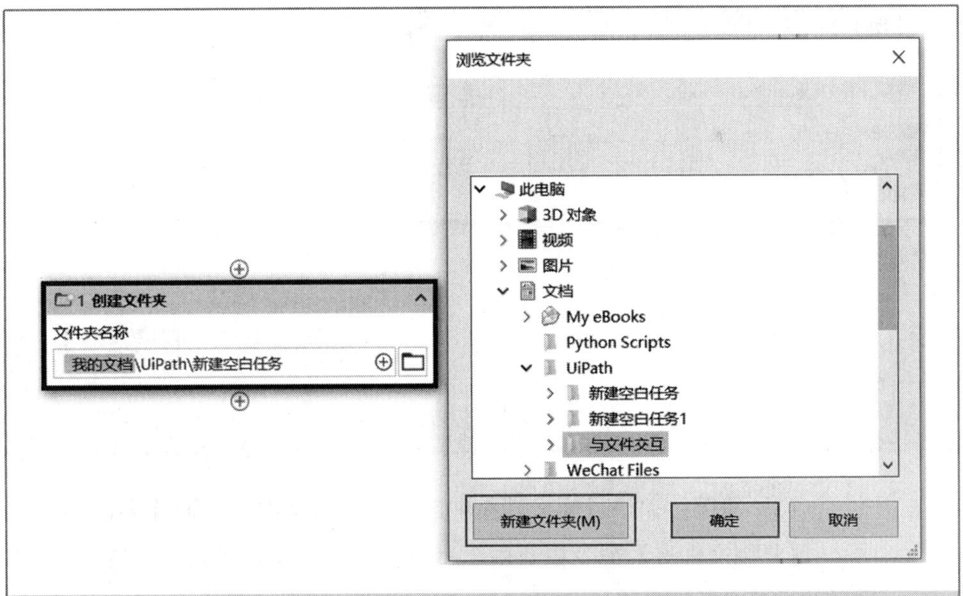

图 5－4　文件夹名称

5.2.2　复制文件与复制文件夹

【复制文件】命令主要用于将指定文件复制到另一个位置，主要参数有：

（1）来源文件夹。通过点击“浏览文件夹”图标，选择所要复制的文件的来源位置，如图 5-5 所示。

图 5-5　来源文件夹

（2）目标文件夹。通过点击“浏览文件夹”图标，选择复制文件的目标位置，如图 5-6 所示。

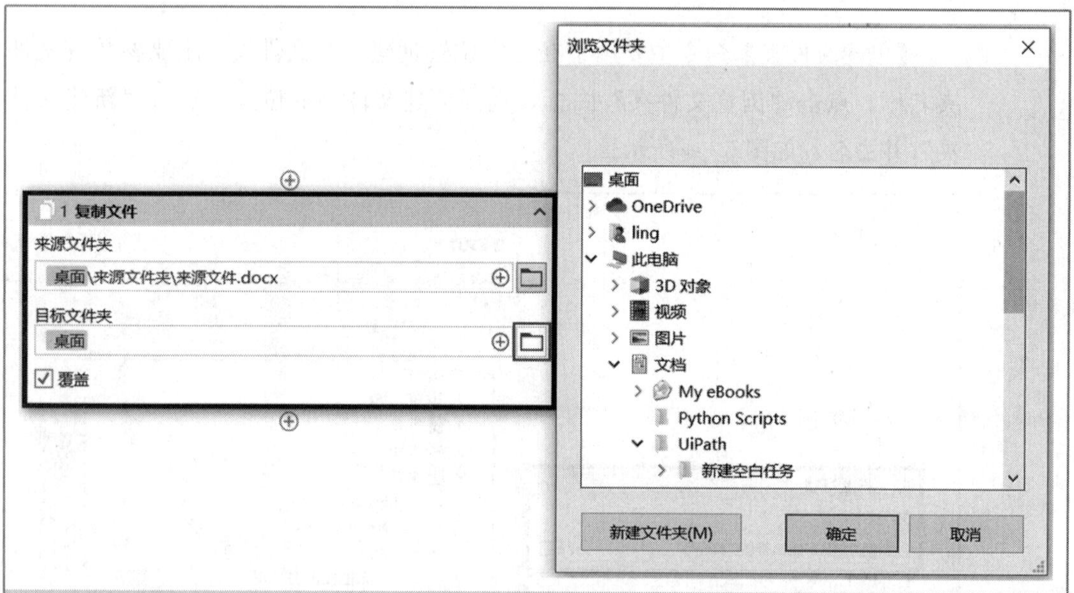

图 5-6　目标文件夹

（3）覆盖。如果目标文件夹中已存在同名文件夹，则替换它。

【复制文件夹】命令主要用于将指定文件夹复制到另一个位置，如图 5-7 所示。主要参数有：

（1）来源文件夹。通过点击“浏览文件夹”图标，选择要复制的文件夹。

（2）目标文件夹。通过点击“浏览文件夹”图标，选择复制文件的目标位置。

（3）覆盖。如果目标文件夹中已存在同名文件夹，则替换它。

（4）包括子文件夹。复制所有子文件夹。

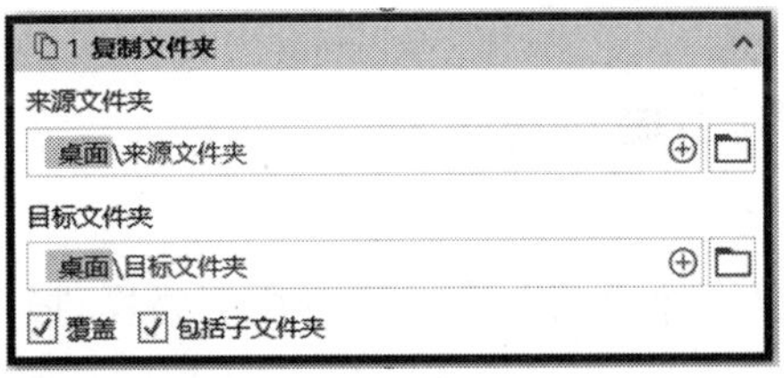

图5-7　复制文件夹

5.2.3　移动文件与移动文件夹

【移动文件】命令主要用于将指定文件移至另一个位置，主要参数有：

（1）来源文件夹。通过点击“浏览文件夹”图标，选择要移动的文件的来源位置。

（2）目标文件夹。通过点击“浏览文件夹”图标，选择文件移动的目标位置。

（3）覆盖。选中后，替换目标文件夹中的同名文件，如图5-8所示。

图5-8　移动文件

【移动文件夹】命令主要用于将指定文件夹移至另一个位置，主要参数有：

（1）来源文件夹。通过点击“浏览文件夹”图标，选择要移动的文件夹的来源位置。

（2）目标文件夹。通过点击“浏览文件夹”图标，选择文件夹移动的目标位置。

（3）覆盖。如果目标文件夹中已存在同名文件夹，则替换它，如图5-9所示。

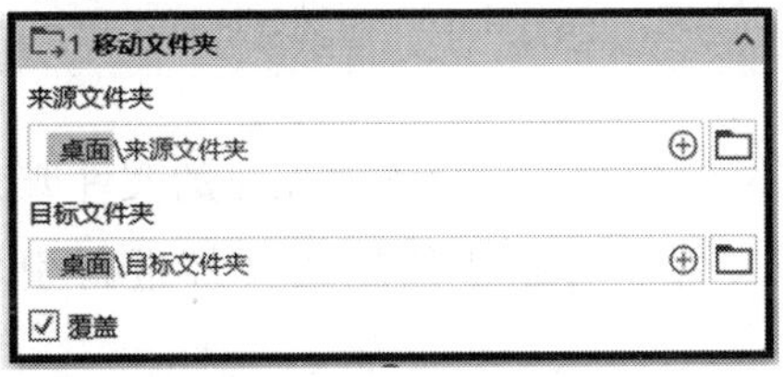

图5-9　移动文件夹

5.2.4　压缩与解压缩文件

【压缩文件/Zip 文件】命令主要用于将文件或文件夹添加到压缩文件，主要参数有：

（1）压缩文件的名称。可以选择“文本”，输入要创建的压缩文件的名称，此时压缩文件默认保存至 UiPath 项目文件夹中；也可以通过点击“浏览文件夹”图标，选择压缩文件要保存的位置并命名，如图 5－10 至图 5－11 所示。

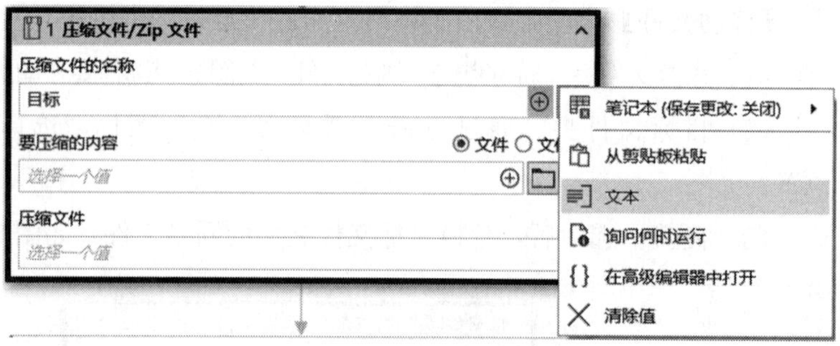

图 5－10　压缩文件的名称（文本）

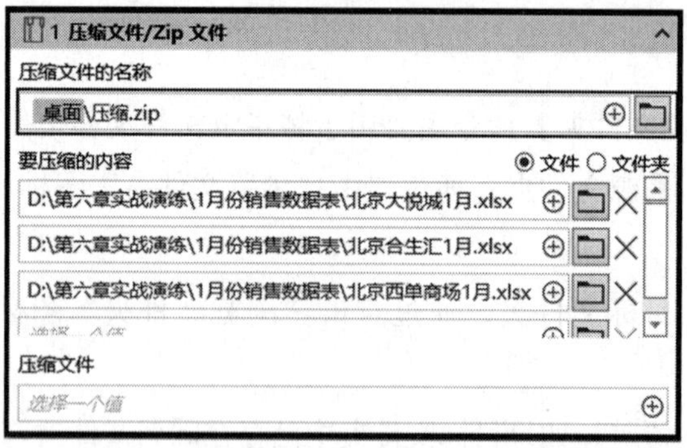

图 5－11　压缩文件的名称（浏览文件夹）

（2）要压缩的内容。选择需要压缩的文件或文件夹。

（3）压缩文件。对创建的压缩文件进行引用，可以选择“保存以便以后使用”。

【提取/解压缩文件】命令主要用于提取压缩文件的所有内容，主要参数有：

（1）要提取的文件。通过单击“浏览文件夹”图标，选择需要提取的压缩文件的位置。

（2）目标文件夹。通过单击“浏览文件夹”图标，选择将压缩文件提取到目标文件夹的位置，如图 5-12 所示。

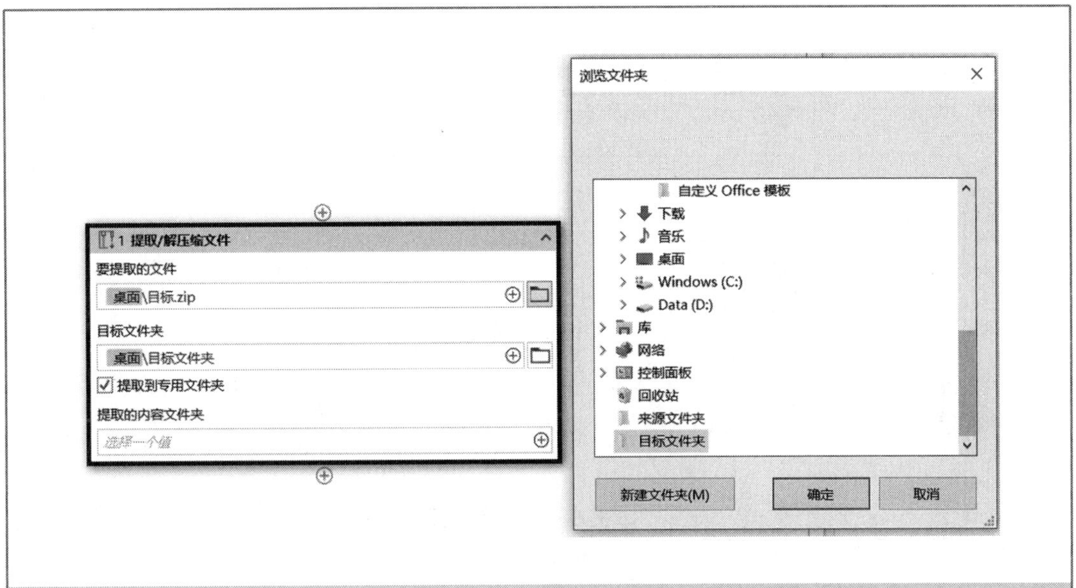

图 5-12　解压缩文件

（3）提取到专用文件夹。将内容提取到与压缩文件具有相同名称的新文件夹，非必选项。

（4）提取的内容文件夹。对包含提取内容的文件夹进行引用，可以选择“保存以便以后使用”。

5.3　实战演练：文件管理机器人

日常工作经常需要压缩或解压缩文件，面对大量文件时，人工进行压缩与解压缩会耗费大量时间，使工作变得冗长和枯燥。

【例 5-1】　某企业总部收到来自三个地区分部的销售汇总数据压缩包，包括北京分部、成都分部、上海分部，每个压缩包里有各分部第一季度三个商场的销售明细。企业的财务人员需要将三个压缩包进行解压缩，并按照月份和地区分类，汇总成新的文件。如图 5-13 至图 5-15 所示。我们将利用财务机器人小玥来完成桌面文件的自动化操作。

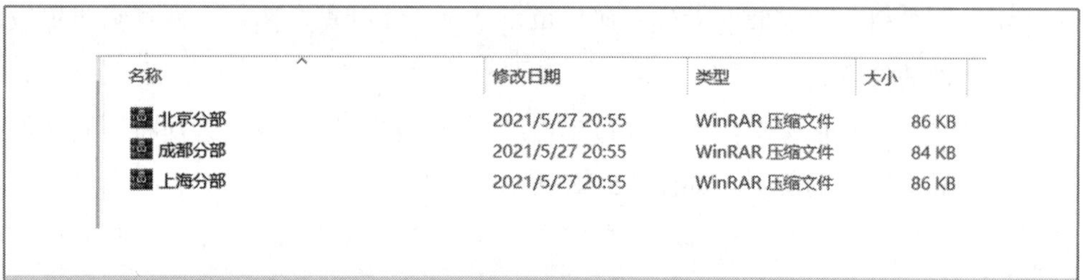

名称	修改日期	类型	大小
北京分部	2021/5/27 20:55	WinRAR 压缩文件	86 KB
成都分部	2021/5/27 20:55	WinRAR 压缩文件	84 KB
上海分部	2021/5/27 20:55	WinRAR 压缩文件	86 KB

图 5-13　三个地区分部的销售汇总数据压缩包

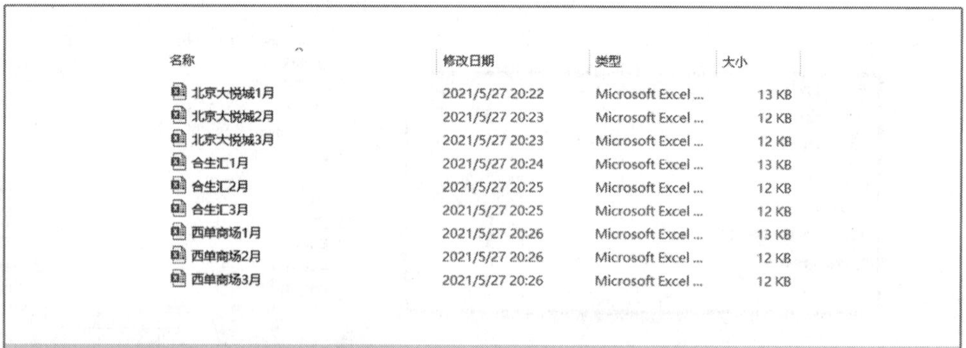

名称	修改日期	类型	大小
北京大悦城1月	2021/5/27 20:22	Microsoft Excel ...	13 KB
北京大悦城2月	2021/5/27 20:23	Microsoft Excel ...	12 KB
北京大悦城3月	2021/5/27 20:23	Microsoft Excel ...	12 KB
合生汇1月	2021/5/27 20:24	Microsoft Excel ...	13 KB
合生汇2月	2021/5/27 20:25	Microsoft Excel ...	12 KB
合生汇3月	2021/5/27 20:25	Microsoft Excel ...	12 KB
西单商场1月	2021/5/27 20:26	Microsoft Excel ...	13 KB
西单商场2月	2021/5/27 20:26	Microsoft Excel ...	12 KB
西单商场3月	2021/5/27 20:26	Microsoft Excel ...	12 KB

图 5-14　销售明细文件

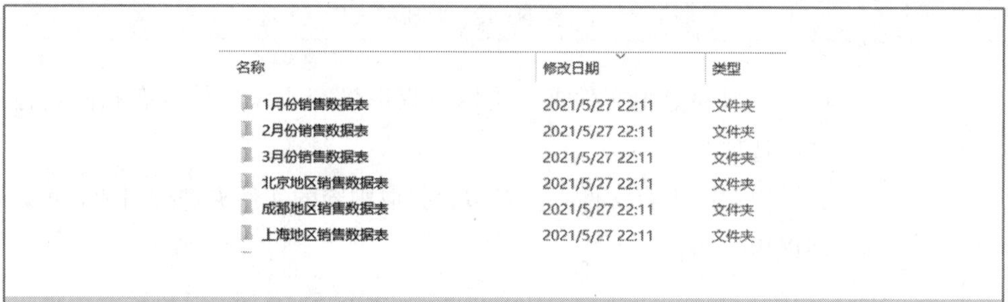

名称	修改日期	类型
1月份销售数据表	2021/5/27 22:11	文件夹
2月份销售数据表	2021/5/27 22:11	文件夹
3月份销售数据表	2021/5/27 22:11	文件夹
北京地区销售数据表	2021/5/27 22:11	文件夹
成都地区销售数据表	2021/5/27 22:11	文件夹
上海地区销售数据表	2021/5/27 22:11	文件夹

图 5-15　销售汇总文件夹

从图 5-13 至图 5-15 中可以看出，三个压缩包中包含的文件并未进行分类，需要分别解压缩后按照月份和地区分类形成新的文件夹，以便后续进行数据分析。

小玥来啦

下面对财务机器人小玥的具体开发步骤进行讲解：

步骤 1：从“活动区”将【适用于文件夹中的每个文件】命令拖拽至“设计器面板”中。单击“在文件夹中”参数右边的“浏览文件夹”按钮，选择接收表格的文件夹，如图 5-16 所示。

在“筛选依据”参数中选择“文本”，填写“*分部.zip”，如图 5-17 至图 5-19 所示。

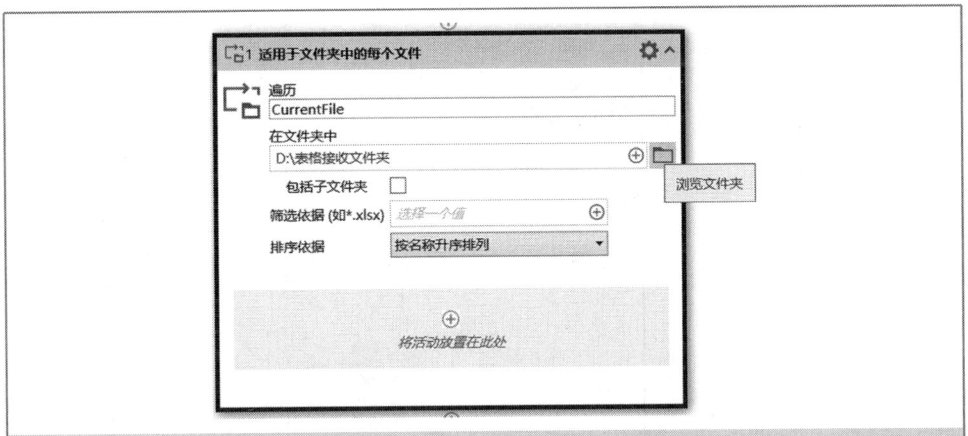

图 5－16　设置“在文件夹中”参数

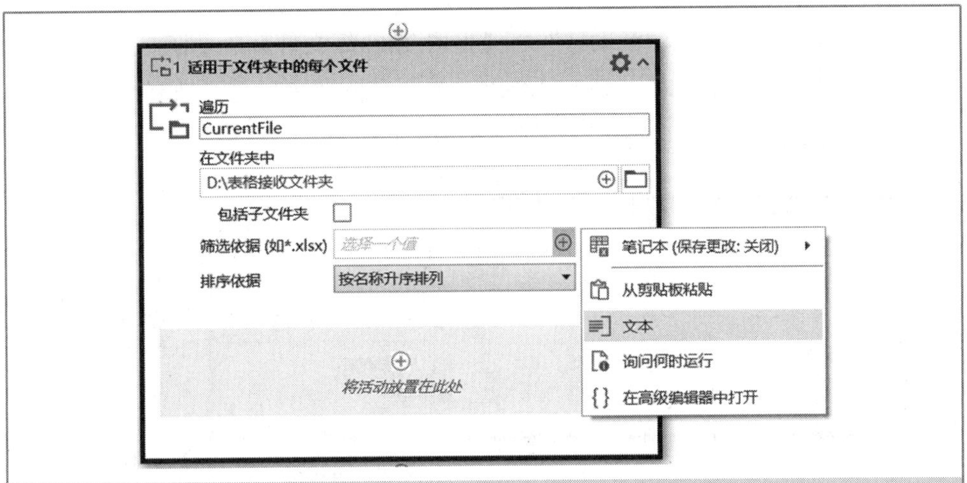

图 5－17　选择“文本”

图 5－18　输入文本

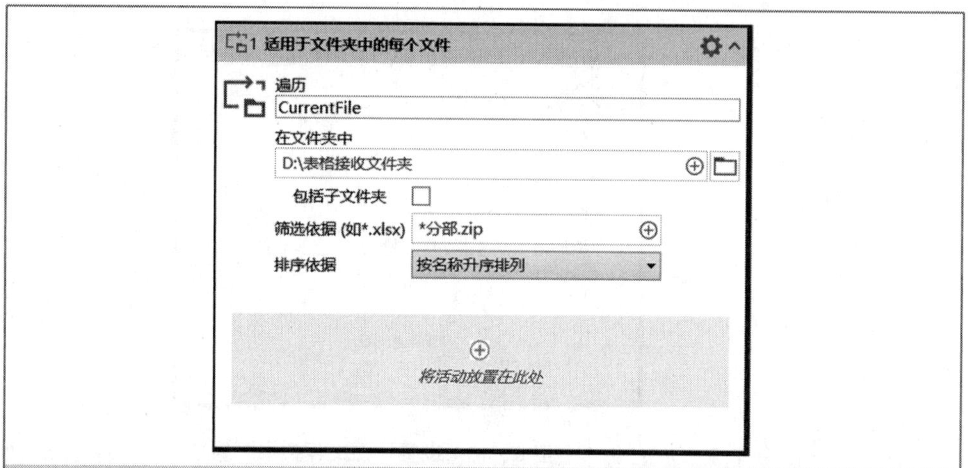

图 5-19　设置【适用于文件夹中的每个文件】命令的参数

步骤 2：从“活动区”将【提取/解压缩文件】命令拖拽至“将活动放置在此处”。在“要提取的文件”参数中单击右侧“+”号，选择“CurrentFile”中的“完整名称（包括完整路径）”，如图 5-20 所示。

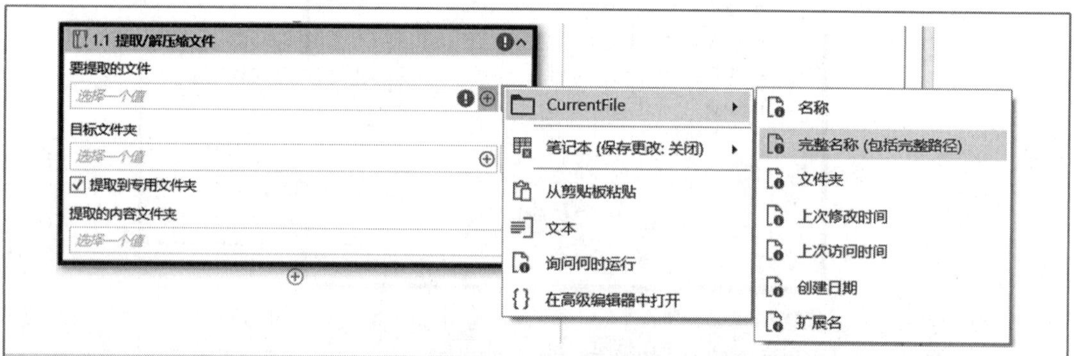

图 5-20　设置“要提取的文件”参数

单击“目标文件夹”参数右侧的“浏览文件夹”按钮，选择要解压缩的文件夹，这里是“表格接收文件夹”，如图 5-21 所示。

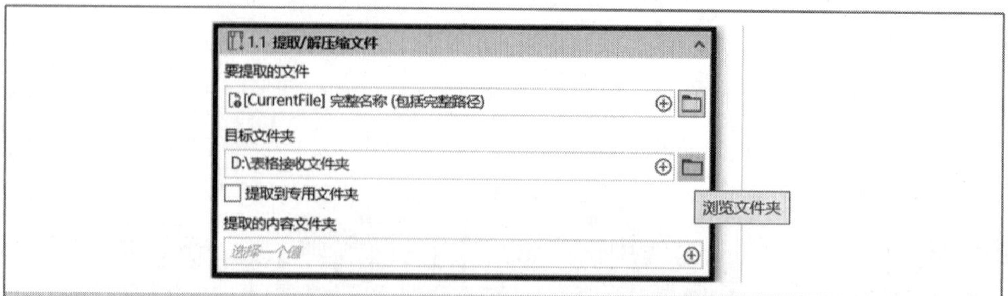

图 5-21　设置“目标文件夹”参数

说明： 至此已完成文件的解压缩操作。

步骤 3：从“活动区”将【适用于文件夹中的每个文件】命令拖拽至下方“+”号处。单击“在文件夹中”参数右侧的“浏览文件夹”按钮，选择“表格接收文件夹”，如图 5－22 所示。

图 5－22　设置“在文件夹中”参数

在“筛选依据”参数中选择“文本”，填写“*.xlsx”，如图 5－23 至图 5－24 所示。

图 5－23　选择“文本”

操作完成后，如图 5－25 所示。

步骤 4：从“活动区”将【IF 条件】命令拖拽至“将活动放置在此处”。“条件”参数选择“条件生成器”，如图 5－26 所示。

第一个文本框选择“CurrentFile”中的“名称”，如图 5－27 所示。

下拉菜单中选择“包含”，如图 5－28 所示。

图 5-24　输入文本

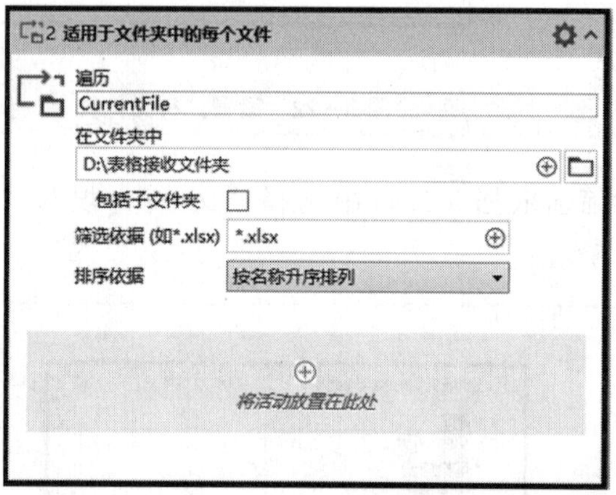

图 5-25　设置【适用于文件夹中的每个文件】命令的参数

图 5-26　选择“条件生成器”

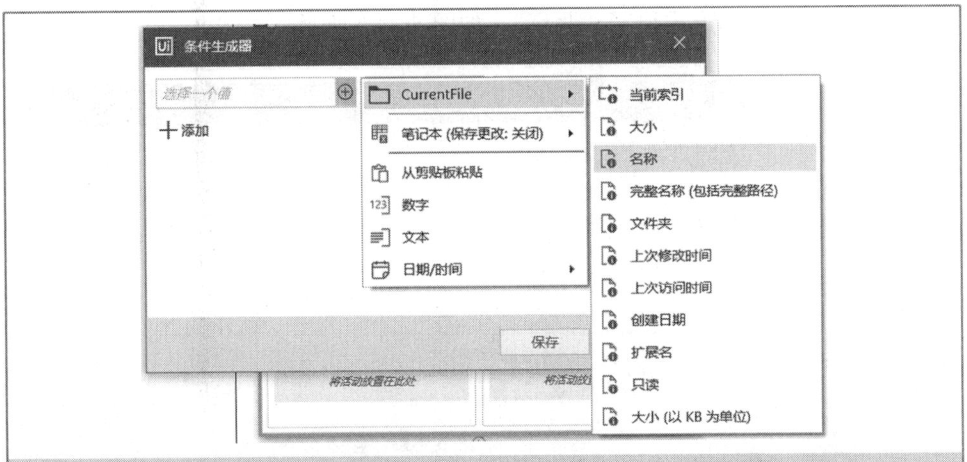

图 5-27　选择“名称”

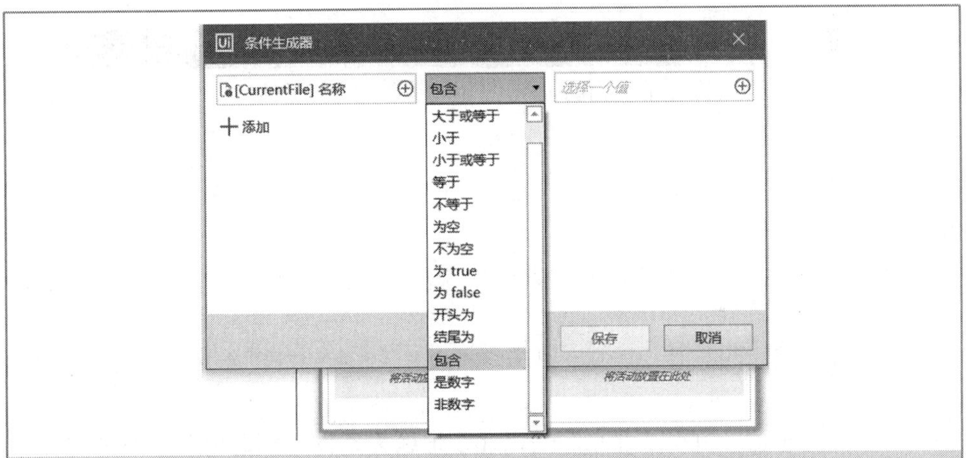

图 5-28　选择“包含”

第二个文本框选择“文本”，如图 5-29 所示。

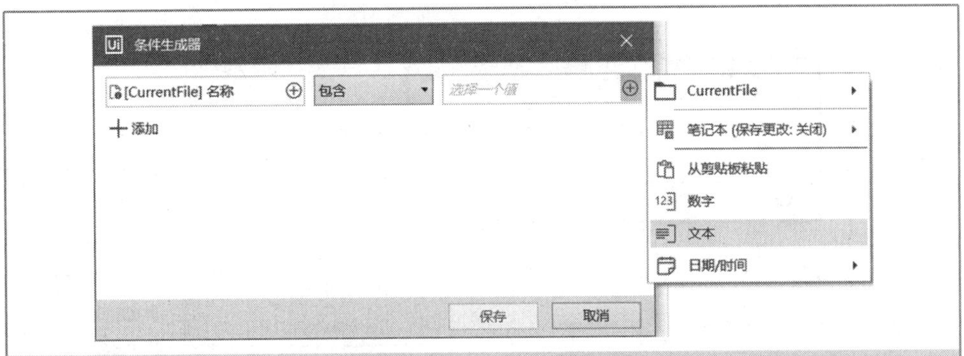

图 5-29　选择“文本”

以文本形式填写“北京”，如图 5－30 所示。

图 5－30　输入文本

操作完成后，如图 5－31 所示。

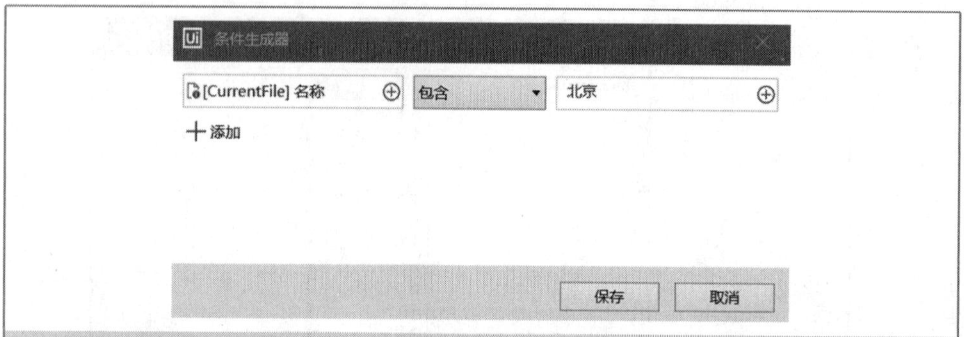

图 5－31　设置“条件生成器”参数

注意：填写“北京”是以北京地区为条件，筛选出北京地区的文件。

步骤 5：从“活动区”将【复制文件】命令拖拽至“Then”区域。单击“来源文件夹”参数右侧的“＋”号，选择“CurrentFile”中的“完整名称（包括完整路径）”，如图 5－32 所示。

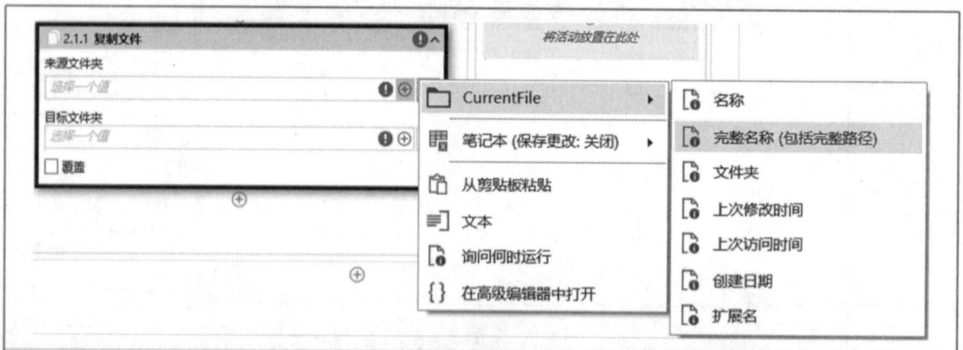

图 5－32　设置“来源文件夹”参数

单击“目标文件夹”参数右侧的“浏览文件夹”按钮，选择北京地区销售数据表，如图 5－33 所示。

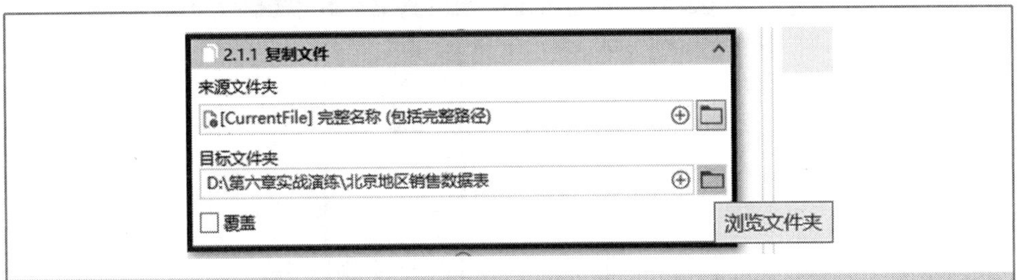

图 5－33　设置“目标文件夹”参数

步骤 6：从“活动区”将【IF 条件】命令拖拽至“Else”区域。“条件”参数选择“条件生成器”，如图 5－34 所示。

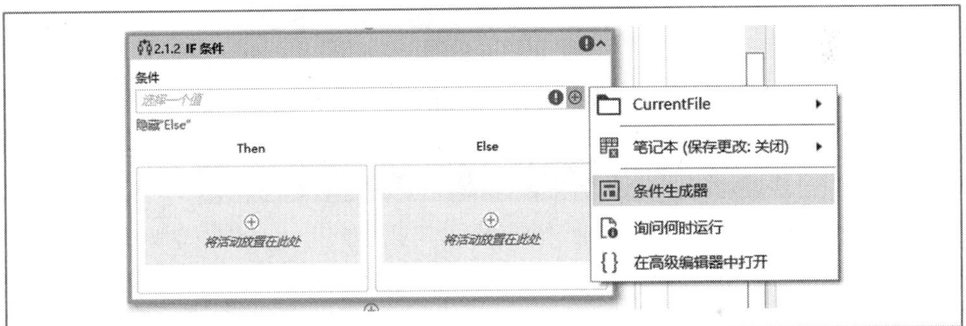

图 5－34　选择“条件生成器”

第一个文本框选择“CurrentFile”中的“名称”，如图 5－35 所示。

图 5－35　选择“名称”

下拉菜单中选择“包含”，如图 5－36 所示。

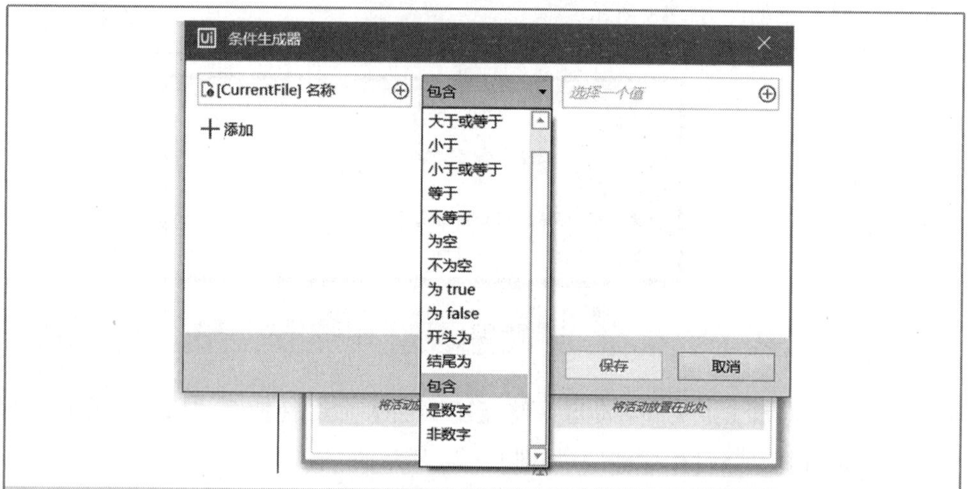

图 5－36　选择“包含”

第二个文本框选择“文本”，如图 5－37 所示。

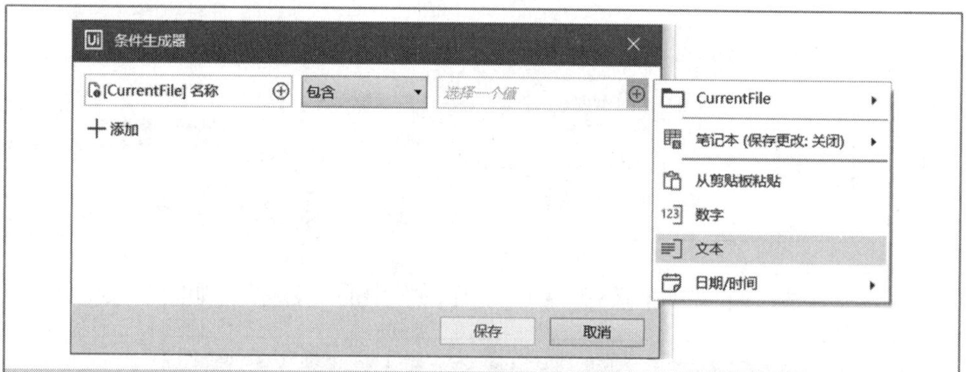

图 5－37　选择“文本”

以文本形式填写“上海”，如图 5－38 所示。

图 5－38　输入文本

操作完成后，如图 5-39 所示。

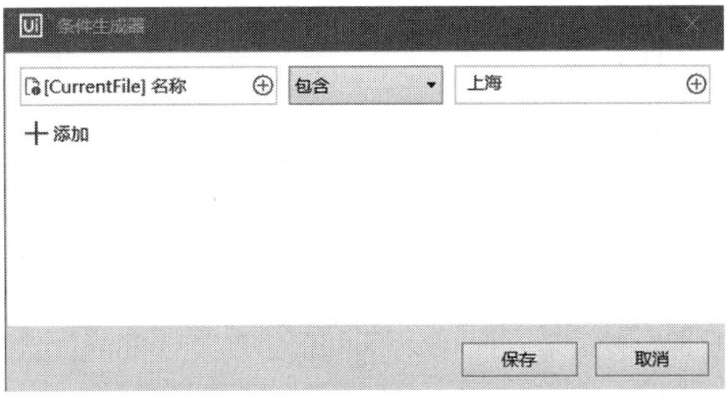

图 5-39　设置“条件生成器”参数

步骤 7：从“活动区”将【复制文件】命令拖拽至“Then”区域。单击“来源文件夹”参数右侧的“+”号，选择“CurrentFile”中的“完整名称（包括完整路径)”，如图 5-40 所示。

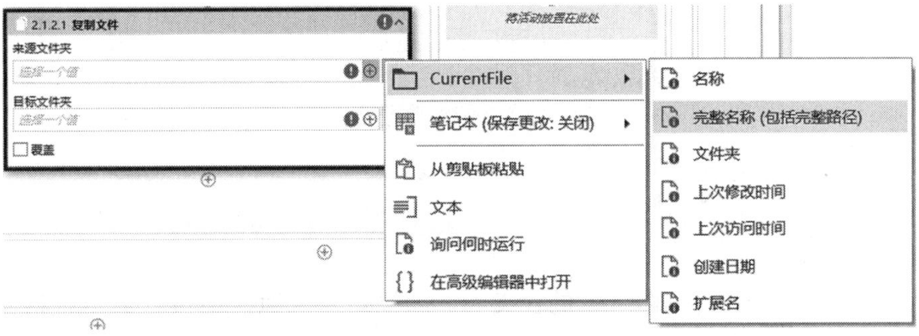

图 5-40　设置“来源文件夹”参数

单击“目标文件夹”参数右侧的“浏览文件夹”按钮，选择上海地区销售数据表，如图 5-41 所示。

图 5-41　设置“目标文件夹”参数

步骤 8：从“活动区”将【复制文件】命令拖拽至“Else”区域。单击“来源文件夹”参数右侧的“+”号，选择“CurrentFile”中的“完整名称（包括完整路径)”，如图 5-42 所示。

图 5-42　设置“来源文件夹”参数

单击“目标文件夹”参数右侧的“浏览文件夹”按钮，选择成都地区销售数据表，如图 5-43 所示。

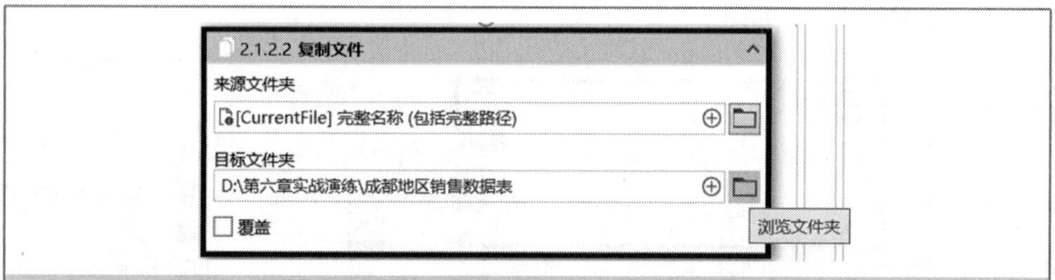

图 5-43　设置“目标文件夹”参数

说明：步骤 4～8 的含义为，如果是北京地区销售数据表则将其复制到相应文件中，如果是上海地区销售数据表则将其复制到相应文件中，否则复制成都地区销售数据表。

步骤 9：从“活动区”将【IF 条件】命令拖拽至下方“+”号处。在“条件”参数处选择“条件生成器”，如图 5-44 所示。

图 5-44　选择“条件生成器”

第一个文本框选择“CurrentFile”中的“名称”，如图 5－45 所示。

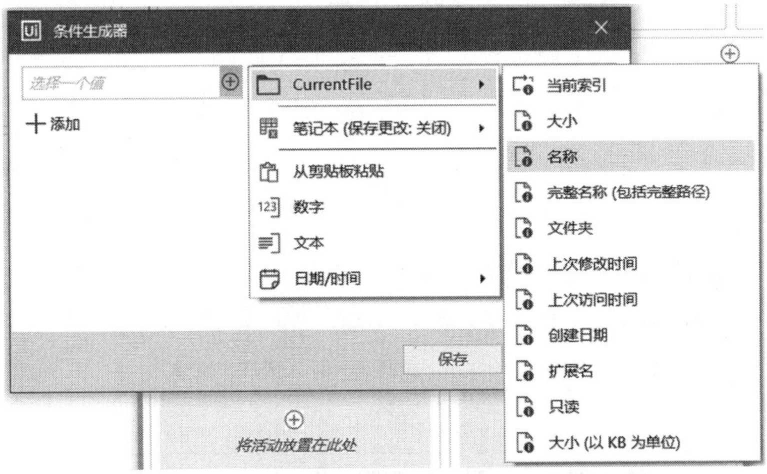

图 5－45　选择“名称”

下拉菜单中选择“包含”，如图 5－46 所示。

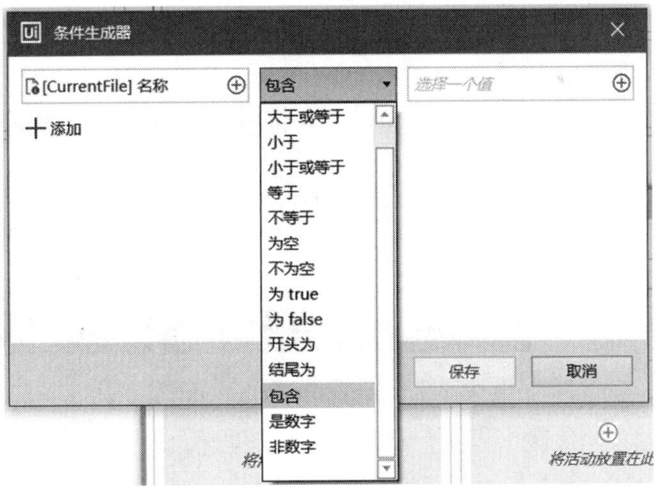

图 5－46　选择“包含”

第二个文本框选择“文本”，如图 5－47 所示。

以文本形式填写“1 月”，如图 5－48 所示。

操作完成后，如图 5－49 所示。

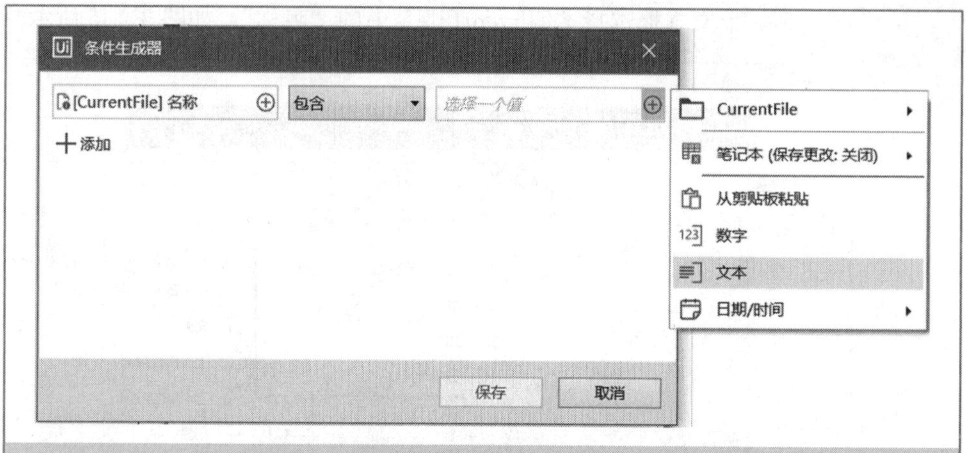

图 5-47　选择“文本”

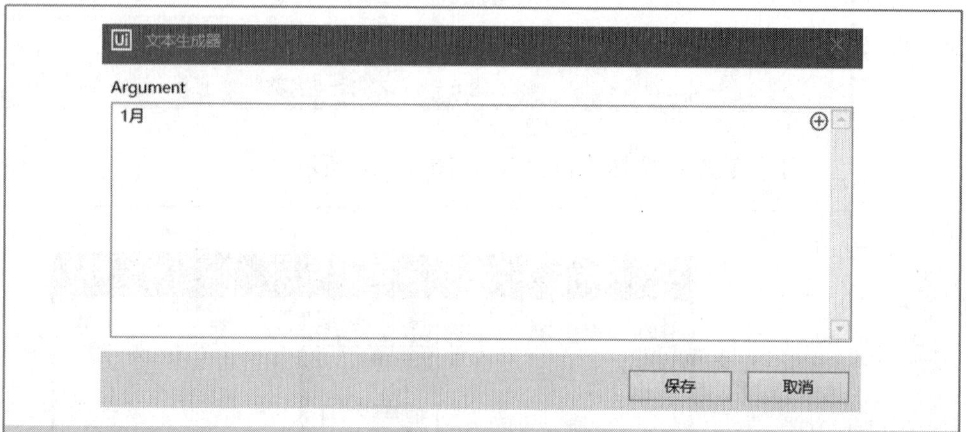

图 5-48　输入文本

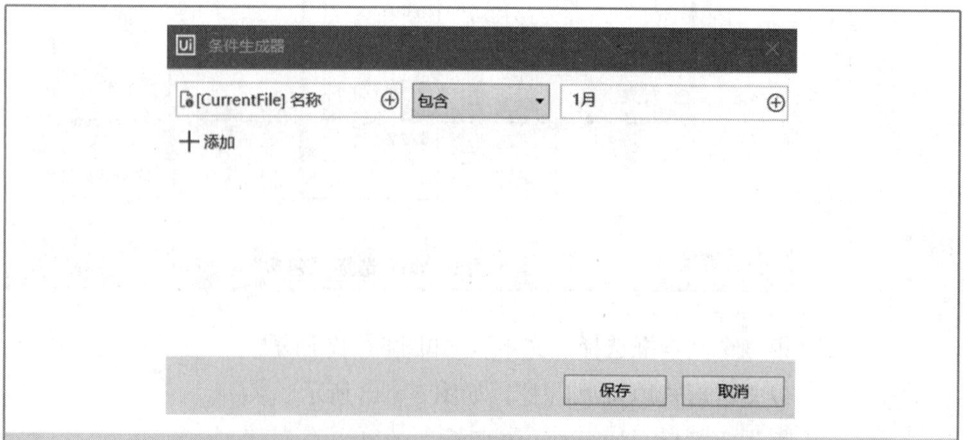

图 5-49　设置“条件生成器”参数

步骤 10：从“活动区”将【移动文件】命令拖拽至“Then”区域。单击“来源文件夹”参数右侧的“+”号，选择“CurrentFile”中的“完整名称（包括完整路径）”，如图 5-50 所示。

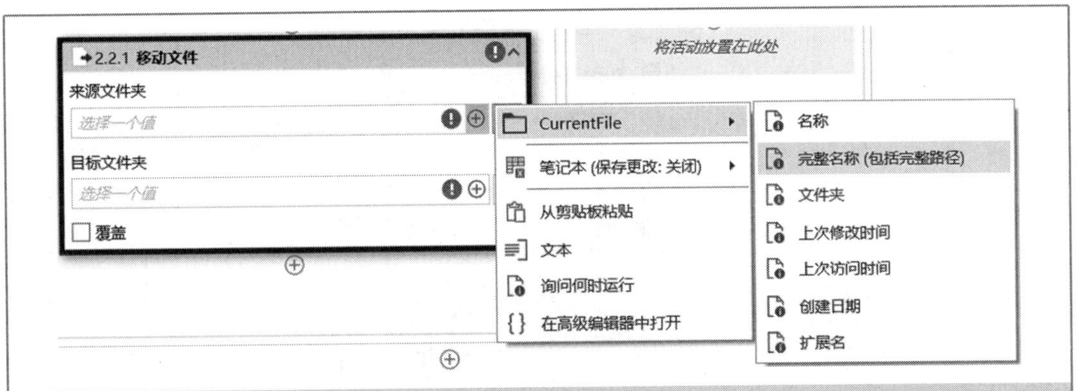

图 5-50　设置“来源文件夹”参数

单击“目标文件夹”参数右侧的“浏览文件夹”按钮，选择 1 月份销售数据表，如图 5-51 所示。

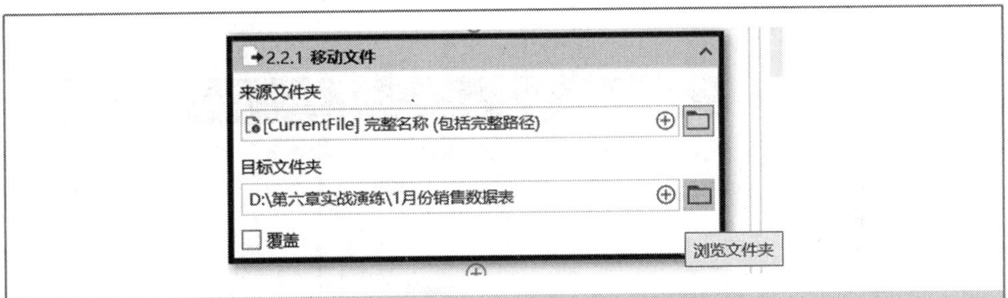

图 5-51　设置“目标文件夹”参数

步骤 11：从“活动区”将【IF 条件】命令拖拽至“Else”区域。在“条件”参数中选择“条件生成器”，如图 5-52 所示。

图 5-52　选择“条件生成器”

第一个文本框选择“CurrentFile”中的“名称”，如图 5-53 所示。

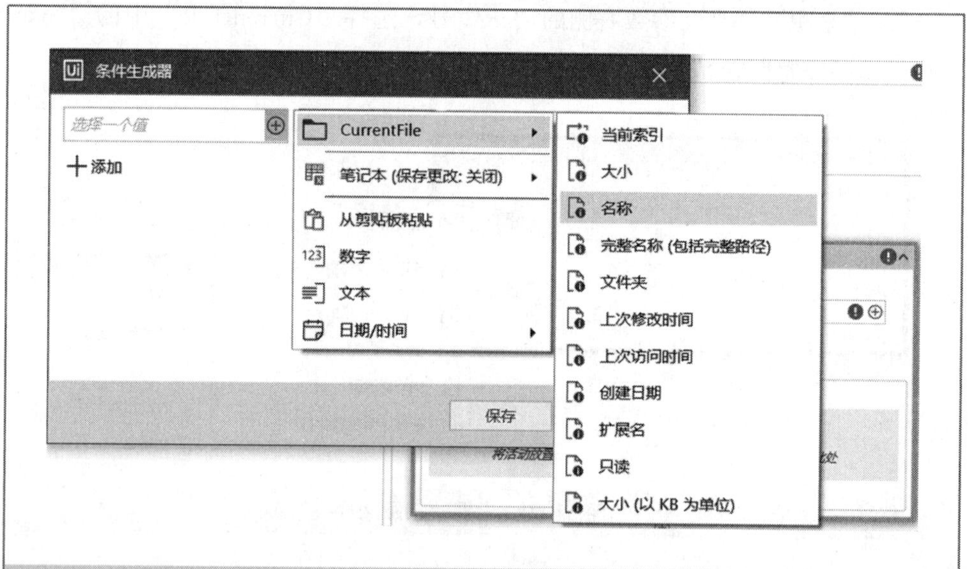

图 5-53　选择“名称”

下拉菜单中选择“包含”，如图 5-54 所示。

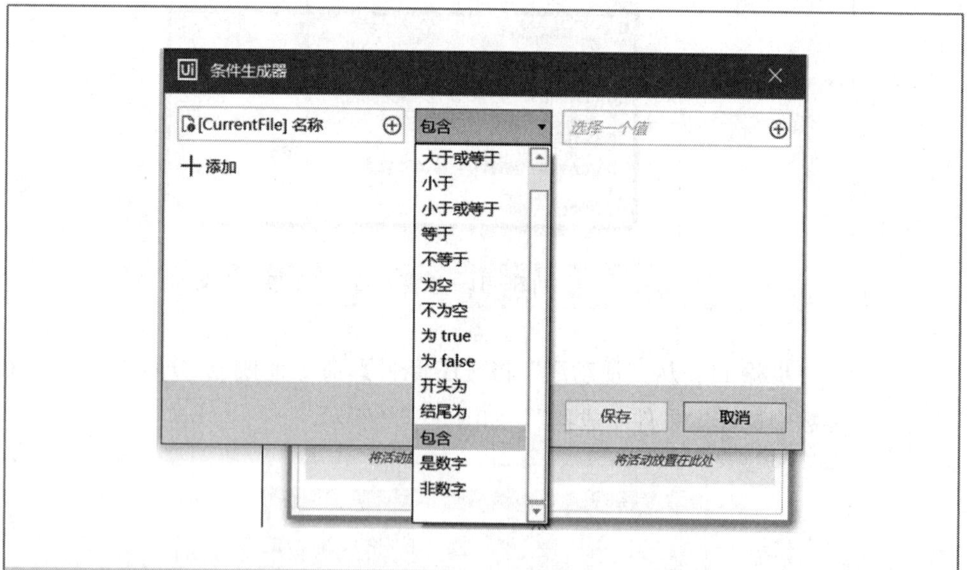

图 5-54　选择“包含”

第二个文本框选择“文本”，如图 5-55 所示。
以文本形式填写“2 月”，如图 5-56 所示。
操作完成后，如图 5-57 所示。

图 5-55　选择“文本”

图 5-56　输入文本

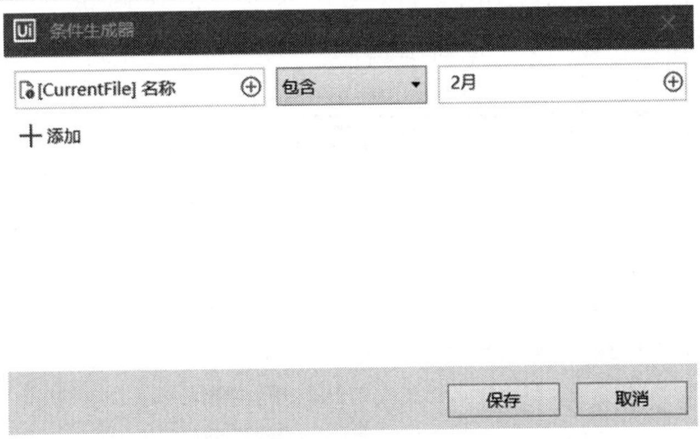

图 5-57　设置“条件生成器”参数

步骤 12：从“活动区”将【移动文件】命令拖拽至“Then”区域。单击

“来源文件夹”参数右侧的“+”号，选择“CurrentFile”中的“完整名称（包括完整路径)”，如图 5-58 所示。

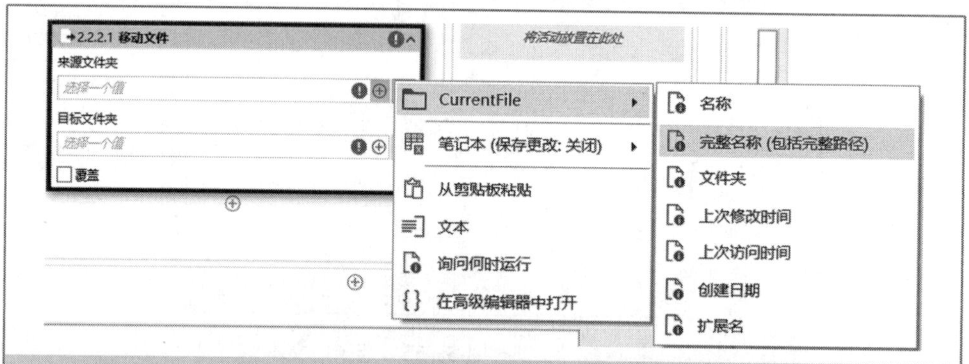

图 5-58　设置“来源文件夹”参数

单击“目标文件夹”参数右侧的“浏览文件夹”按钮，选择 2 月份销售数据表，如图 5-59 所示。

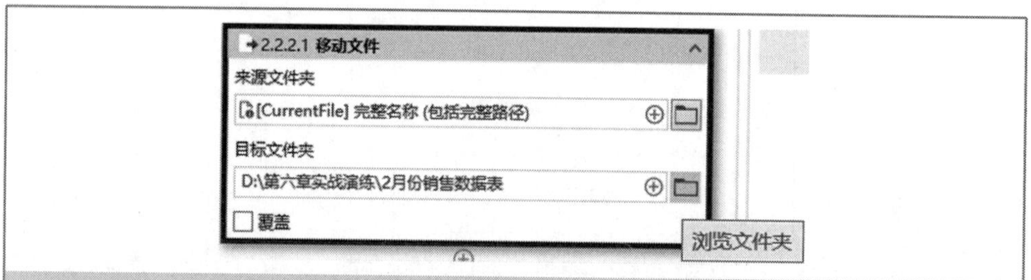

图 5-59　设置“目标文件夹”参数

步骤 13：从“活动区”将【移动文件】命令拖拽至“Else”区域。单击“来源文件夹”参数右侧的“+”号，选择“CurrentFile”中的“完整名称（包括完整路径)”，如图 5-60 所示。

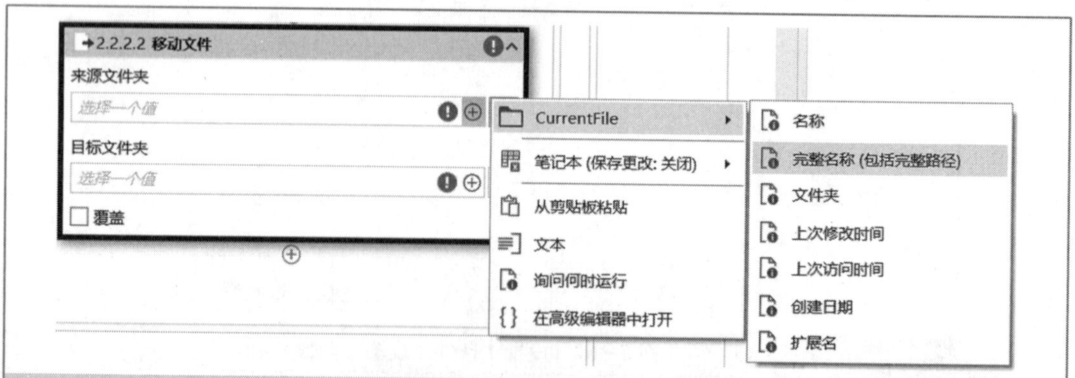

图 5-60　设置“来源文件夹”参数

单击“目标文件夹”参数右侧的“浏览文件夹”按钮，选择 3 月份销售数据表，如图 5－61 所示。

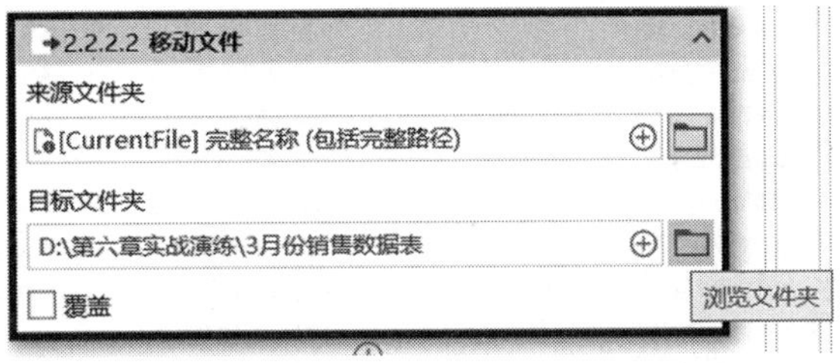

图 5－61　设置“目标文件夹”参数

说明：步骤 9～13 的含义是，如果是 1 月份销售数据表则将其移动到相应文件中，如果是 2 月份销售数据表则移动到相应文件中，否则移动 3 月份销售数据表。

单击“运行”按钮，运行结果如图 5－62 所示。打开各文件夹后，如图 5－63 至图 5－68 所示。

图 5－62　运行结果 1

图 5－63　运行结果 2

名称	修改日期	类型	大小
北京大悦城2月	2021/5/28 20:25	Microsoft Excel ...	12 KB
北京合生汇2月	2021/5/28 20:25	Microsoft Excel ...	12 KB
北京西单商场2月	2021/5/28 20:25	Microsoft Excel ...	12 KB
成都百货2月	2021/5/28 20:25	Microsoft Excel ...	12 KB
成都华联2月	2021/5/28 20:25	Microsoft Excel ...	12 KB
成都太平洋2月	2021/5/28 20:25	Microsoft Excel ...	12 KB
上海恒隆2月	2021/5/28 20:25	Microsoft Excel ...	12 KB
上海新世界2月	2021/5/28 20:25	Microsoft Excel ...	12 KB
上海一百2月	2021/5/28 20:25	Microsoft Excel ...	12 KB

图 5-64　运行结果 3

名称	修改日期	类型	大小
北京大悦城3月	2021/5/28 20:25	Microsoft Excel ...	12 KB
北京合生汇3月	2021/5/28 20:25	Microsoft Excel ...	12 KB
北京西单商场3月	2021/5/28 20:25	Microsoft Excel ...	12 KB
成都百货3月	2021/5/28 20:25	Microsoft Excel ...	12 KB
成都华联3月	2021/5/28 20:25	Microsoft Excel ...	12 KB
成都太平洋3月	2021/5/28 20:25	Microsoft Excel ...	12 KB
上海恒隆3月	2021/5/28 20:25	Microsoft Excel ...	12 KB
上海新世界3月	2021/5/28 20:25	Microsoft Excel ...	12 KB
上海一百3月	2021/5/28 20:25	Microsoft Excel ...	12 KB

图 5-65　运行结果 4

名称	修改日期	类型	大小
北京大悦城1月	2021/5/28 20:25	Microsoft Excel ...	13 KB
北京大悦城2月	2021/5/28 20:25	Microsoft Excel ...	12 KB
北京大悦城3月	2021/5/28 20:25	Microsoft Excel ...	12 KB
北京合生汇1月	2021/5/28 20:25	Microsoft Excel ...	13 KB
北京合生汇2月	2021/5/28 20:25	Microsoft Excel ...	12 KB
北京合生汇3月	2021/5/28 20:25	Microsoft Excel ...	12 KB
北京西单商场1月	2021/5/28 20:25	Microsoft Excel ...	13 KB
北京西单商场2月	2021/5/28 20:25	Microsoft Excel ...	12 KB
北京西单商场3月	2021/5/28 20:25	Microsoft Excel ...	12 KB

图 5-66　运行结果 5

名称	修改日期	类型	大小
成都百货1月	2021/5/28 20:25	Microsoft Excel ...	13 KB
成都百货2月	2021/5/28 20:25	Microsoft Excel ...	12 KB
成都百货3月	2021/5/28 20:25	Microsoft Excel ...	12 KB
成都华联1月	2021/5/28 20:25	Microsoft Excel ...	13 KB
成都华联2月	2021/5/28 20:25	Microsoft Excel ...	12 KB
成都华联3月	2021/5/28 20:25	Microsoft Excel ...	12 KB
成都太平洋1月	2021/5/28 20:25	Microsoft Excel ...	13 KB
成都太平洋2月	2021/5/28 20:25	Microsoft Excel ...	12 KB
成都太平洋3月	2021/5/28 20:25	Microsoft Excel ...	12 KB

图 5－67　运行结果 6

名称	修改日期	类型	大小
上海恒隆1月	2021/5/28 20:25	Microsoft Excel ...	13 KB
上海恒隆2月	2021/5/28 20:25	Microsoft Excel ...	12 KB
上海恒隆3月	2021/5/28 20:25	Microsoft Excel ...	12 KB
上海新世界1月	2021/5/28 20:25	Microsoft Excel ...	13 KB
上海新世界2月	2021/5/28 20:25	Microsoft Excel ...	12 KB
上海新世界3月	2021/5/28 20:25	Microsoft Excel ...	12 KB
上海一百1月	2021/5/28 20:25	Microsoft Excel ...	13 KB
上海一百2月	2021/5/28 20:25	Microsoft Excel ...	12 KB
上海一百3月	2021/5/28 20:25	Microsoft Excel ...	12 KB

图 5－68　运行结果 7

本章小结

综合本章所述，我们学习了 UiPath StudioX 中实现桌面文件自动化操作的常用命令，包括【创建文件】与【创建文件夹】、【移动文件】与【移动文件夹】、【复制文件】与【复制文件夹】以及【压缩文件/Zip 文件】与【提取/解压缩文件】命令。通过这些命令，我们能够在日常工作中实现桌面文件的自动化操作，从而提升工作效率。

实战演练中，我们以对三个地区的压缩包进行解压缩与分类为例进行演示，这是在掌握桌面文件自动化操作的常用命令的基础上，结合【IF 条件】命令及【适用于文件夹中的每个文件】命令所模拟出的一个综合实践案例，主要分为 13 个具体开发步骤，案例将【适用于文件夹中的每个文件】、【IF 条件】、【复制文件】、【移动文件】等命令串联在一起，为读者呈现了一个模拟真实财务场景下完整的桌面文件自动化处理的流程，体现了 RPA 机器人在财务工作中的应用价值。

第6章 邮件的自动化操作

6.1　邮件的自动化操作简介

6.2　主要功能介绍

6.3　实战演练：邮件处理机器人

本章首先介绍 Email 的定义及其在实际工作中的重要性；然后详细讲解 UiPath StudioX 中邮件自动化操作的主要命令及其参数设置；最后，进行实战演练——设计与开发邮件处理机器人原型。

通过本章的学习，应掌握：

- 邮件自动化操作的主要命令；
- 工作中的邮件自动化操作；
- 多个邮件命令的协同运行；
- 邮件处理机器人原型的设计与开发方法。

6.1 邮件的自动化操作简介

电子邮件（Email）是一种由寄件人将数字信息发送给一个人或多个人的信息交换方式，一般会通过互联网或其他电脑网络书写、发送和接收邮件，目的是达成发信人和收信人之间的信息交互。

电子邮件最早以纯文字为沟通介质，后来扩展到可以加入多媒体的附件、其他字符集的文字，产生了多用途互联网邮件扩展（MIME）。电子邮件的存在极大地方便了人与人之间的沟通与交流，促进了社会的发展。

在如今的工作环境中，电子邮件充当沟通的桥梁，大量的文件通过邮件进行传送，随着邮件的数量不断增加，阅读和下载附件的流程变得烦琐、低效。

利用 UiPath StudioX 可以与邮箱平台进行交互，实现邮件及邮件附件的保存、发送，邮件的删除、移动、回复等的自动化，极大地提高财务人员的办公效率。

在本章中，我们会利用财务机器人小玥对邮件自动化操作中的常见命令进行演示。

6.2 主要功能介绍

UiPath StudioX 中的邮件自动化操作功能十分便捷，如图 6-1 所示，在菜单栏中选择“邮件”，就可以看到 StudioX 中与邮件相关的常用命令。StudioX 通过将邮件操作的各个功能进行分解，使用户只需对相关命令进行简单设置，即可实现邮件的自动化操作，大大降低了学习的难度。

图 6－1　邮件的活动区

本节将介绍在 StudioX 中实现邮件及邮件附件的自动保存、发送，邮件的自动删除、转发等一系列常见操作，并对邮件的循环命令进行讲解。

6.2.1　使用 Gmail

【使用 Gmail】命令用于选择需要自动化的 Gmail 账户，主要参数有：

（1）帐户。指用于电子邮件自动化的账户。

（2）引用为。指在其他活动中引用此账户时将显示的名称，可以自行修改，如图 6－2 所示。

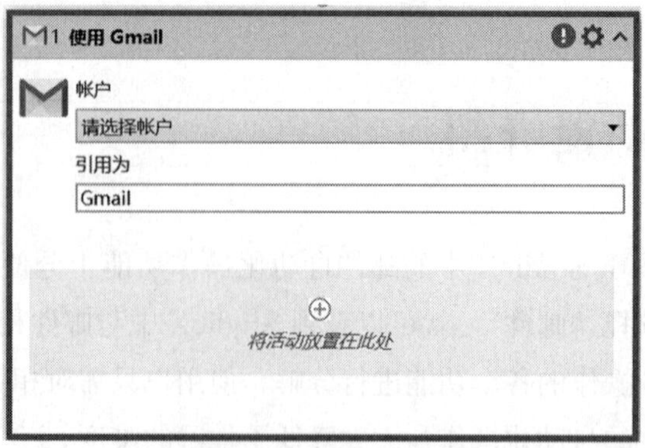

图 6－2　使用 Gmail

6.2.2　使用 Outlook365

【使用 Outlook365】命令是用来选择要实现自动化的 365 账户，主要参数有：

（1）帐户。指用于电子邮件自动化的账户。

（2）要使用的共享邮箱。指可以使用的邮箱地址。

（3）引用为。指在其他活动中引用此账户时将显示的名称，可以自行修改，如图 6-3 所示。

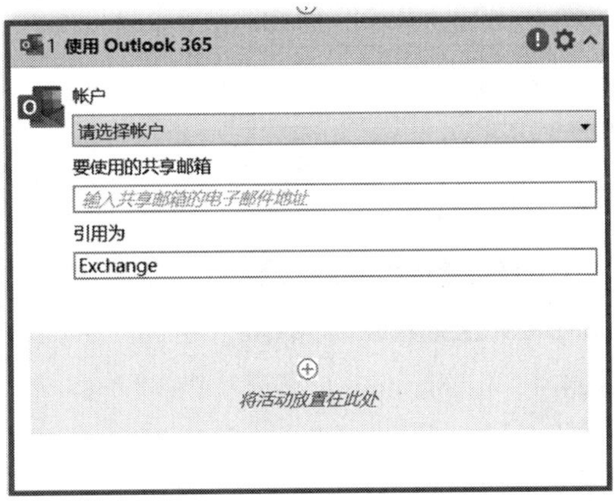

图 6-3　使用 Outlook365

6.2.3　使用 Outlook 桌面应用程序

【使用 Outlook 桌面应用程序】命令可以调用 Outlook 软件，让各个平台的邮箱都实现自动化，主要参数有：

（1）帐户。指用于电子邮件自动化的账户。

（2）引用为。指在其他活动中引用此账户时将显示的名称，可以自行修改，如图 6-4 所示。

注意：首次使用 UiPath StudioX 对 Outlook 进行调用时，需要对 Outlook 程序进行初始配置，此处以 QQ 邮箱为例，操作步骤如下：

步骤 1：选择账户时，会弹出“Microsoft Outlook 账户设置”窗口，选择“是”后单击“下一页”，如图 6-5 所示。

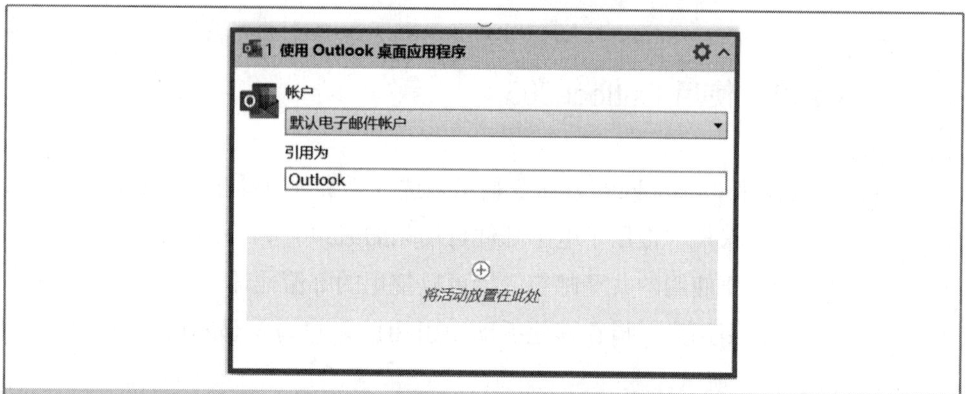

图 6-4 使用 Outlook 桌面应用程序

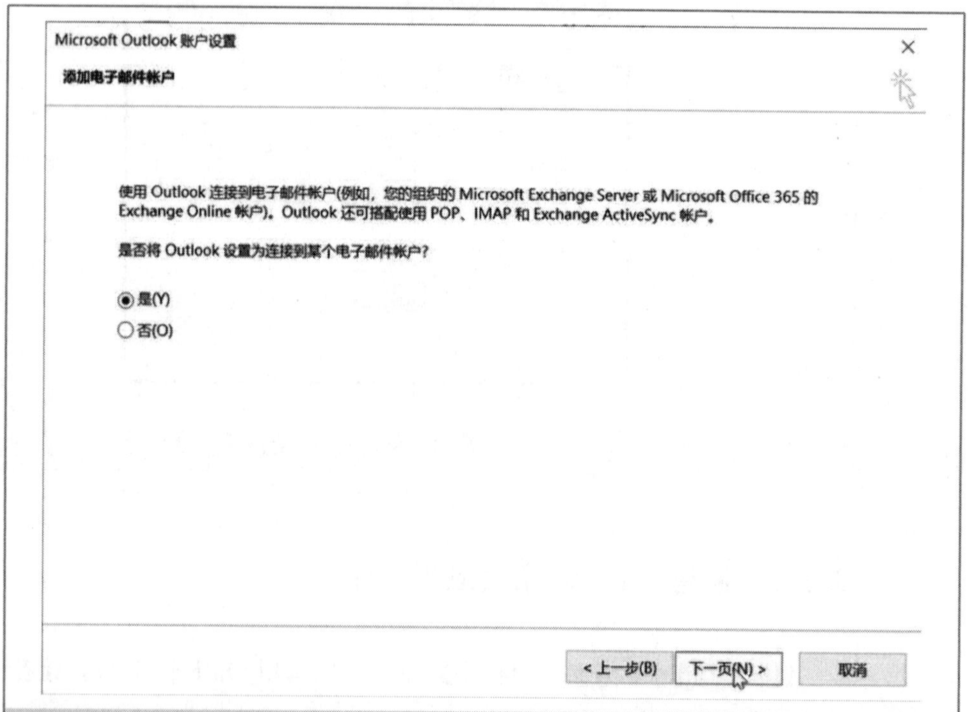

图 6-5 Microsoft Outlook 账户设置

步骤 2：进入“添加帐户”窗口，选择“手动设置或其他服务器类型”后，单击“下一页”，如图 6-6 所示。

步骤 3：选择账户类型为“POP 或 IMAP(P)”，单击“下一页”，如图 6-7 所示。

步骤 4：将相关信息补充完整，在“用户信息”下，填写用户姓名以及绑定的电子邮件地址；在“服务器信息”下，“帐户类型”选择为“IMAP”，“接收邮件服务器”填写“imap.qq.com”，“发送邮件服务器”填写“smtp.qq.com”；在“登录信息”下，再次将电子邮件地址填入“用户名”，输入账户密码，如图 6－8 所示。

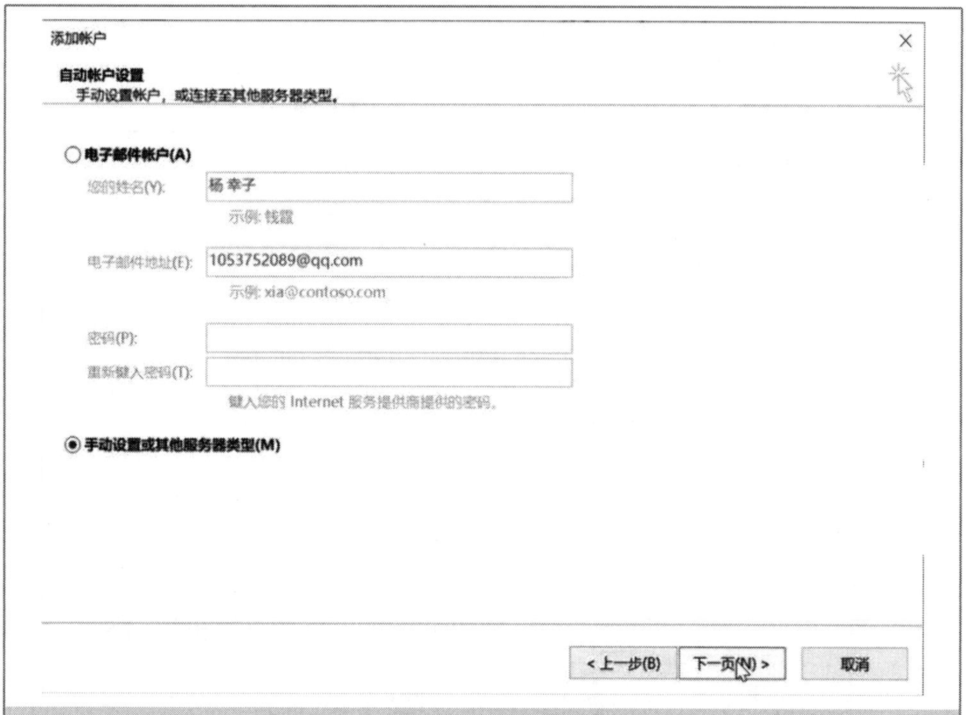

图 6－6　添加帐户 1

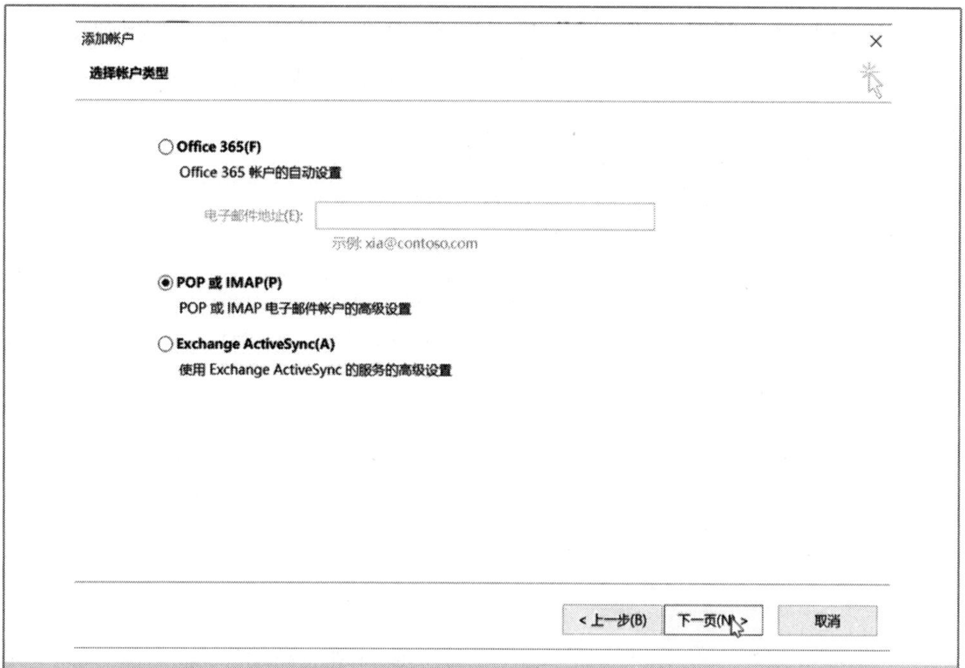

图 6－7　添加帐户 2

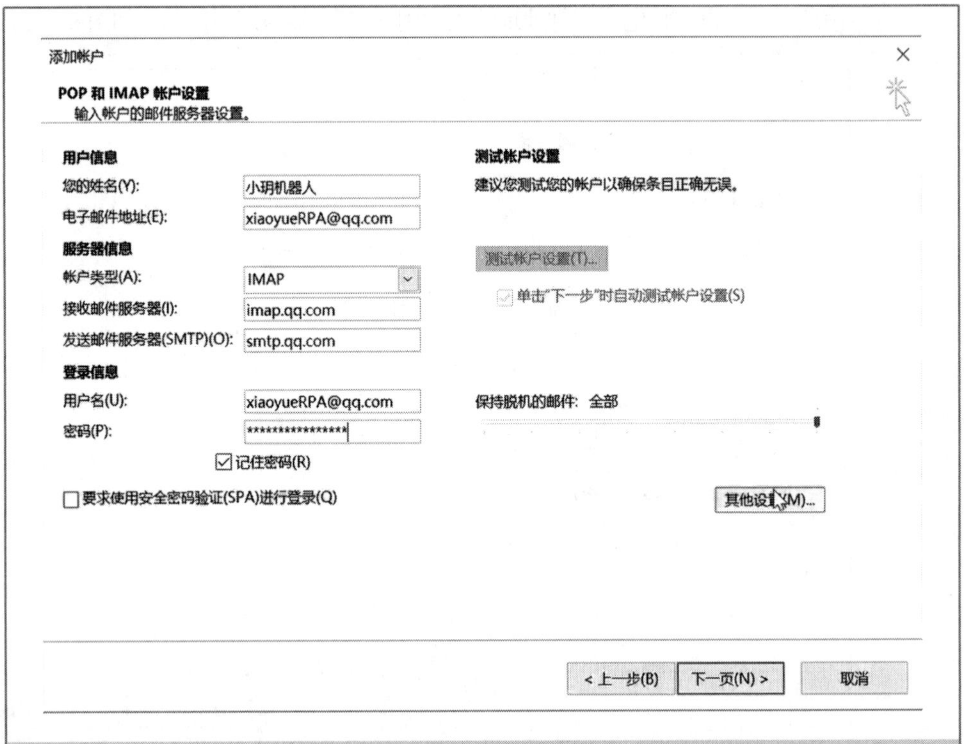

图 6-8　添加帐户 3

注意： 上述账户密码并不是邮箱账号的登录密码，想要获取该密码首先要在网页登录发件人的账号，找到设置-账户，在这一界面中找到“POP3/IMAP/SMTP/Exchange/CardDAV/CalDAV 服务”，如图 6－9 所示。

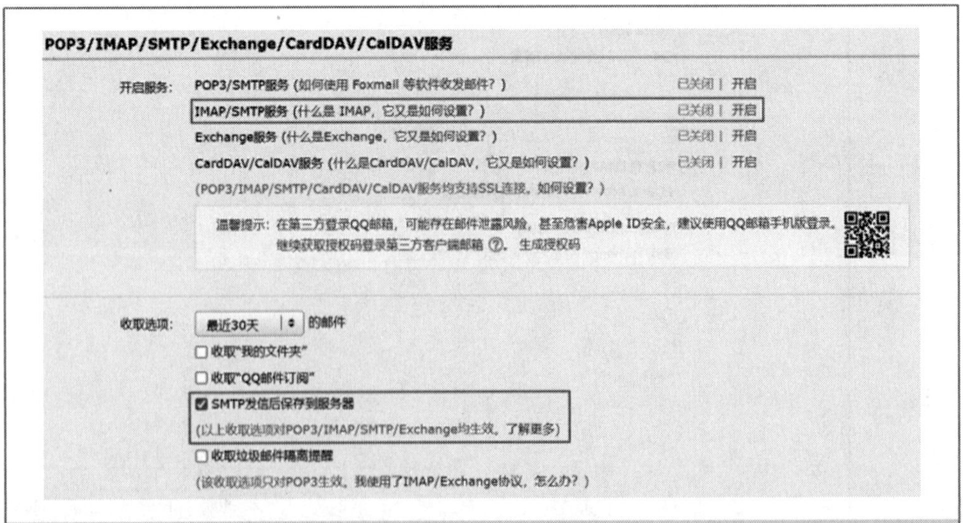

图 6-9　邮箱设置

将“IMAP/SMTP 服务”设置为开启，系统会弹出“验证密保”窗口，如图 6－10 所示。按照提示成功发送短信后，单击“我已发送”，会出现“开启 IMAP/SMTP”窗口，所显示的字符为授权码，即需要在 StudioX 中填写的密码，如图 6－11 所示。

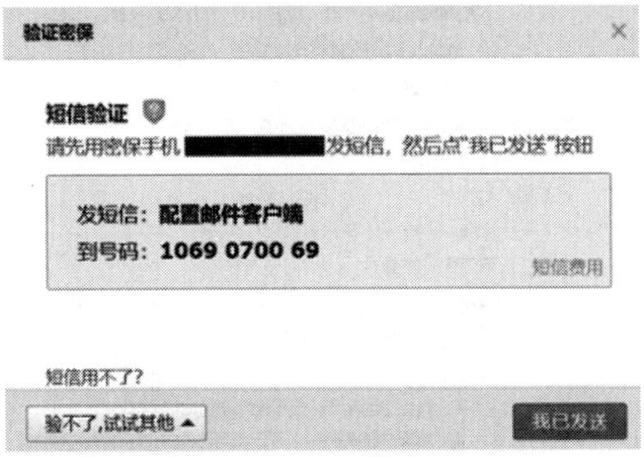

图 6－10　验证密保

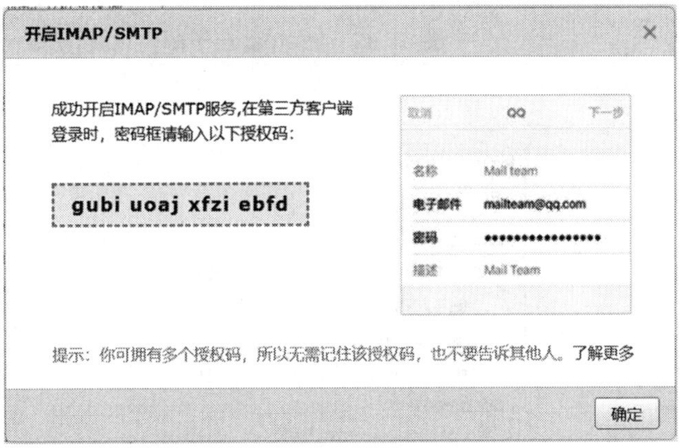

图 6－11　开启 IMAP/SMTP

步骤 5：上述设置全部完成后，单击“其他设置”，弹出“Internet 电子邮件设置”窗口，单击“高级”，对服务器端口号进行设置，如图 6－12 所示。

将接收服务器（IMAP）的端口号设置为“993”，加密连接类型选择“SSL/TLS”；将发送服务器（SMTP）的端口号设置为“465”，加密连接类型选择“SSL/TLS”。端口号设置完成后单击“发送服务器”，如图 6－13 所示。

选择“登录使用”，输入用户名及密码，与步骤 4 中的用户名及密码相同，勾选“要求安全密码验证”，单击“确定”，如图 6－14 所示。

到此为止，“添加帐户”窗口全部设置完毕，单击“下一页”，弹出“测试帐户设置”窗口，测试无误后，单击“关闭”，单击“下一页”，如图 6－15 所示。

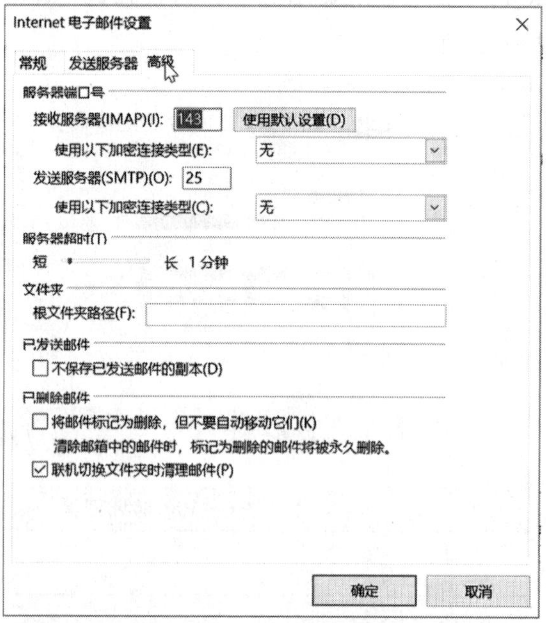

图 6－12　Internet 电子邮件设置-高级一

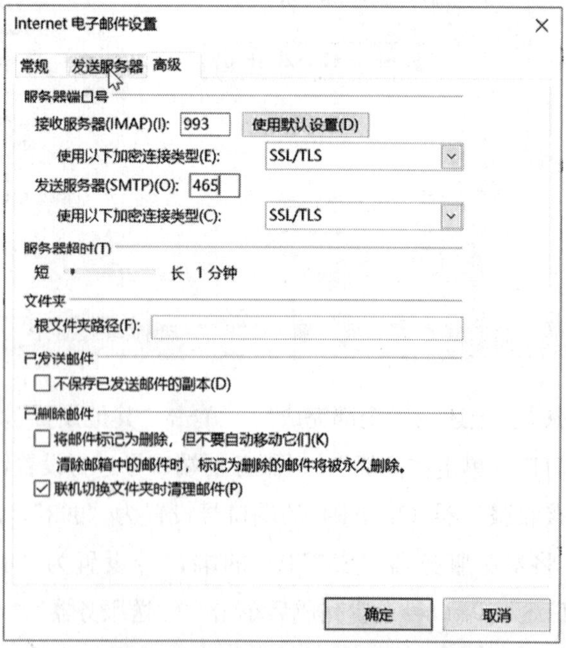

图 6－13　Internet 电子邮件设置-高级二

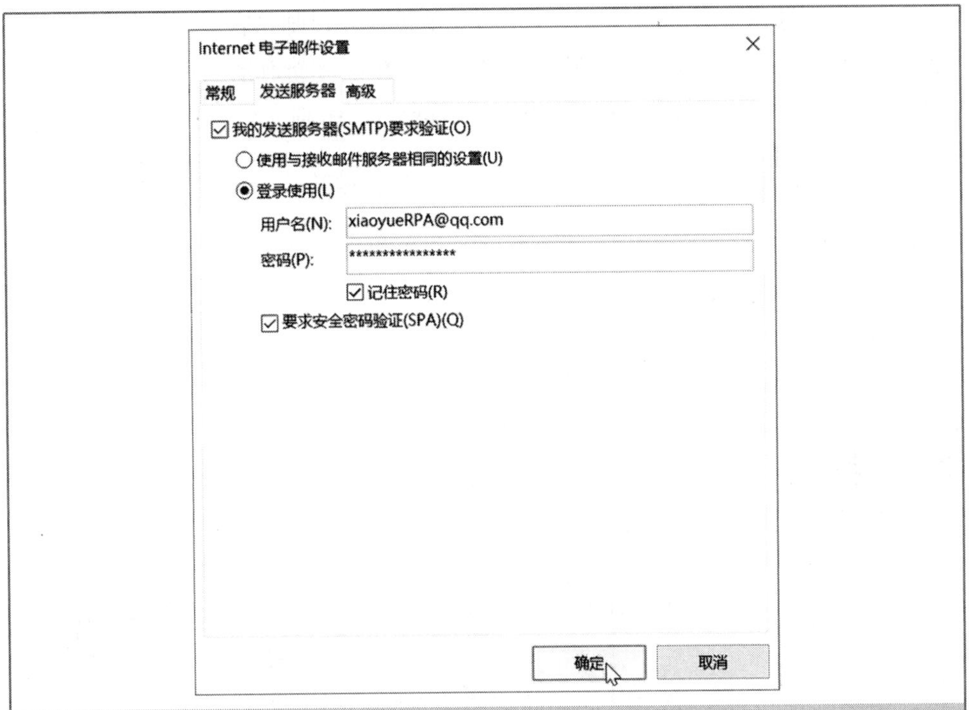

图 6－14　Internet 电子邮件设置-发送服务器

图 6－15　测试帐户设置

注意：服务器地址以及端口号的设置要以邮箱官网所给数据为准。

步骤 6：窗口提示设置全部完成，在该页面取消勾选“在我的手机上也设置 Outlook Mobile”，单击“完成”，如图 6-16 所示。

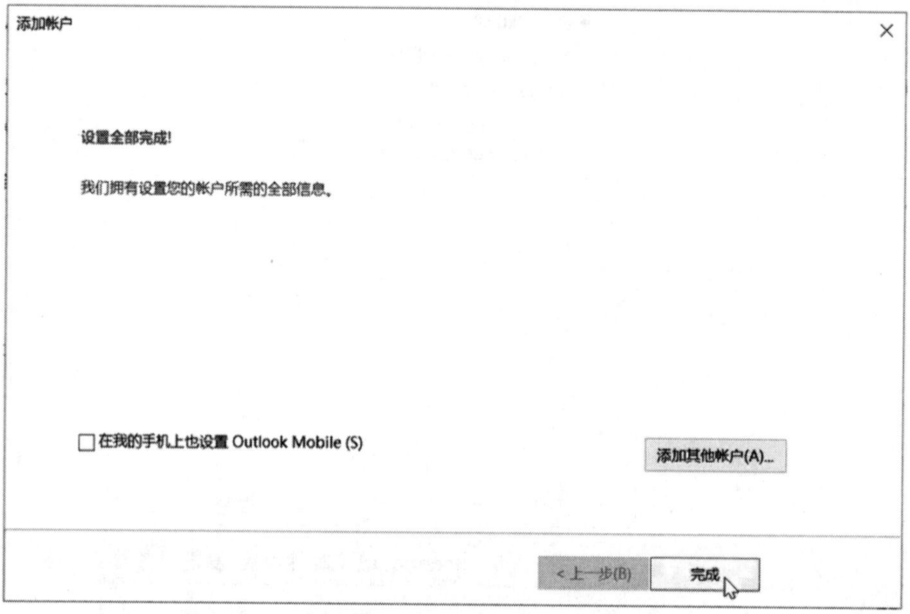

图 6-16 添加帐户完成

注意：账户设置完成后，还需登录 Outlook，才能在【使用 Outlook 桌面应用程序】命令的帐户中找到设置的邮箱账号。

6.2.4 适用于每封电子邮件

【适用于每封电子邮件】命令是指为指定文件夹中的每封电子邮件重复一次所包含的活动，通过该命令创造一个简单的循环，主要参数有：

（1）遍历。指在包含的活动中引用每封电子邮件时所使用的名称。

（2）以下发件人的电子邮件。指对其中的每封电子邮件重复执行操作的 Outlook 文件夹。

（3）将电子邮件限制为第一个。设置要遍历的电子邮件数量。

（4）其他筛选器。添加更多的限制条件对上面所选的对应数量的邮件进行进一步的筛选。

（5）未读邮件。勾选后仅遍历未读电子邮件。

（6）仅带有附件。勾选后仅遍历带有附件的电子邮件，如图 6-17 所示。

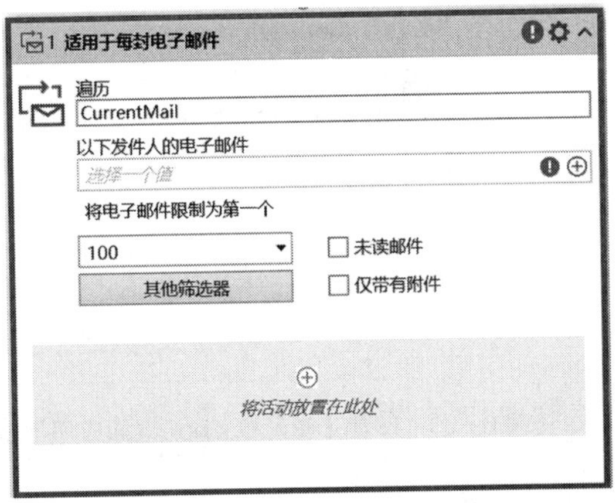

图 6-17　适用于每封电子邮件

6.2.5　保存电子邮件

【保存电子邮件】命令是将指定电子邮件保存为“.msg”文件（在 Outlook 卡中使用）或“.eml”文件（在 Gmail 卡中使用），主要参数有：

（1）电子邮件。指要保存的电子邮件。

（2）保存到文件夹。指保存电子邮件的文件夹。

（3）文件名（可选）。指已保存的文件的名称。如果未提供文件名，则将电子邮件主题用作文件名。如图 6-18 所示。

图 6-18　保存电子邮件

【例 6-1】 某公司的供应商因原材料价格变动，需对所供产品价格进行调整，现收到供应商以邮件发送的产品调价通知，该公司的业务员需将该邮件保存。现在我们利用财务机器人小玥完成邮件的自动保存。

步骤 1：从“活动区”将【使用 Outlook 桌面应用程序】命令拖拽至“设计器面板”中。在“帐户”的下拉菜单中选择设定的邮箱账号，如图 6-19 所示。

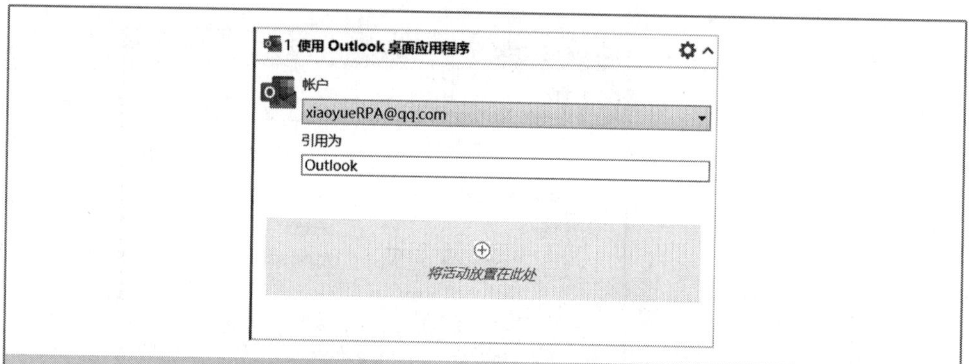

图 6-19　设置【使用 Outlook 桌面应用程序】命令的参数

步骤 2：从“活动区”将【适用于每封电子邮件】命令拖拽至图 6-19 所示的“将活动放置在此处”进行后续操作。

步骤 3：单击【适用于每封电子邮件】命令的“以下发件人的电子邮件”参数右边的“+”号，选择“Outlook”中的“收件箱”，如图 6-20 所示。

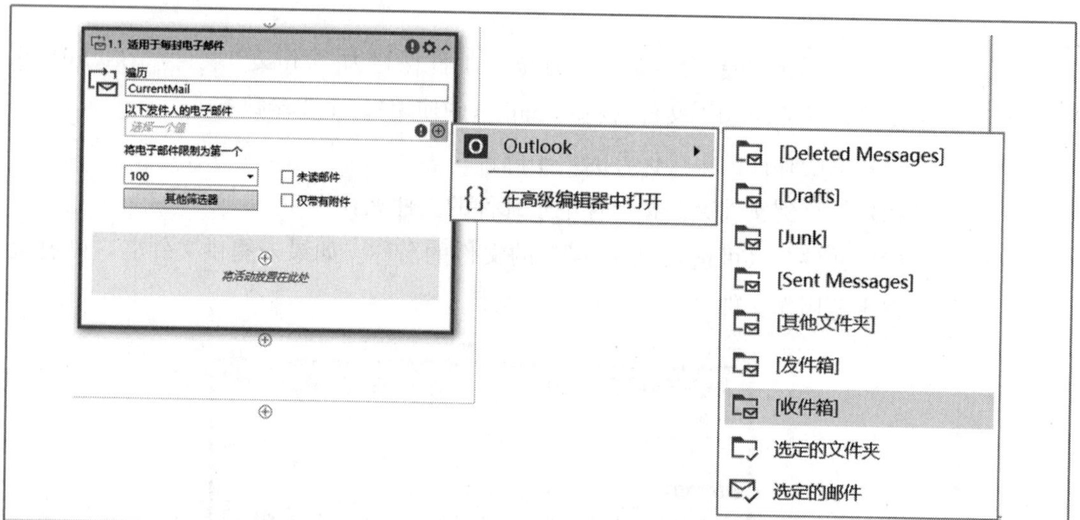

图 6-20　设置“以下发件人的电子邮件”参数

步骤 4：将“将电子邮件限制为第一个”手动更改为“1”，勾选“未读邮件”，如图 6-21 所示。

步骤 5：从“活动区”将【保存电子邮件】命令拖拽至图 6-21 所示的“将活动放置在此处”进行后续操作。

步骤 6：单击“保存到文件夹”参数右边的“浏览文件夹”图标，选择保存邮件的文件夹，如图 6-22 所示。

单击“运行”，运行结果如图 6-23 至图 6-24 所示。

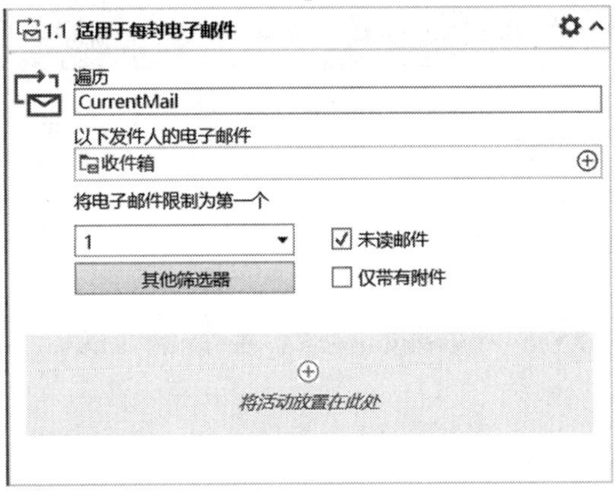

图 6 - 21　设置【适用于每封电子邮件】命令的参数

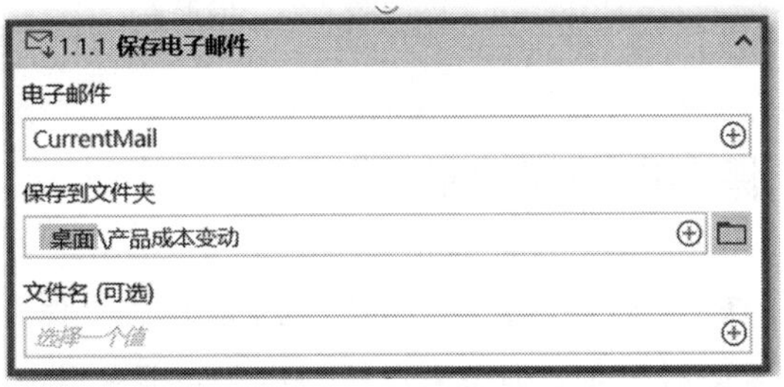

图 6 - 22　设置【保存电子邮件】命令的参数

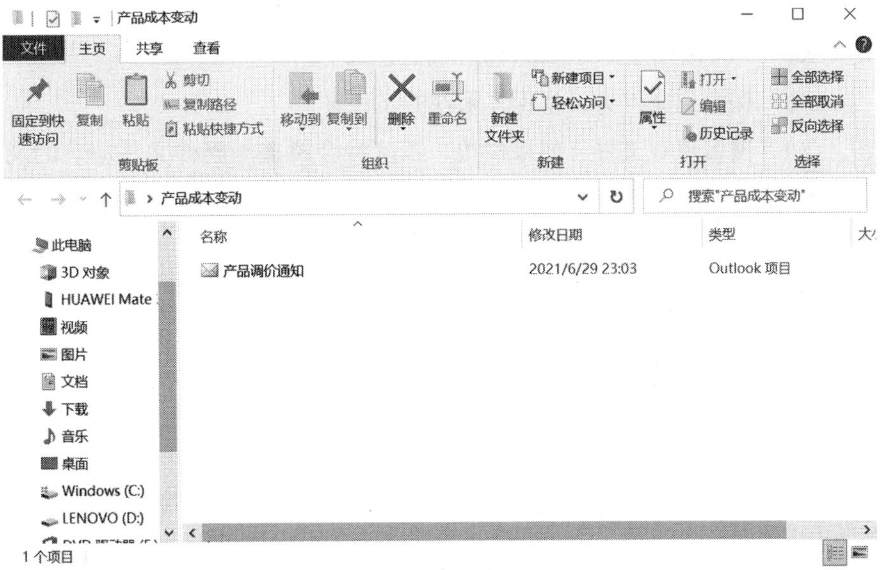

图 6 - 23　运行结果 1

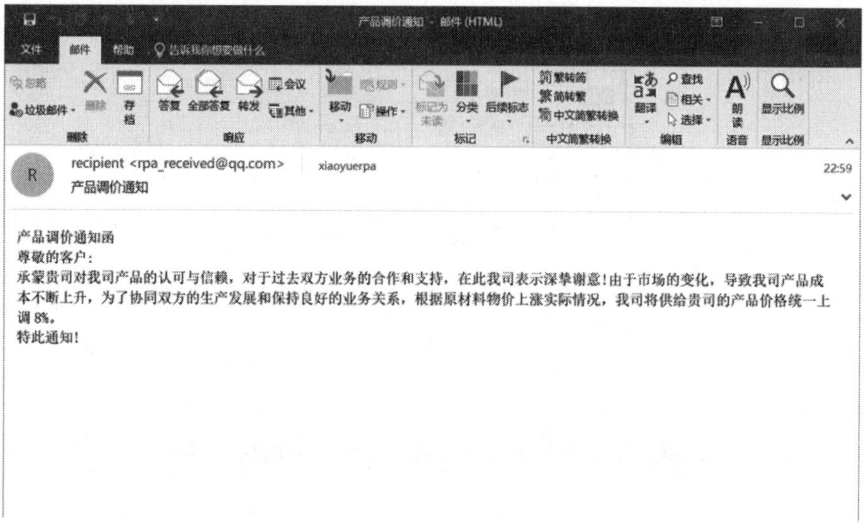

图 6-24　运行结果 2

6.2.6　保存电子邮件附件

【保存电子邮件附件】命令是将电子邮件附件保存至计算机的指定文件夹中。如果该文件夹不存在，则需要自行创建。如果未指定任何文件夹，则下载内容将保存在项目文件夹中，主要参数有：

（1）电子邮件。指将被保存附件的电子邮件。

（2）按文件名称筛选。可选仅保存名称与特定模式相匹配的文件。例如“*. xls*”将保存大部分 Excel 拓展名类型的文件。

（3）保存到文件夹。指保存附件的文件夹。

（4）覆盖现有文件。如果勾选，系统将会覆盖与附件文件同名的现有文件，如图 6-25 所示。

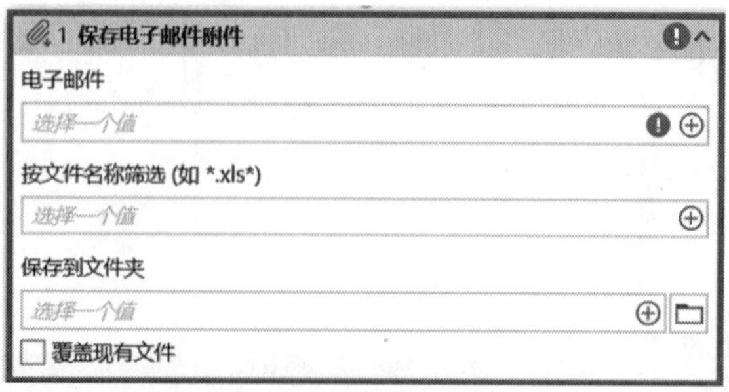

图 6-25　保存电子邮件附件

【例 6－2】 某企业收到五家供应商以邮件形式发来的产品对账单，业务部人员需要进行核对，现需要下载邮件中包含的附件。我们利用财务机器人小玥完成邮件附件的自动保存。

步骤 1：从“活动区”将【使用 Outlook 桌面应用程序】命令拖拽至“设计器面板”中。在“帐户”的下拉菜单中选择设定的邮箱账号，如图 6－26 所示。

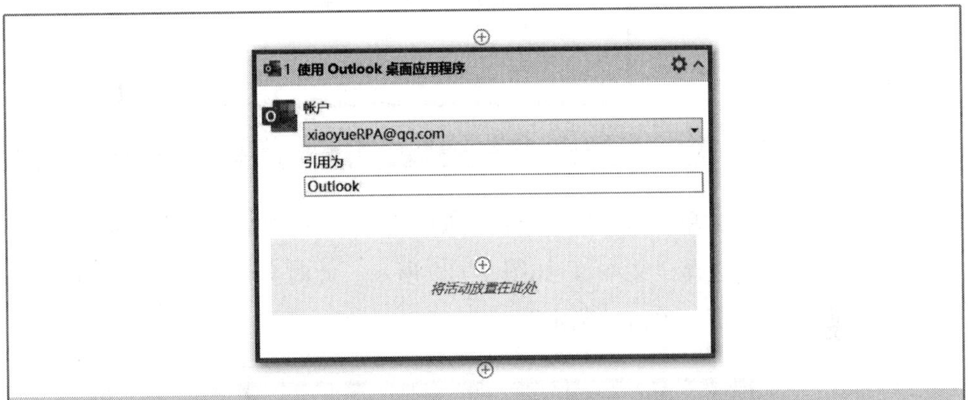

图 6－26　设置【使用 Outlook 桌面应用程序】命令的参数

步骤 2：从“活动区”将【适用于每封电子邮件】命令拖拽至图 6－26 所示的“将活动放置在此处”进行后续操作。

步骤 3：单击【适用于每封电子邮件】命令的“以下发件人的电子邮件”参数右边的“＋”号，选择“Outlook”中的“收件箱”，如图 6－27 所示。

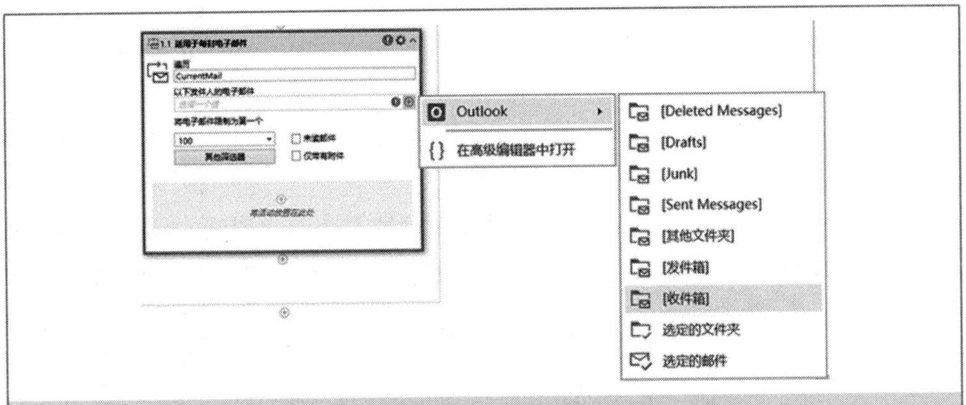

图 6－27　设置“以下发件人的电子邮件”参数

步骤 4：将“将电子邮件限制为第一个”手动更改为“5”，勾选“未读邮件”和“仅带有附件”，如图 6－28 所示。

步骤 5：从“活动区”将【保存电子邮件附件】命令拖拽至图 6－28 所示的“将活动放置在此处”进行后续操作。

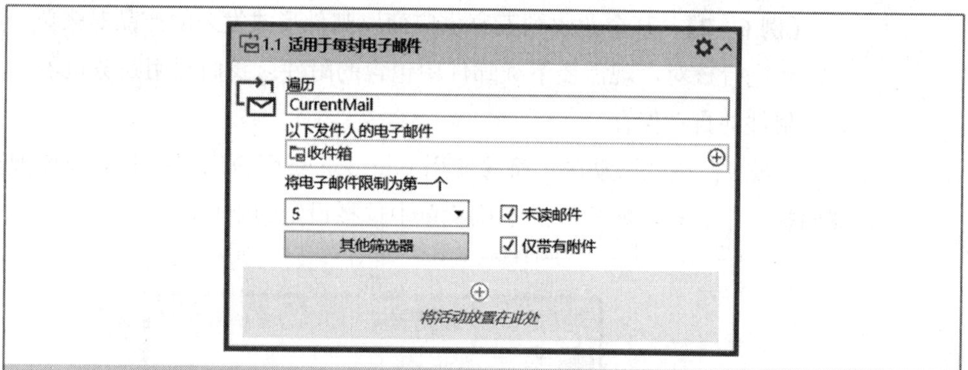

图 6-28　设置【适用于每封电子邮件】命令的参数

步骤 6：单击【保存电子邮件附件】命令中“按文件名称筛选”参数右边的“+”号，选择“文本”，如图 6-29 所示。此时会弹出“文本生成器”窗口，输入“*. xlsx”，单击“确定”。

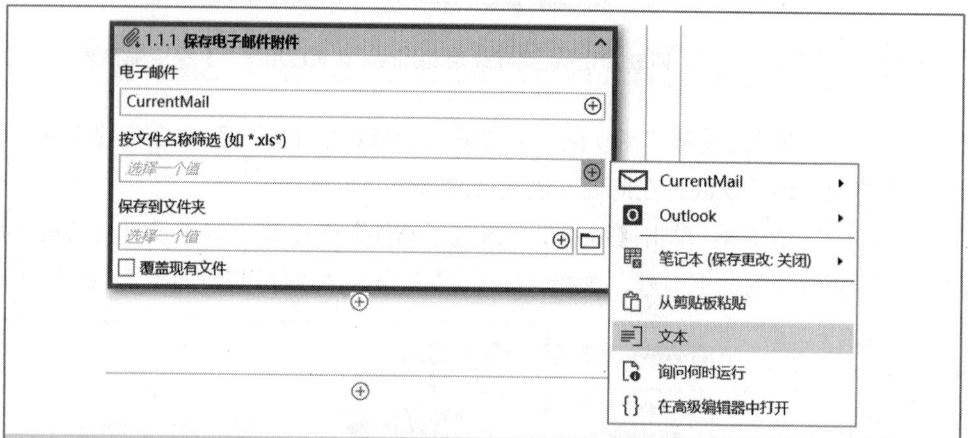

图 6-29　选择“文本”

步骤 7：单击“保存到文件夹”参数右边的“浏览文件夹”图标，选择保存邮件的系统文件夹，如图 6-30 所示。单击“运行”，运行结果如图 6-31 所示。

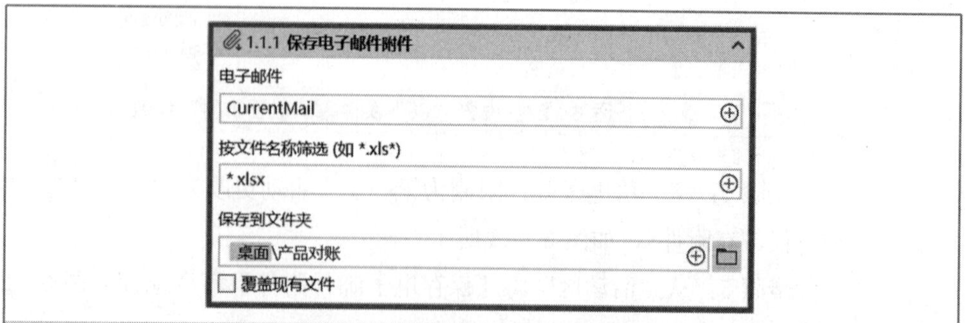

图 6-30　设置“保存到文件夹”参数

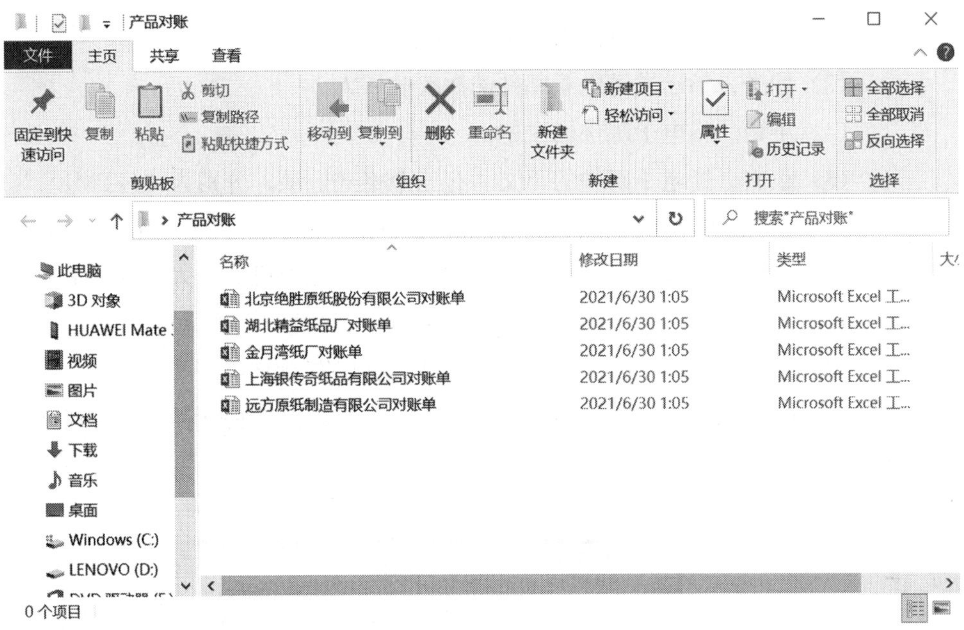

图 6-31　运行结果

6.2.7　删除电子邮件

【删除电子邮件】命令用于删除账户中的电子邮件，主要参数如下：

（1）电子邮件。指要删除的电子邮件。

（2）永久删除。指示是否要永久删除该电子邮件，如图 6-32 所示。

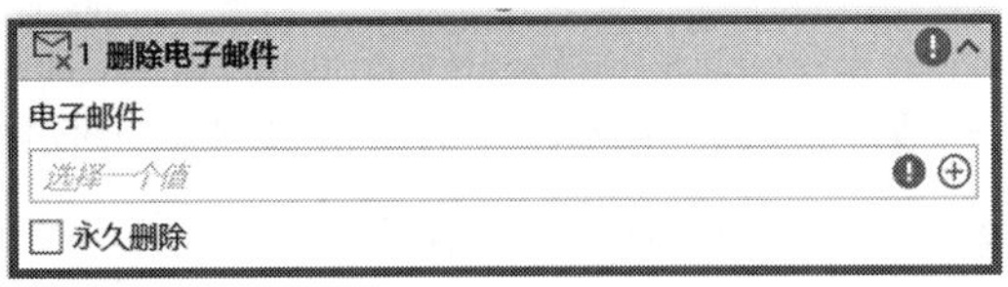

图 6-32　删除电子邮件

6.2.8　发送电子邮件

【发送电子邮件】命令是指向指定的收件人发送电子邮件消息，如图 6-33 所示，主要参数如下：

（1）帐户。指用于发送电子邮件的账户。

（2）收件人。指已发送电子邮件的收件人。

（3）抄送。指已发送电子邮件的次要收件人。

（4）主题。指电子邮件的主题。

（5）正文。指电子邮件的正文。有三个格式选项，分别为“HTML”“文本”“Word 文档”。如果选择“HTML”格式，则需要单击“打开编辑器”，对正文内容进行编写；如果选择“文本”格式，可用文本生成器输入正文内容；如果选择“Word 文档”格式，可以在系统文件夹中选择现有文档进行发送。

（6）保存为草稿。指示是否应将邮件消息保存为草稿。

（7）附件。指电子邮件中包含的附件文件，可以选择文件或者文件夹，在系统文件夹中指定路径即可。

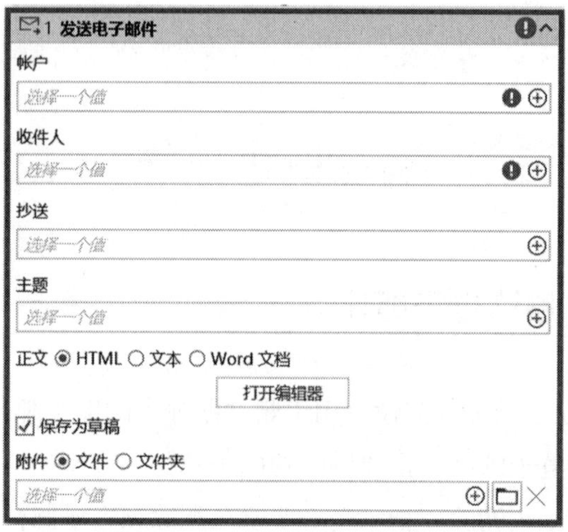

图 6-33　发送电子邮件

【例 6-3】 某公司年末存在部分应收账款未收回的情况，现财务部需通知相关的业务员将其名下的未收款项抓紧收回。下面我们利用财务机器人小玥实现电子邮件的自动发送。

步骤 1：从“活动区”将【使用 Outlook 桌面应用程序】命令拖拽至“设计器面板”中。在“帐户”的下拉菜单中选择设定的邮箱账号，如图 6-34 所示。

步骤 2：从“活动区”将【发送电子邮件】命令拖拽至图 6-34 所示的“将活动放置在此处”进行后续操作。

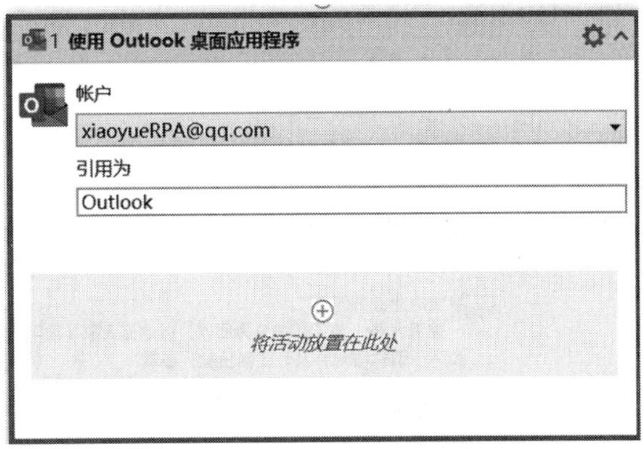

图6-34 设置【使用Outlook桌面应用程序】命令的参数

步骤3：单击【发送电子邮件】命令中"收件人"参数右边的"+"号，选择"文本"，打开"文本生成器"窗口，填写收件人的电子邮箱账号，输入"RPA received@qq. com"。

单击"主题"参数右边的"+"号，选择"文本"，打开"文本生成器"窗口，输入需发送电子邮件的主题；"正文"处勾选"文本"，单击"正文"参数右边的"+"号，选择"文本"，打开"文本生成器"窗口，输入所需发送电子邮件的正文内容并取消勾选"保存为草稿"。

添加附件文件，单击"附件"参数右边的"浏览文件"图标，对所需发送附件的路径进行选择。如图6-35所示。

图6-35 设置【发送电子邮件】命令的参数

单击“运行”，运行结果如图 6-36 所示。

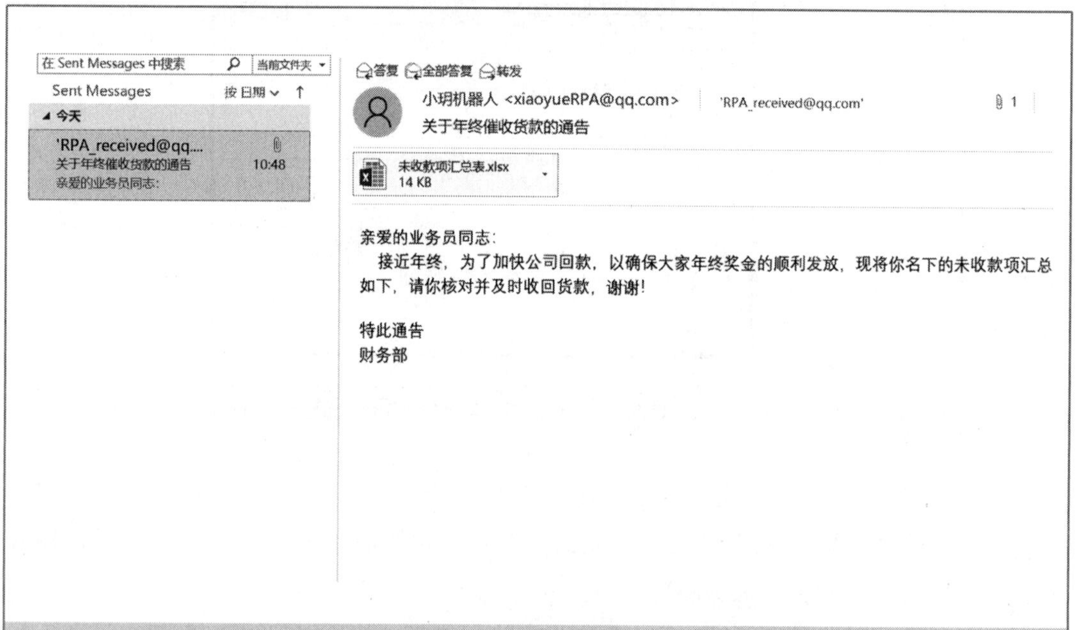

图 6-36　运行结果

6.2.9　回复电子邮件

【回复电子邮件】命令指对收到的电子邮件进行回复，如图 6-37 所示，主要参数如下：

（1）电子邮件。指要回复的电子邮件。

（2）添加“目标”收件人。将其他收件人添加到“收件人”字段。

（3）添加“抄送”收件人。将其他收件人添加到“抄送”字段。

（4）新建主题。更改电子邮件的主题，留空以使用现有主题。

（5）正文。有三个格式选项，分别为“HTML”“文本”“Word 文档”。如果选择“HTML”格式，则需要单击“打开编辑器”，对正文内容进行编写；如果选择“文本”格式，可用文本生成器输入正文内容；如果选择“Word 文档”格式，可以在系统文件夹中选择现有文档进行发送。

（6）保存为草稿。指示是否应将邮件消息保存为草稿。

（7）附件。指电子邮件中包含的附件文件，可以选择文件或者文件夹，在系统文件夹中指定路径即可。

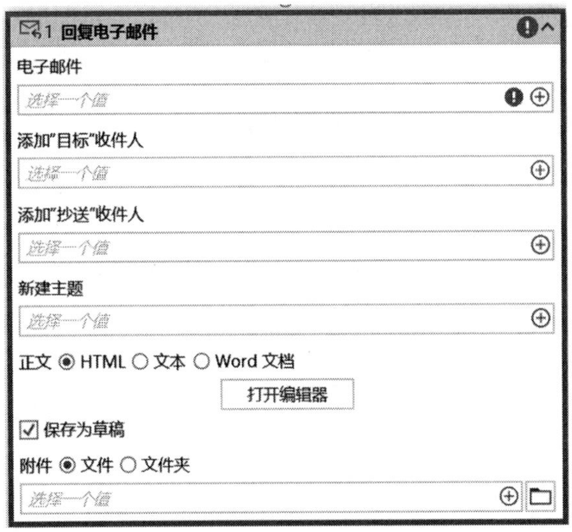

图 6－37　回复电子邮件

【例 6－4】 在例 6－2 中，公司收到了五家供应商发送的产品对账单，现需要以邮件形式向这些供应商回复产品核对结果。下面我们利用财务机器人小玥实现邮件的自动回复。

步骤 1：从“活动区”将【使用 Outlook 桌面应用程序】命令拖拽至“设计器面板”中；在“帐户”下拉菜单中选择设定的邮箱账号，如图 6－38 所示。

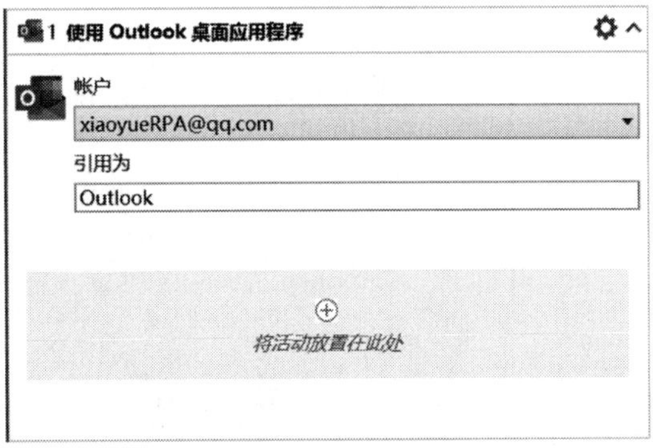

图 6－38　设置【使用 Outlook 桌面应用程序】命令的参数

步骤 2：从“活动区”将【适用于每封电子邮件】命令拖拽至图 6－38 所示的“将活动放置在此处”进行后续操作。

步骤 3：单击【适用于每封电子邮件】命令的“以下发件人的电子邮件”参数右边的“+”号，选择“Outlook”中的“收件箱”，如图 6－39 所示。

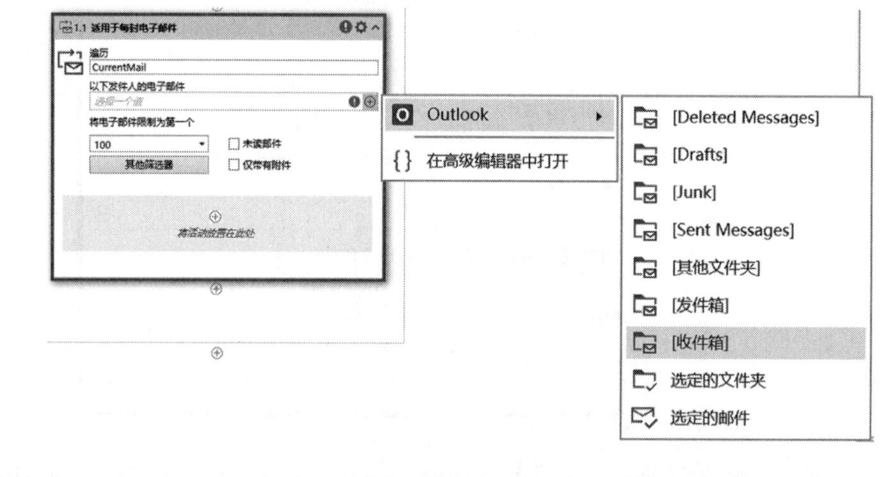

图 6－39　设置“以下发件人的电子邮件”参数

步骤 4：将“将电子邮件限制为第一个”手动更改为“5”，勾选“未读邮件”，如图 6－40 所示。

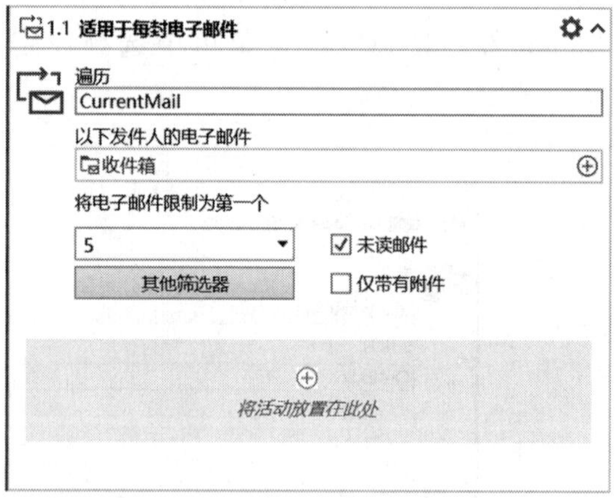

图 6－40　设置【适用于每封电子邮件】命令的参数

步骤 5：从“活动区”将【回复电子邮件】命令拖拽至图 6－40 所示的“将活动放置在此处”进行后续操作。

步骤 6：单击“添加 "目标" 收件人”参数右边的“+”号，选择“CurrentMail”中的“发件人”，如图 6－41 所示。

说明： 此处“发件人”的含义为向已收到邮件的发件人进行回复。

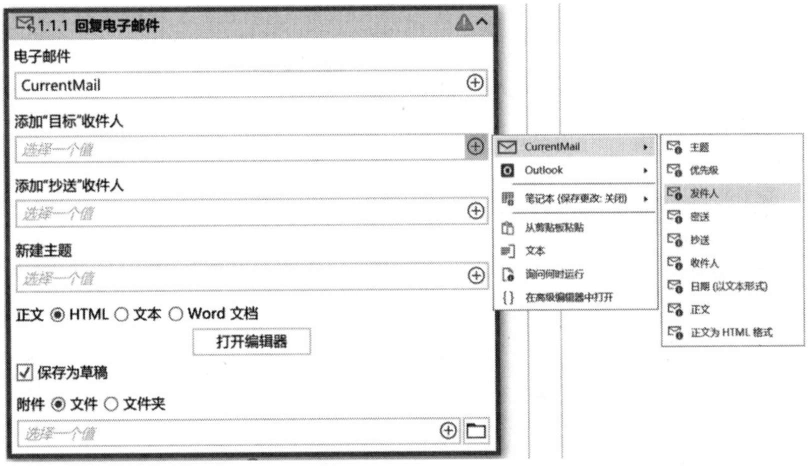

图 6-41　设置“添加"目标"收件人”参数

步骤 7：单击“新建主题”参数右边的“+”号，选择“文本”，在“文本生成器”窗口中输入回复邮件的主题。单击“正文”参数右边的“+”号，选择“文本”，在“文本生成器”窗口中输入回复邮件的正文。取消勾选“保存为草稿”。如图 6-42 所示。

图 6-42　设置【回复电子邮件】命令的参数

单击“运行”，运行结果如图 6-43 所示。

图 6 - 43　运行结果

6.3　实战演练：邮件处理机器人

在实际的办公场景中，处理邮件后往往会涉及其他软件的相关操作，例如导入表格、录入数据库等，这时就需要将多个命令结合，形成一个完整的办公流程。下面以邮箱与 Excel 的协同工作为例，模拟实际办公场景中的邮件自动化操作流程。

【例 6 - 5】 某母公司共有十家子公司，每月以邮件形式上交销售数据表，图 6 - 44 为收件箱部分邮件。母公司财务中心的会计需回复收到，然后下载附件进行 Excel 并表汇总。现在我们利用财务机器人小玥来实现这一流程的自动化。

图 6 - 44　收件箱部分邮件

由图 6－44 可以观察到，每封销售数据的邮件的主题都有一个固定的格式，在下载邮件的时候，可以利用筛选器增加条件限制，对需要处理的邮件进行筛选，并表操作结合 Excel 的自动化来完成。

下面对财务机器人小玥的具体开发步骤进行讲解。

步骤 1：从“活动区”将【使用 Outlook 桌面应用程序】命令拖拽至“设计器面板”中。在“帐户”的下拉菜单中选择设定的邮箱账号，如图 6－45 所示。

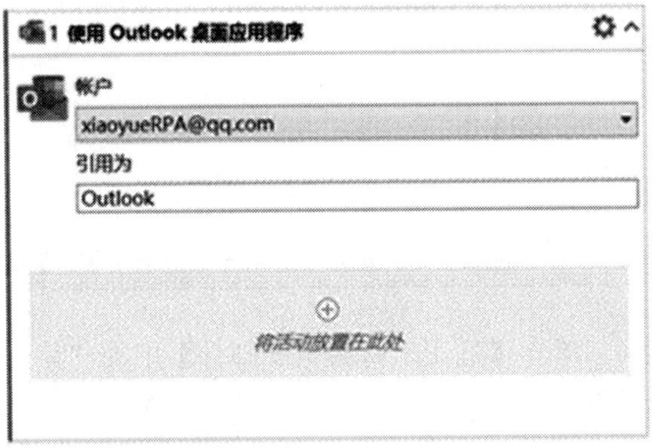

图 6－45　设置【使用 Outlook 桌面应用程序】命令的参数

步骤 2：从“活动区”将【适用于每封电子邮件】命令拖拽至图 6－45 所示的“将活动放置在此处”进行后续操作。

步骤 3：单击【适用于每封电子邮件】命令的“以下发件人的电子邮件”参数右边的“＋”号，选择“Outlook”中的“收件箱”，如图 6－46 所示。

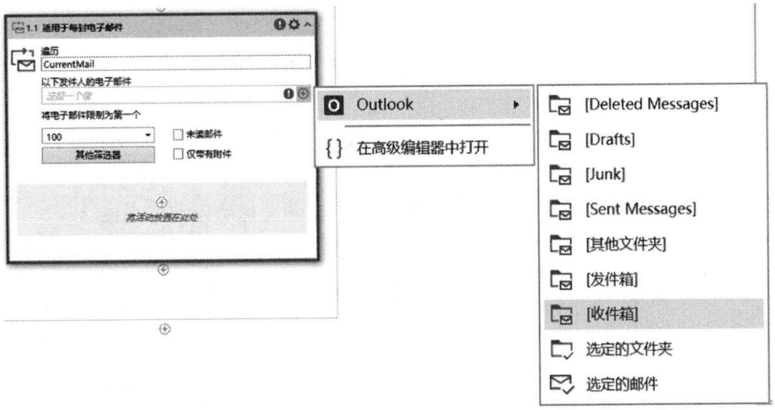

图 6－46　设置“以下发件人的电子邮件”参数

步骤 4：将“将电子邮件限制为第一个”手动更改为“15”，勾选“未读邮件”，如图 6-47 所示。

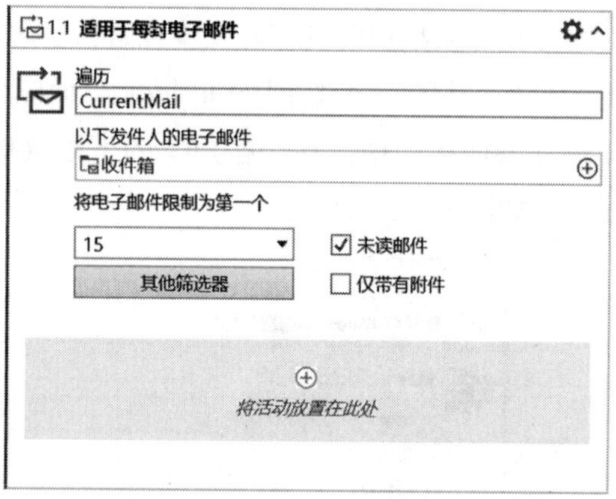

图 6-47 设置【适用于每封电子邮件】命令的参数

步骤 5：单击【适用于每封电子邮件】中的“其他筛选器”，添加邮件获取的限制条件，第一个下拉菜单选择“主题”，第二个下拉菜单选择“包含”，单击参数右边的“+”号，选择“文本”，在文本生成器中输入主题的关键字，此处输入“1 月销售数据”，完成后单击“确定”，如图 6-48 所示。

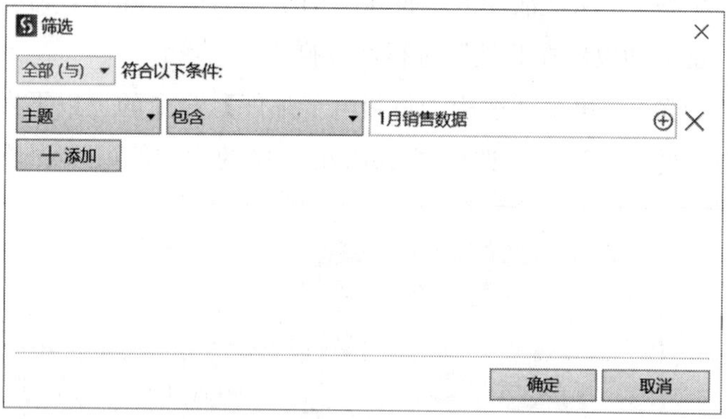

图 6-48 设置“其他筛选器”参数

步骤 6：从“活动区”将【回复电子邮件】命令拖拽至图 6-47 所示的“将活动放置在此处”进行后续操作。

步骤 7：单击“添加 "目标" 收件人”参数右边的“+”号，选择“CurrentMail”中的“发件人”，如图 6-49 所示。

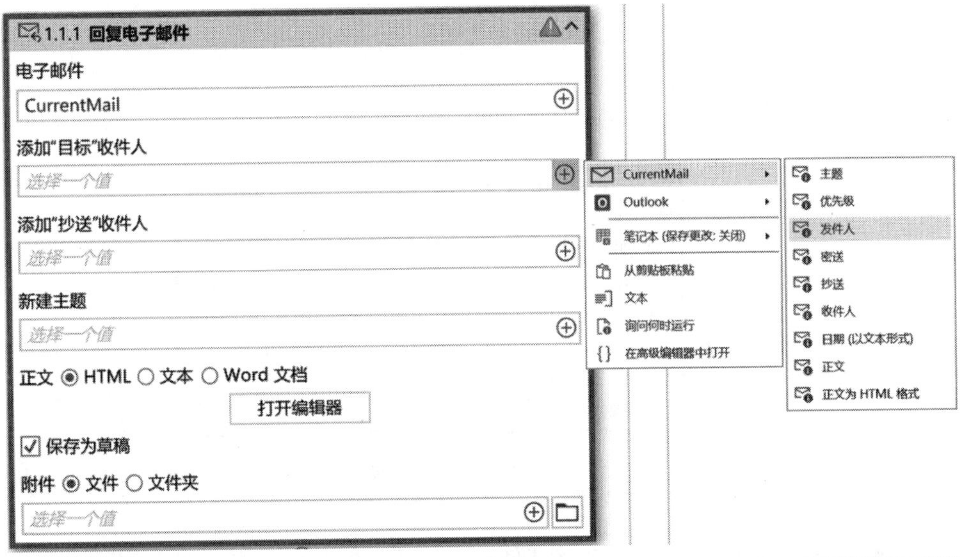

图 6-49　设置"添加 "目标" 收件人"参数

步骤 8：单击"新建主题"参数右边的"＋"号，选择"文本"，在"文本生成器"窗口中输入回复邮件的主题；"正文"也选择为文本形式，输入回复邮件的正文并取消勾选"保存为草稿"，如图 6-50 所示。

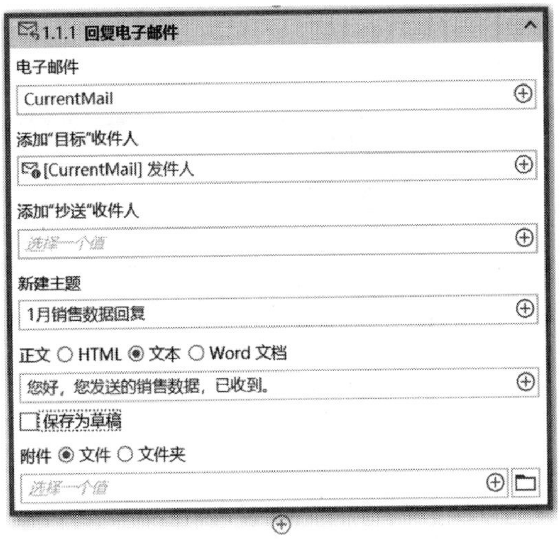

图 6-50　设置【回复电子邮件】命令的参数

步骤 9：从"活动区"将【保存电子邮件附件】命令拖拽至图 6-50 所示的【回复电子邮件】命令下方的"＋"号处，进行后续操作。

步骤 10：单击【保存电子邮件附件】命令中"按文件名称筛选"参数右边的

"+"号，选择"文本"，在"文本生成器"窗口中输入"*.xlsx"；单击"保存到文件夹"参数右边的"浏览文件夹"图标，选择保存邮件的系统文件夹，如图 6-51 所示。

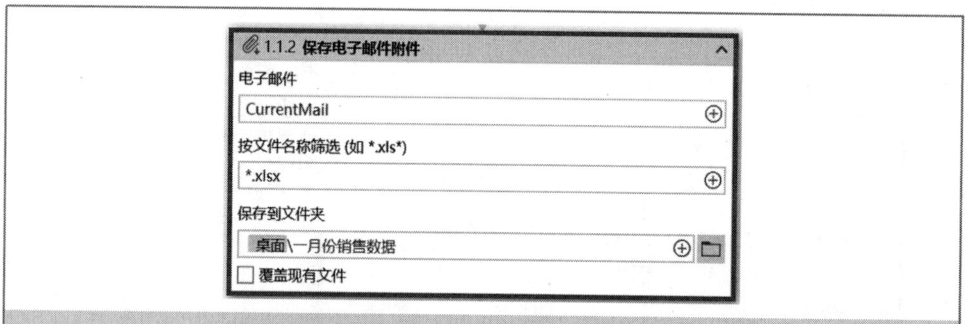

图 6-51　设置【保存电子邮件附件】命令的参数

步骤 11：从"活动区"将【使用 Excel 文件】命令拖拽至之前所有命令以外的"+"号处，进行后续操作，如图 6-52 所示。

图 6-52　添加【使用 Excel 文件】命令

步骤 12：单击"Excel 文件"参数右边的"浏览文件"图标，选择所要引用的 1 月销售数据汇总表的路径，"引用为"填写"汇总表"，作为后面命令中该表格的名称，如图 6-53 所示。

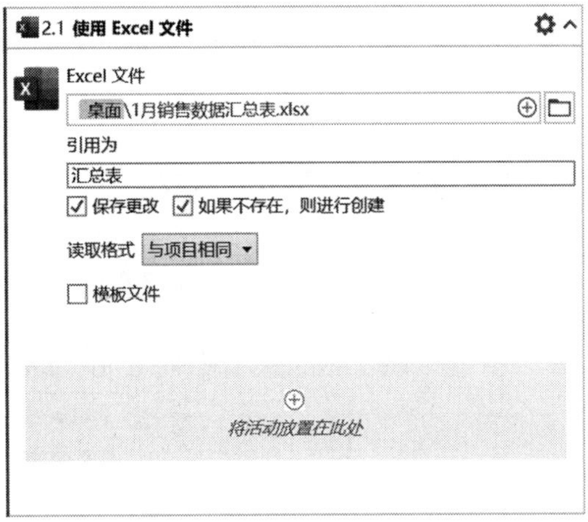

图 6-53　引用 1 月销售数据汇总表

步骤 13：从“活动区”将【使用 Excel 文件】命令拖拽至图 6-53 所示的“将活动放置在此处”进行后续操作。

步骤 14：单击“Excel 文件”参数右边的“浏览文件”图标，选择保存附件的文件夹路径，并按照其中一张表格的名称进行命名，完成引用。将“引用为”修改成“大悦城”，如图 6-54 所示。

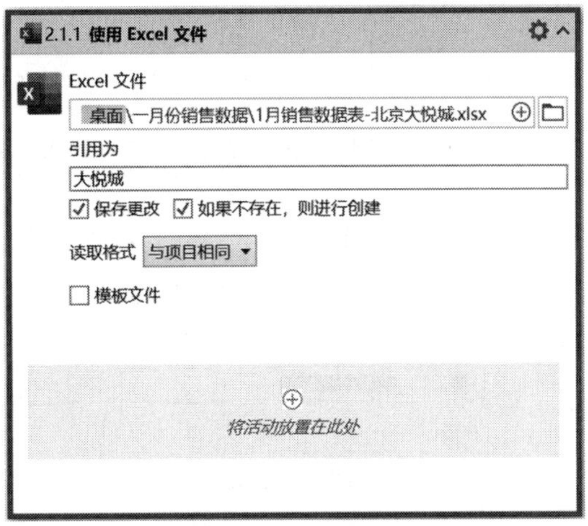

图 6-54　引用北京大悦城销售数据表

步骤 15：从“活动区”将【复制/粘贴范围】命令拖拽至图 6-54 所示的“将活动放置在此处”进行后续操作。

步骤 16：单击【复制/粘贴范围】命令中“来源”参数右边的“+”号，选择“大悦城”中的“自定义输入”，如图 6－55 所示。此时会弹出“自定义输入”窗口，选择“范围”，单击“工作表名称”参数右边的“＋”号，选择“文本”，输入“Sheet1”，同理，在“范围地址”处以文本形式输入“1：1”，如图 6－56 所示。

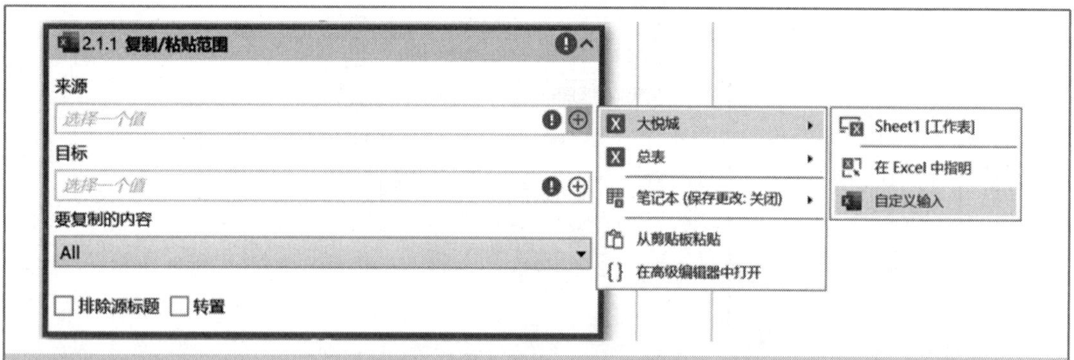

图 6－55　设置“来源”参数

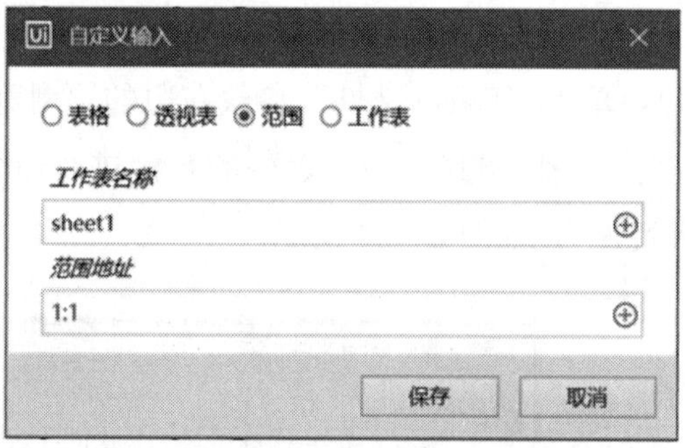

图 6－56　设置“自定义输入”参数

单击“目标”参数右边的“＋”号，选择“总表”中的“自定义输入”，后面的操作与“来源”的设置同理，不再赘述，设置结果如图 6－57 所示。

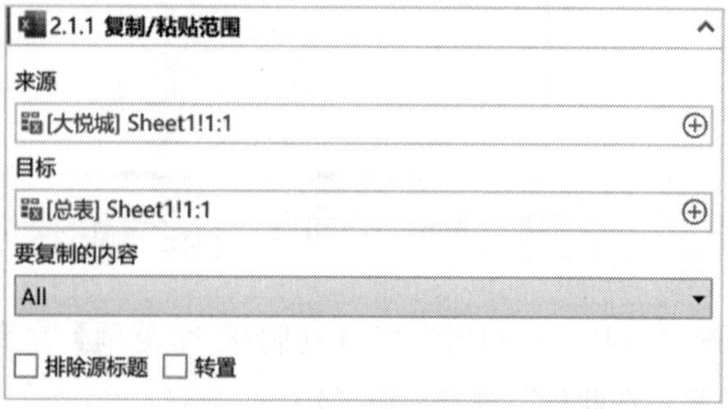

图 6－57　设置【复制/粘贴范围】命令的参数

步骤 17：从“活动区”将【适用于文件夹中的每个文件】命令拖拽至【使用 Excel 文件】命令以外“+”号处，单击“在文件夹中”参数右边的“浏览文件夹”图标，选择保存附件的文件夹；单击“筛选依据”参数右边的“+”号，选择“文本”，在“文本生成器”中填写 Excel 文件的拓展名“*. xlsx”，如图 6－58 所示。

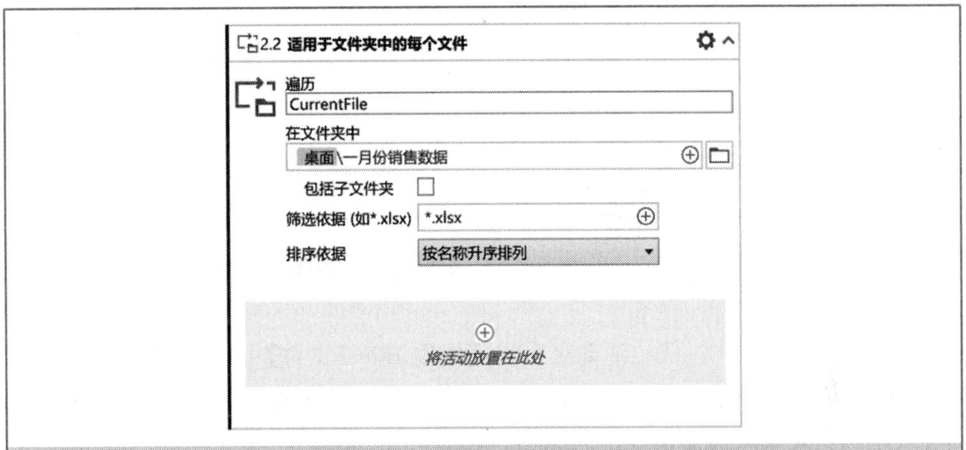

图 6－58　设置【适用于文件夹中的每个文件】命令的参数

步骤 18：从“活动区”将【使用 Excel 文件】命令拖拽至图 6－58 所示的“将活动放置在此处”，单击“Excel 文件”参数右边的“+”号，选择“CurrentFile”中的“完整名称（包括完整路径）”，如图 6－59 所示。

图 6－59　设置“Excel 文件”参数

步骤 19：从“活动区”将【附加范围】命令拖拽至图 6－59 所示的“将活动放置在此处”，单击“要附加的内容”参数右边的“+”号，选择“Excel”中的“自定义输入”，选择“工作表”，“工作表名称”用“文本生成器”输入“Sheet1”；单击

“范围后附加”参数右边的“＋”号，选择“总表”中的“自定义输入”，后面的设置与“要附加的内容”同理，不再赘述；勾选“含标头”。设置完成后如图 6－60 所示。

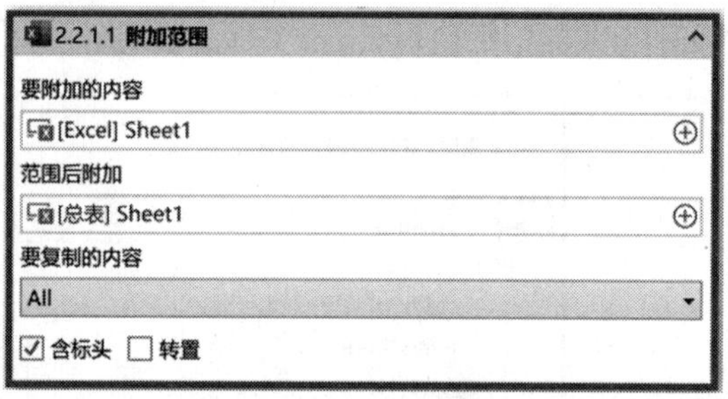

图 6－60　设置【附加范围】命令的参数

步骤 20：从“活动区”将【使用 Excel 文件】命令拖拽至【适用于文件夹中的每个文件】命令下方的“＋”号处，引用步骤 12 中的 1 月销售数据汇总表，“引用为”修改成“汇总表”，如图 6－61 所示。

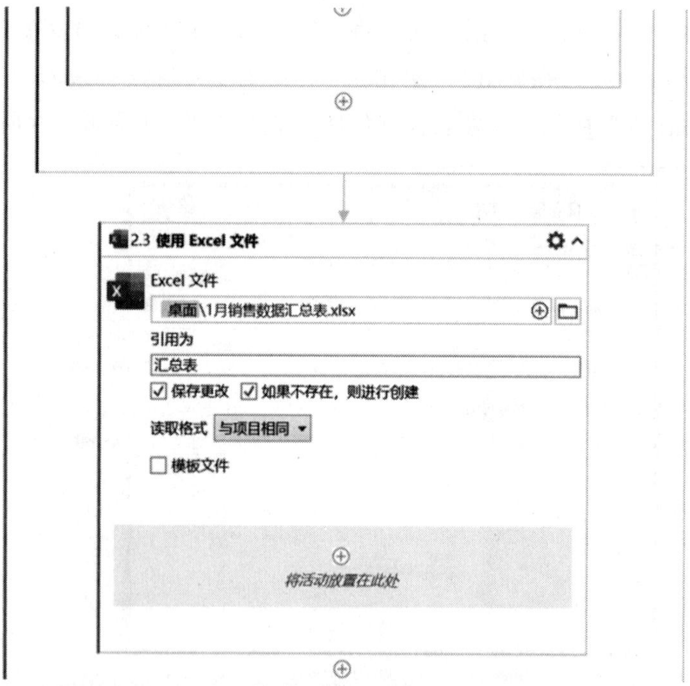

图 6－61　设置【使用 Excel 文件】命令的参数

步骤 21：从“活动区”将【写入单元格】命令拖拽至图 6－61 所示的“将活动放置在此处”，在“写入内容”中用“文本生成器”输入“＝row()－1”；单击

"写入位置"参数右边的"＋"号，选择"总表"中的"自定义输入"，在"自定义输入"窗口的"工作表名称"中以文本形式写入"Sheet1"，在"单元格地址"处以文本形式写入"A2"，点击保存，如图 6－62 和图 6－63 所示。

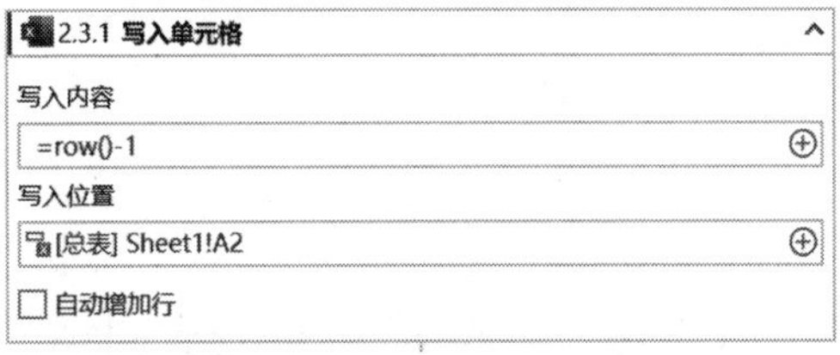

图 6－62　设置【写入单元格】命令的参数

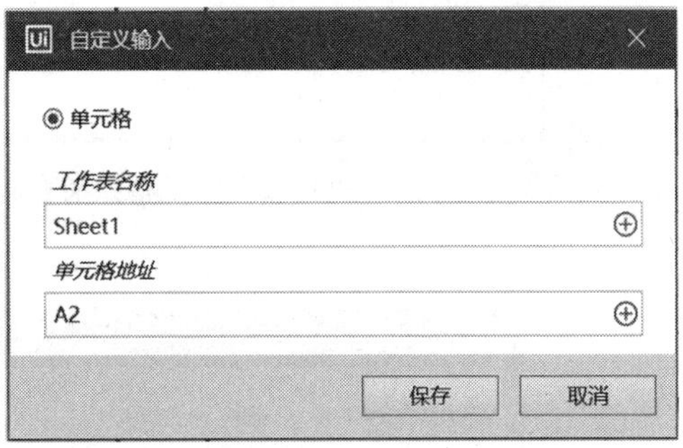

图 6－63　设置"自定义输入"参数

步骤 22：从"活动区"将【自动填充】命令拖拽至【写入单元格】命令下方的"＋"号处，单击"选择来源"参数右边的"＋"号，选择"总表"中的"自定义输入"，在"自定义输入"窗口的"工作表名称"中以文本形式写入"Sheet1"，在"范围地址"处以文本形式写入"A2"，点击保存，如图 6－64 和图 6－65 所示。

图 6－64　设置【自动填充】命令的参数

步骤 23：从"活动区"将【自动调整范围】命令拖拽至【自动填充】命令下方的"＋"号处，单击"选择来源"参数右边的"＋"号，选择"总表"中的"自定义输入"，在"自定义输入"窗口的"工作表名称"中以文本形式写入"Sheet1"，点击保存，如图 6－66 和图 6－67 所示。

单击"运行"，运行结果如图 6－68 至图 6－70 所示。

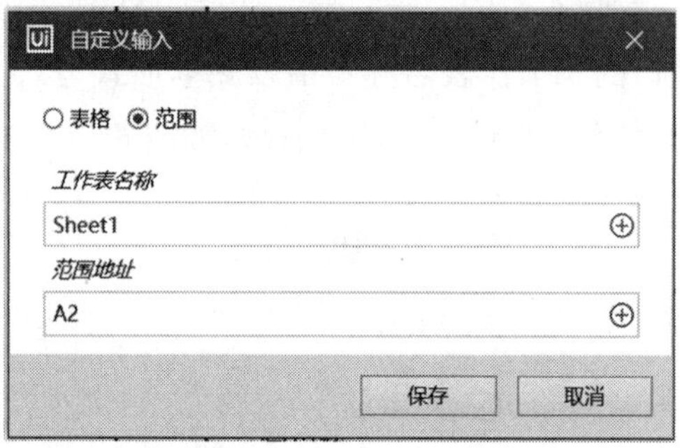

图 6-65　设置“自定义输入”参数

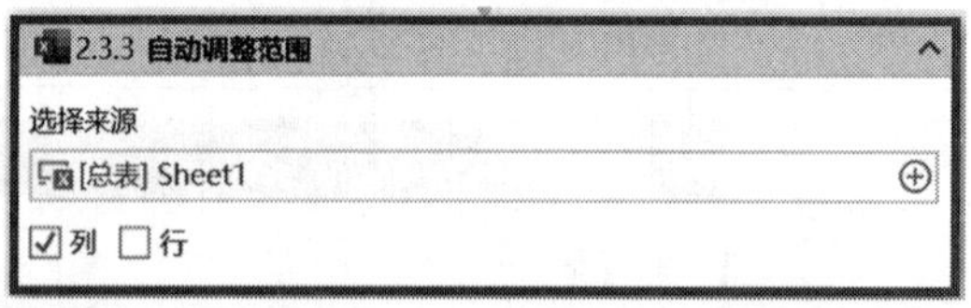

图 6-66　设置【自动调整范围】命令的参数

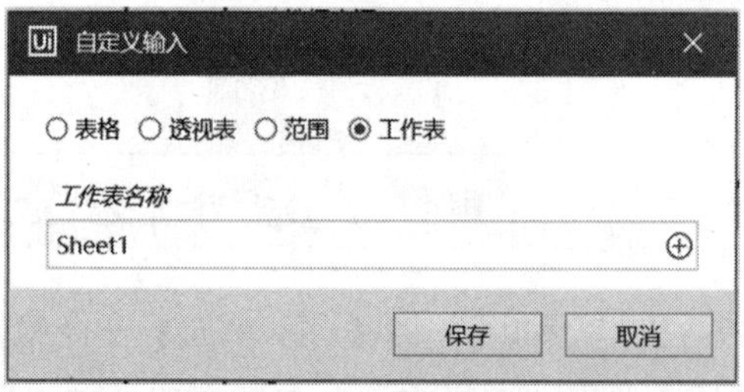

图 6-67　设置“自定义输入”参数

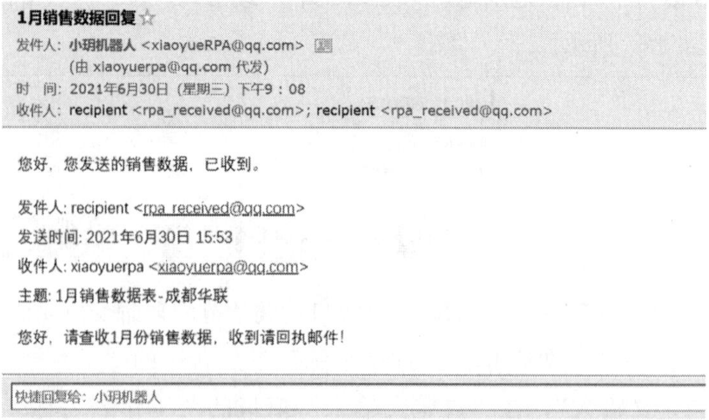

图 6-68　运行结果-自动回复

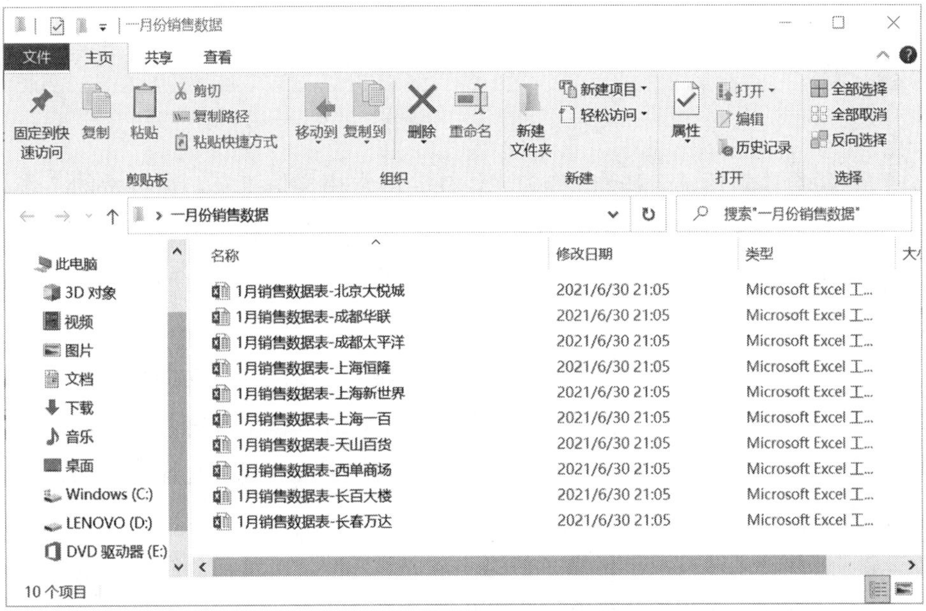

图 6-69　运行结果-下载附件

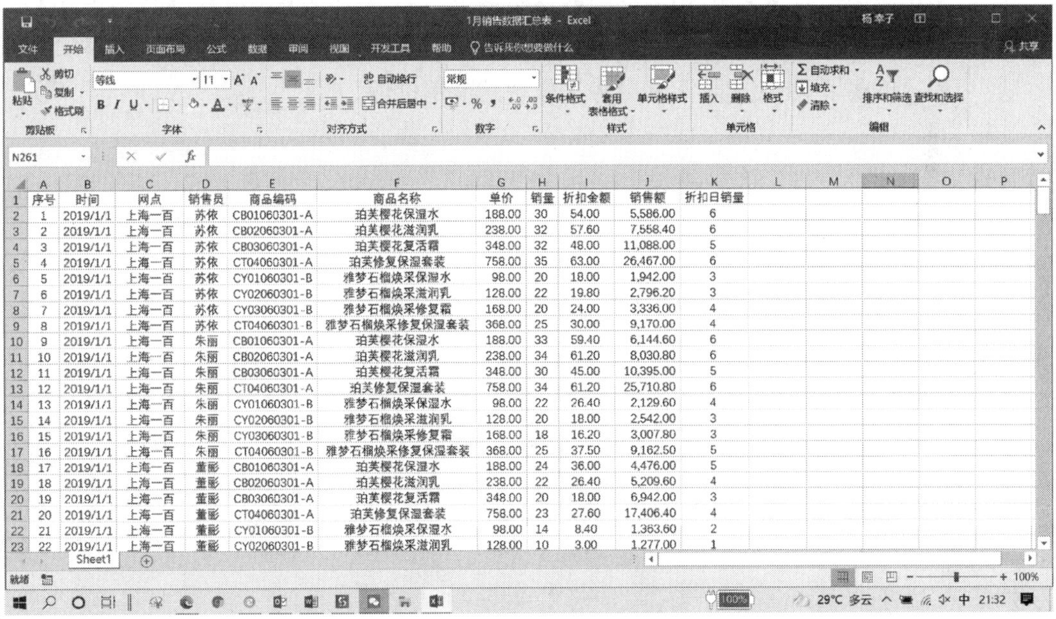

图 6-70　运行结果-合并附件

本章小结

综合本章所述，Email 作为现代社会的常用通信工具，在日常的工作、生活中为我们带来了便利。但是随着公司业务量的剧增和业务场景的复杂化，有时我们需要收发大量邮件并结合其他软件对其进行后续处理，这时，人工处理邮件就变得效率低下。

UiPath StudioX 中与邮件进行交互的命令设置简洁、功能全面，与人工处理邮件的操作差异不大，降低了学习成本。UiPath StudioX 能够实现邮件保存、删除、发送、回复、存档、移动、转发以及附件下载等自动化操作，大幅提升了办公效率。

邮件处理往往只是日常办公的一个中间环节，时常需要结合其他办公软件进行后续处理。在掌握邮件自动化操作的基础上，我们以 Outlook 邮箱与 Excel 的协同办公为例，模拟出了一个综合实践案例，该案例分为 23 个具体开发步骤，将邮件自动化操作中的【回复电子邮件】、【保存电子邮件附件】命令与 Excel 自动化操作中的【复制/粘贴范围】、【附加范围】、【填写单元格】、【自动填充】等命令串联在一起，为读者呈现了一个模拟真实财务场景下完整的邮件自动化流程，体现了 RPA 机器人在财务工作中的应用价值。

第 7 章 网页的自动化操作

7.1 网页自动化操作简介

7.2 主要功能介绍

7.3 实战演练：发票查验机器人

本章首先介绍网页与网页自动化的概念以及利用 UiPath 实现网页自动化的工作原理；然后讲解 UiPath StudioX 网页自动化中的主要命令；接着通过一些实例对网页自动化操作进行详细讲解；最后，进行实战演练——设计与开发发票查验机器人原型。

通过本章的学习，应掌握：

- UiPath 浏览器扩展程序的安装和使用；
- 网页自动化操作的常用命令；
- 发票查验机器人原型的设计与开发方法。

7.1 网页自动化操作简介

Web 是全球广域网（World Wide Web）的英文简称，也被称作万维网，它是建立在因特网（Internet）上的一种网络服务，为使用者在因特网上查找和浏览信息提供图形化的、易于访问的直观界面，其中的文档以及超级链接将因特网上的信息节点组织成一个互为关联的网状结构。Web 是基于超文本和 HTTP（超文本传输协议）的、全球性的、动态交互的、跨平台的分布式图形信息系统。

随着互联网科技的发展，Web 的技术应用更加日常化，学习、工作和生活的方方面面正在发生变化。在商业领域，Web 技术也有众多应用场景。

现如今，越来越多的企业将自身业务和应用程序构建在基于 Web 的系统上。然而，这些系统的构成信息十分密集且繁杂，需要经过处理才能读取其中的有效内容，这些流程涉及的许多任务重复且枯燥，不仅加重了员工的工作负担，还增加了企业的时间成本。为了解决这一问题，我们可以利用 RPA 机器人实现 Web 网页自动化操作。

Web 网页自动化即浏览器自动化，是指让机器人在 Web 浏览器上执行预定的动作及任务。UiPath 内置的记录器不仅可以自动识别用户界面中具有 Web 属性的目标元素，执行相应的命令，还可以将其工作流可视化，便于用户直观地了解整个命令过程。这种自动化可以与任何网站协同工作，也可以远程部署在网络中的任何设备上。利用 UiPath StudioX 功能区中的【应用程序/网页】命令与网页交互，可以完成屏幕抓取、表单填充、数据提取、文件传输、网站测试和生成定期报告等常见任务。

目前，UiPath StudioX 可以通过 IE，Chrome，Firefox 以及 Edge 这四个常

用浏览器进行自动化操作。其中，IE 浏览器无须安装 UiPath 扩展程序，可以直接交互，Chrome，Firefox 和 Edge 浏览器则需要先安装 UiPath 扩展程序，再进行 Web 网页自动化项目的操作。我们可以在 UiPath StudioX 选项卡主页的“工具”中找到所用浏览器的扩展程序，点击安装，如图 7-1 所示。浏览器扩展程序的启用将在例 7-1 中进行讲解。

图 7-1　选项卡主页“工具”中的 UiPath 扩展程序

在本章中，我们会利用财务机器人小玥对 UiPath StudioX 与网页交互中的四种主要功能，即录制、屏幕抓取、数据抓取以及截取屏幕截图进行演示。

7.2　主要功能介绍

网页自动化操作能够模拟人工点击和键入各种用户界面元素，我们可以在菜单栏的“应用程序/网页”中找到这些命令，如图 7-2 所示。

本节将利用 StudioX 实现【单击】、【输入信息】、【获取文本】以及【提取表格数据】等一系列网页中常见的命令。

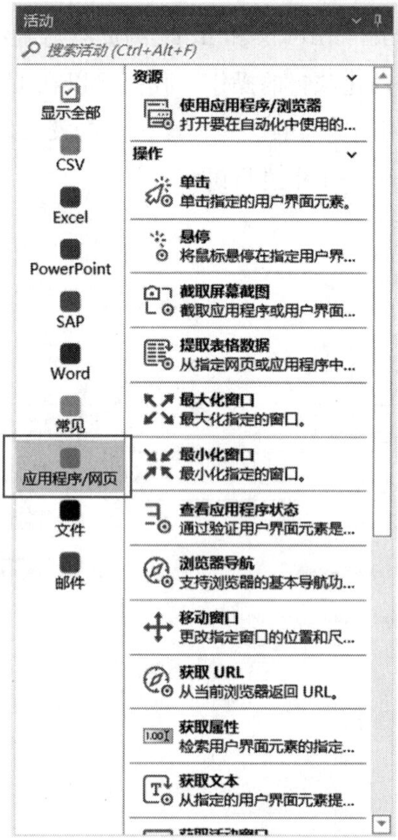

图 7-2　应用程序/网页的活动区

7.2.1　录制

录制（recording）是 UiPath 中十分重要且常用的功能之一，此功能可以为我们完成浏览器中的网页自动化操作节省大量时间。

“应用程序/网页录制器”是基于锚点的多技术元素识别系统，会捕捉在屏幕上执行的操作，并根据这些操作生成【应用程序/网页】命令中的操作步骤。在“设计器面板”上方的功能区中找到“应用程序/网页录制器”按钮，如图 7-3 所示。

图 7-3　“应用程序/网页录制器”按钮

单击“应用程序/网页录制器”按钮，或者利用“Ctrl＋Alt＋R”快捷键打开“应用程序/网页录制器”窗口，如图 7－4 所示。

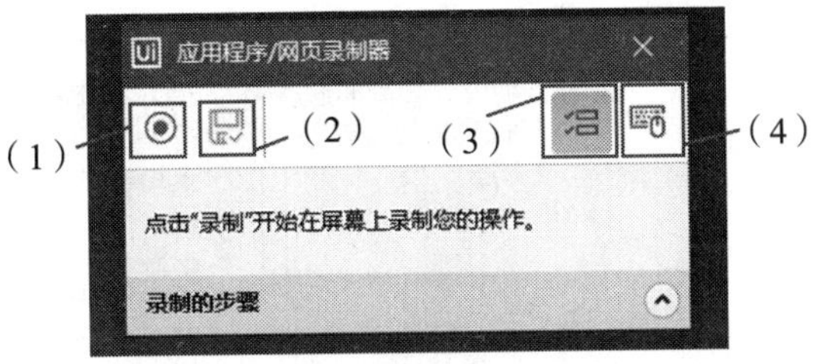

图 7－4　“应用程序/网页录制器”窗口

可以看到在该窗口中有四个功能按钮。

（1）录制按钮。当开始或暂停录制时需点击此按钮。

（2）保存按钮。录制完毕后，点击此按钮即可保存录制的步骤，并返回 UiPath StudioX 界面。

（3）配置按钮。该功能用于对目标元素和保存的值进行完全配置。未启用时，在用户界面中点击需要交互的目标元素后，UiPath 将自动进行目标元素选择，并保存在录制的步骤里。启用后，需要先对目标元素进行确认，增加和删除锚点，再确认该目标元素。也可以在录制过程中使用“Shift”键并单击进行配置。如图 7－5 所示，可以看出启用前后目标元素的区别。如果需要添加其他锚点，应使用此功能。

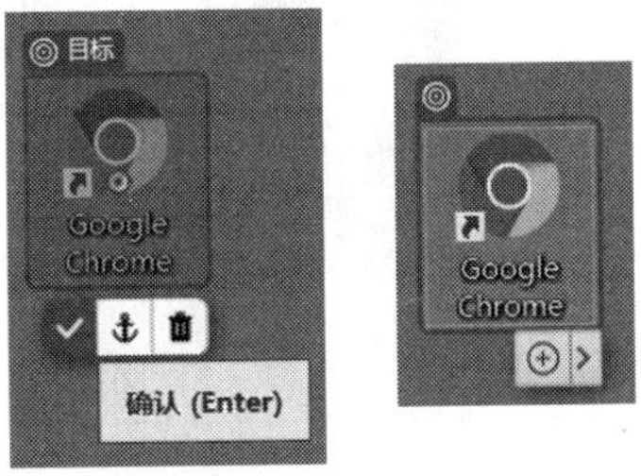

图 7－5　目标元素启用“完全配置”前后的区别

（4）输入方式按钮。确定录制器输入方式有三种选择：“硬件事件”“模拟”“窗口消息”，如图 7－6 所示。“硬件事件”即使用硬件驱动程序执行操作，与所有桌面应用程序兼容，但不能在后台运行，是最慢的方法。“模拟”即使用可访问性 API（应用程序编程接口）模拟操作，多在网页自动化、Java 应用程序或 SAP 中使用。“窗口消息”即通过 Win32 消息发送鼠标和键盘的输入动作，多用于桌面应用程序。“模拟”和“窗口消息”比“硬件事件”更准确、更可靠，即使目标元素不在焦点之内也可以使用，但需要测试目标元素是否支持此功能。

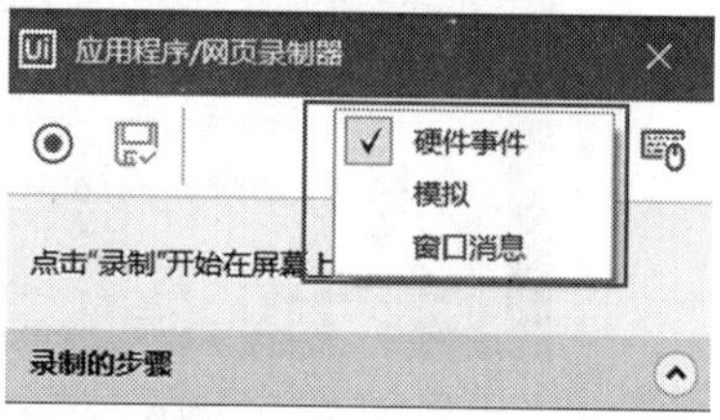

图 7-6　三种输入方式

当开始录制在屏幕上执行的动作时，所选的目标元素会高亮显示，此时该目标元素下方会出现“选择操作菜单”按钮，将鼠标悬停至此，出现菜单后，可以在其中选择所需的功能进行操作，如图 7-7 所示。

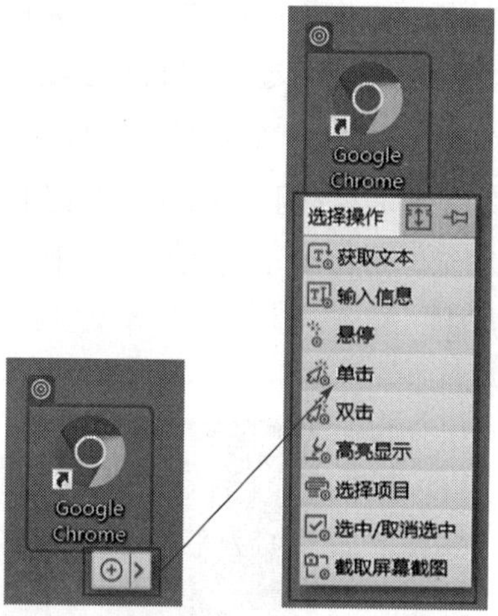

图 7-7　选择操作菜单

“应用程序/网页录制器”会自动捕获我们的动作，并在“录制的步骤”中显示相应操作的预览，以便我们及时了解录制的进度。单击“保存”后，会在“设计器面板”中自动生成一系列对应的操作，如图 7-8 所示。

简单来说，录制功能代替了从“活动区”中选择单项操作命令并将其拖拽至“设计器面板”进行排序的过程，避免了命令的遗漏，同时让自动化项目更具完整性和流畅性。

接下来用一个实例来进行【应用程序/网页录制器】命令的演示。

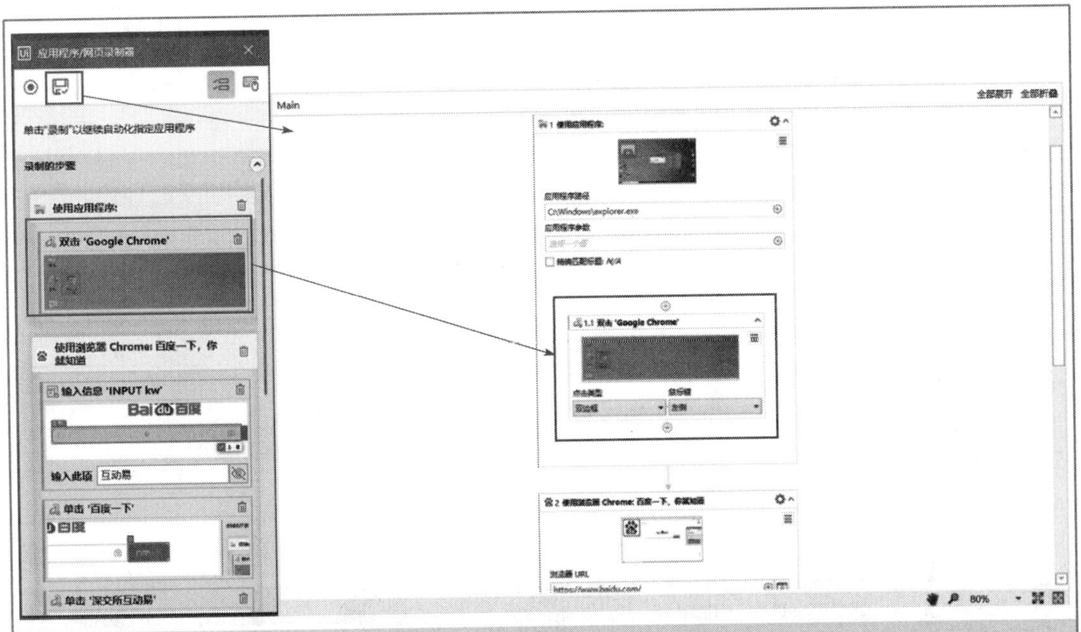

图 7－8　“录制的步骤”与“设计器面板”中的命令

【例 7－1】　某企业的财务人员通过 Chrome 浏览器登录互动易平台查找格力电器的信息，并定位到“综合信息”页面。现在我们利用财务机器人小玥来完成网页的录制。

具体步骤如下：

步骤 1：在选项卡主页的“工具”中安装浏览器的扩展程序，这里以 Chrome 浏览器为例，如图 7－9 所示。

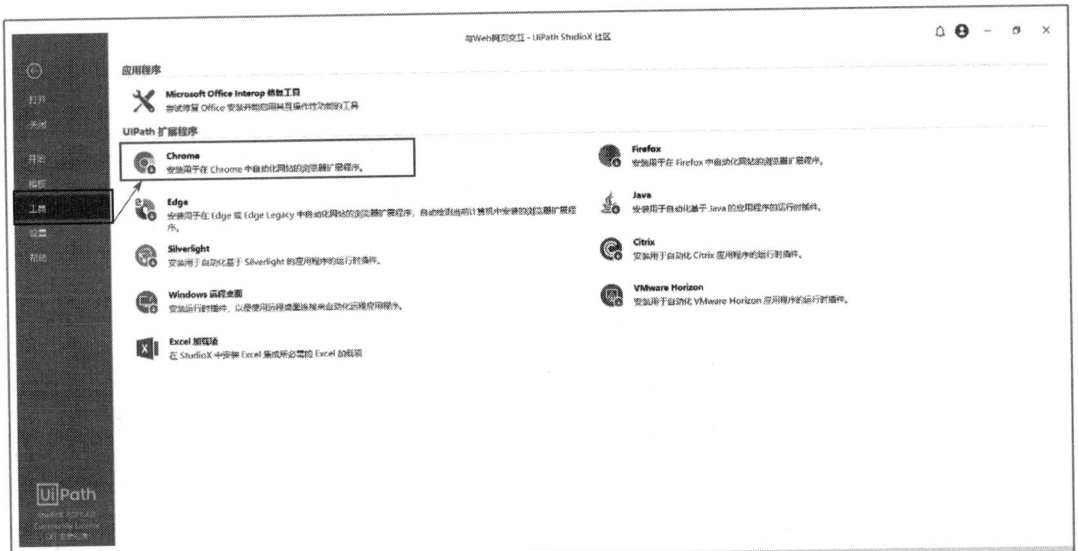

图 7－9　Chrome 浏览器扩展程序

步骤 2：启用浏览器的 UiPath 扩展程序。Chrome 浏览器的启用步骤如图 7 - 10 所示，其他浏览器的启用步骤类似，在此不再赘述。

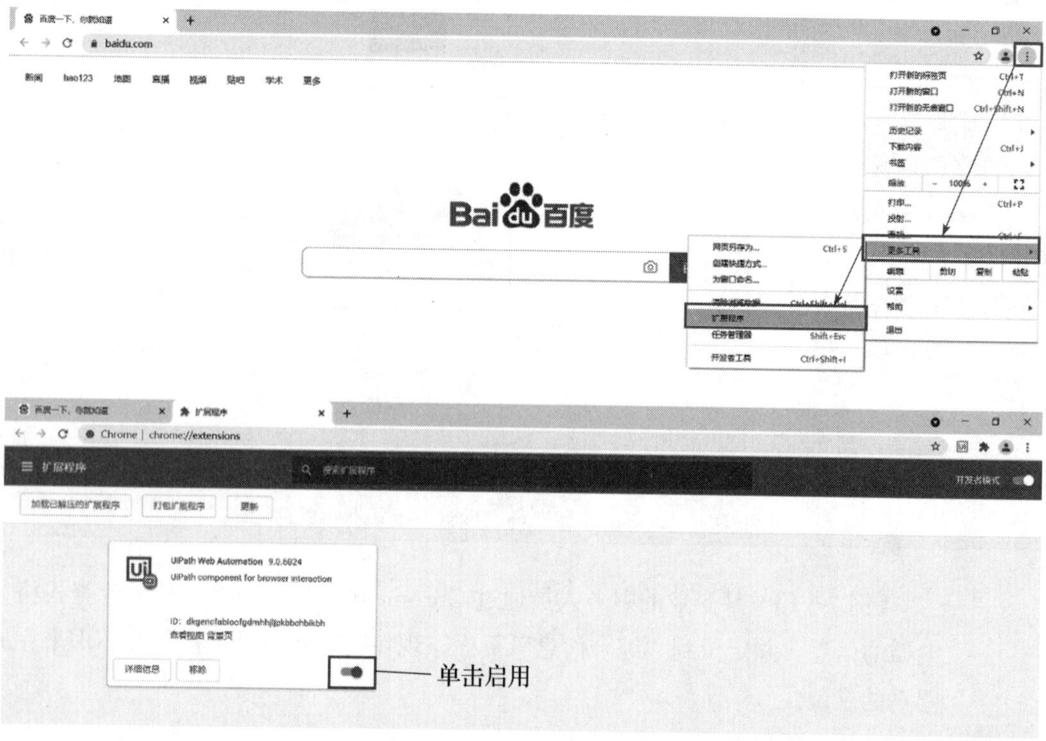

图 7 - 10　启用 Chrome 浏览器的扩展程序

步骤 3：打开“应用程序/网页录制器”，启用“完全配置”，单击“录制”，如图 7 - 11 所示。

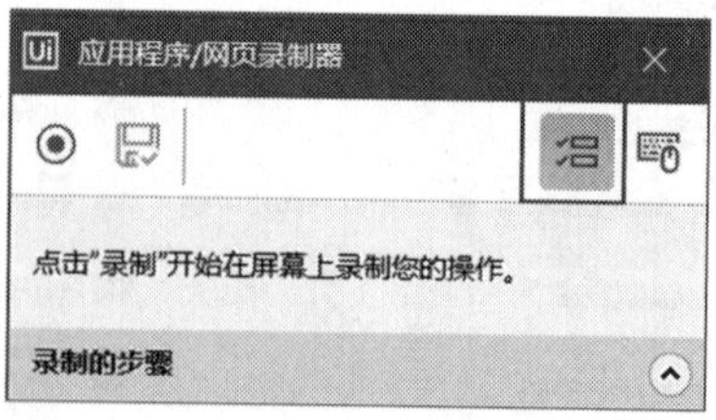

图 7 - 11　启用“完全配置”功能

步骤 4：将鼠标悬停在 Chrome 浏览器图标上，在选择操作菜单中选择“双击”并确认，如图 7 - 12 所示。

步骤 5：浏览器进入百度页面，将鼠标悬停在搜索框上，在选择操作菜单中找到“输入信息”，在文本框中输入“互动易”，单击“确认”，UiPath 会默认勾选“空字段”选项，即在输入文本之前删除所有已有字段，如图 7 - 13 所示。

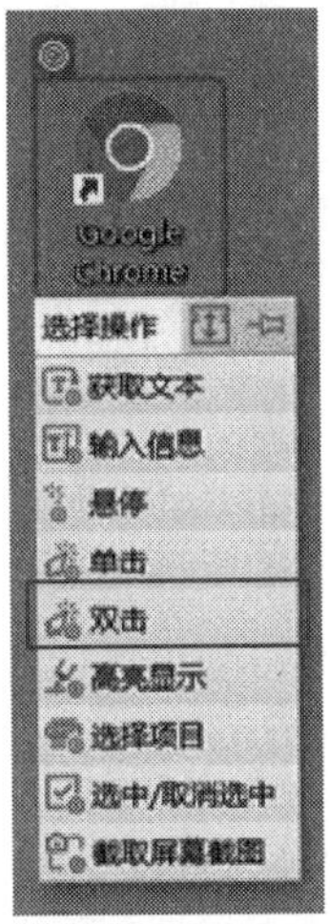

图 7 - 12　在选择操作菜单中选择“双击”

图 7 - 13　“输入信息”窗口

步骤 6：将鼠标悬停在“百度一下”上，选择“单击”并确认，如图 7 - 14 所示。

步骤 7：进入搜索结果页面后，将鼠标悬停在“深交所互动易”上，选择“单击”。为能准确地识别目标元素，可以添加邻近元素作为锚点，这里选择“官方”作为锚点，如图 7 - 15 所示。

图 7-14　在选择操作菜单中选择“单击”

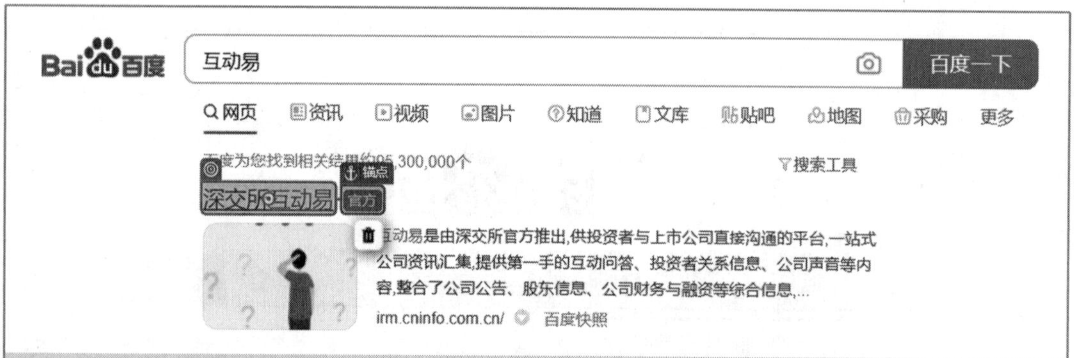

图 7-15　添加锚点

步骤 8：进入互动易平台后，将鼠标悬停在公司主页搜索栏上，选择“输入信息”，在文本框中输入“格力电器”，单击确认；悬停在“公司主页”按钮上，选择“单击”并确认，如图 7-16 所示。

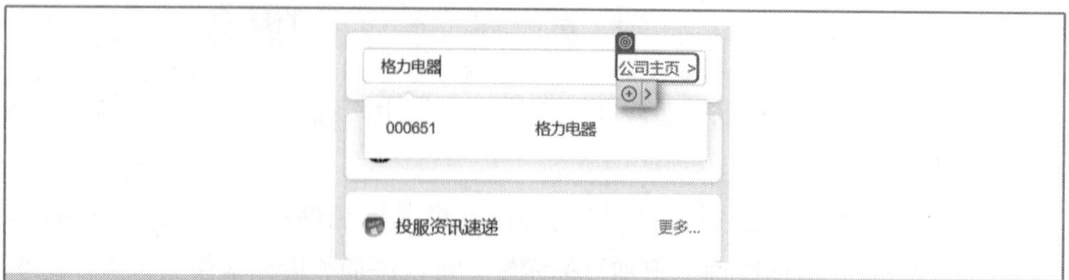

图 7-16　搜索公司主页

步骤 9：网页跳转至格力电器的主页，找到“综合信息”，选择“单击”并确认，如图 7－17 所示。

图 7－17　格力电器主页的“综合信息”目标元素

步骤 10：在“应用程序/网页录制器”窗口中点击“保存”按钮，如图 7－18 所示。

图 7－18　点击“保存”按钮

步骤 11：单击“运行”，运行结果如图 7 - 19 所示。

图 7 - 19　运行结果

7.2.2　屏幕抓取

屏幕抓取功能在 UiPath StudioX 中以【获取文本】命令实现。该命令主要用于从指定的用户界面元素中提取文本，主要参数有：

（1）在屏幕上指明目标。在屏幕上单击指定用作目标的用户界面元素，也可使用快捷键“I”指明。

（2）保存位置。用于保存已复制文本，可以选择“保存以便以后使用”。

注意：【获取文本】命令与其他【应用程序/网页】命令一样，必须在【使用应用程序/浏览器】命令中使用，如图 7 - 20 所示。

当使用【获取文本】命令时，需要先指定【使用应用程序/浏览器】命令中的应用程序进行自动化（图 7 - 20 中①），再在【获取文本】命令中使用“在屏幕上指明目标”功能（图 7 - 20 中②），将需抓取的文本区域选定为目标元素。点击后，会自动跳转至上一个打开的用户界面，并出现“选择选项”窗口，以便我们指明目标元素，如图 7 - 21 所示。

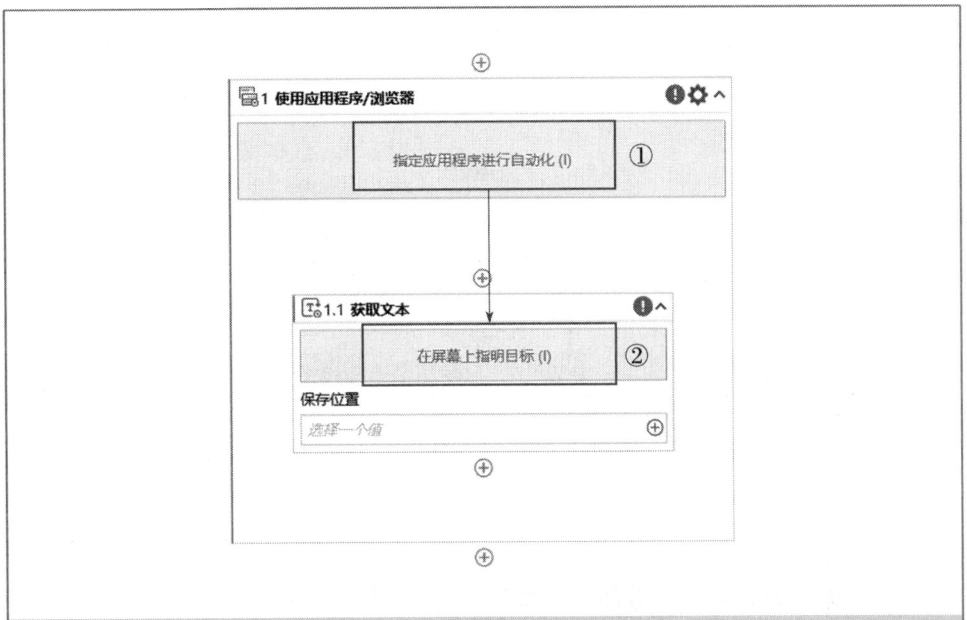

图7-20 【获取文本】命令框

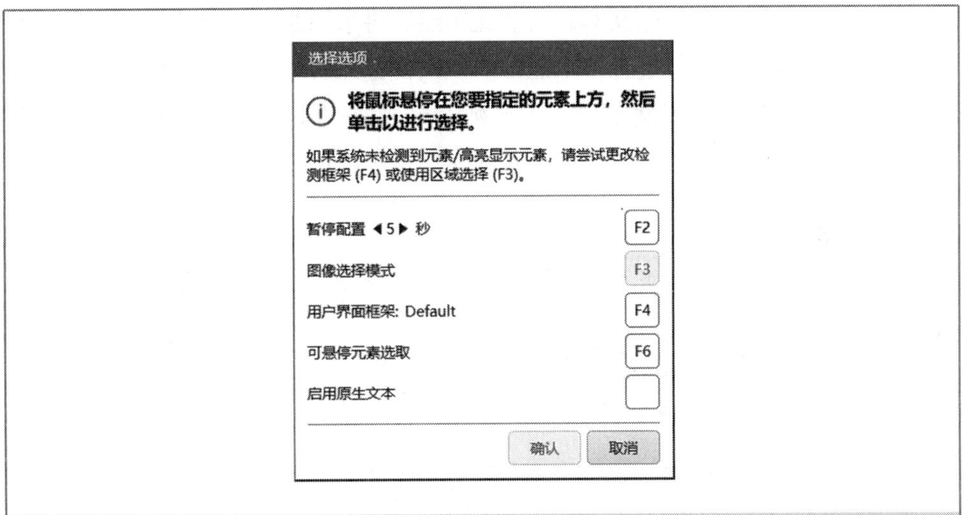

图7-21 “选择选项”窗口

“选择选项”窗口中有五项功能可供使用：

(1) 暂停配置。如果在用户界面上找不到目标元素或网页处于不正确的状态，则可以使用“F2”快捷键以暂停元素选择，直到调整元素至正确状态。此功能常用于需要额外操作才能显示在界面上的元素或很容易从界面上消失的元素。

(2) 图像选择模式。使用“F3”快捷键启用该模式，即将用户界面变为图像形式，配合使用鼠标在用户界面上自由截取区域作为目标元素或锚点，如图 7－22 所示。

图 7－22　启用图像选择模式选取目标元素

（3）用户界面框架。默认情况下，系统使用专有框架访问目标窗口。如果未检测到目标元素，可以使用“F4”快捷键更改框架。对于较旧的应用程序，请选择“AA”（主动式辅助）。对于较新的应用程序，请选择 UIA（Microsoft 用户界面自动化）。选择目标后，更改用户界面框架的选项不再可用。

（4）可悬停元素选取。使用“F6”快捷键启用该功能，选取仅在鼠标悬停时出现或存在的元素。

（5）启用原生文本。勾选此功能后将采用原生抓取的方式检测文本元素。

如果在执行过程中未能正确识别目标元素或需要修改目标元素，可以在命令框中使用“上下文菜单页”参数对元素进行调整，其中包括“在屏幕上指明目标”“编辑目标”“删除信息截图”三种参数设置，如图 7－23 所示。

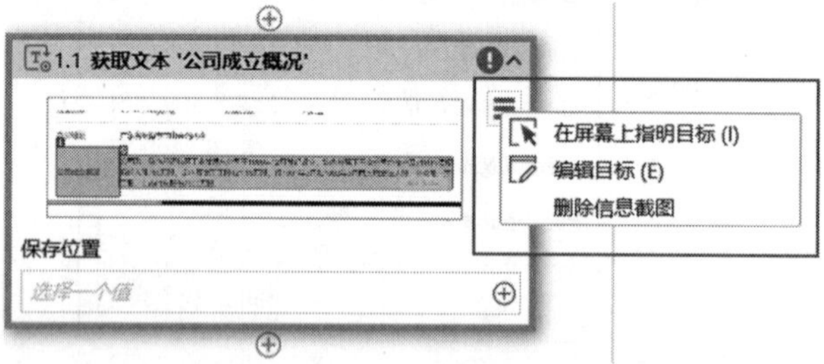

图 7－23　【获取文本】命令的“上下文菜单页”

（1）在屏幕上指明目标。重新指定此命令的目标元素。

（2）编辑目标。对已指定的目标元素或锚点做修正调整。可以将鼠标悬停在要编辑的元素上，单击“设置”，进行“窗口选取器”等选项的高级设置，如图 7－24 所示。

（3）删除信息截图。不再展现命令框中的预览图像。

指明目标元素后，需要在“保存位置”参数中双击输入框，或单击输入框后的“＋”号，在下拉菜单中选择“保存以便以后使用”，如图 7－25 所示。

图 7－24　目标元素的“设置”窗口

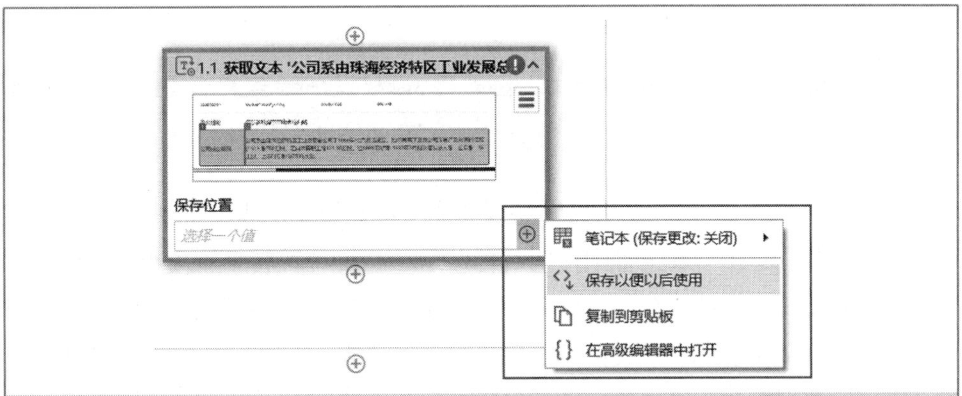

图 7－25　设置“保存位置”参数

注意： 我们通常选择“保存以便以后使用”，方便在后续的操作中将其作为已保存的值直接使用，并为该值设置一个名称，以区别于其他的值。

至此，一个基本的【获取文本】命令已经完成，还可以在“设计器面板”右侧“数据管理器”的“属性区”中完善命令设置，或在该命令后添加其他命令来使用获取的文本信息。

接下来用一个实例来进行【获取文本】命令的演示。

【例 7－2】 接例 7－1，在互动易平台的格力电器综合信息页面中提取“公司成立概况”的文本信息。现在我们利用财务机器人小玥来完成网页信息的提取。

具体步骤如下：

步骤 1：将浏览器网页保持在“格力电器-综合信息”页面，再返回 UiPath StudioX 的“设计器面板”，如图 7－26 所示。

注意：UiPath 里进行指明的时候，会默认在上一次打开的界面中进行指明。后续进行类似操作时不再赘述。

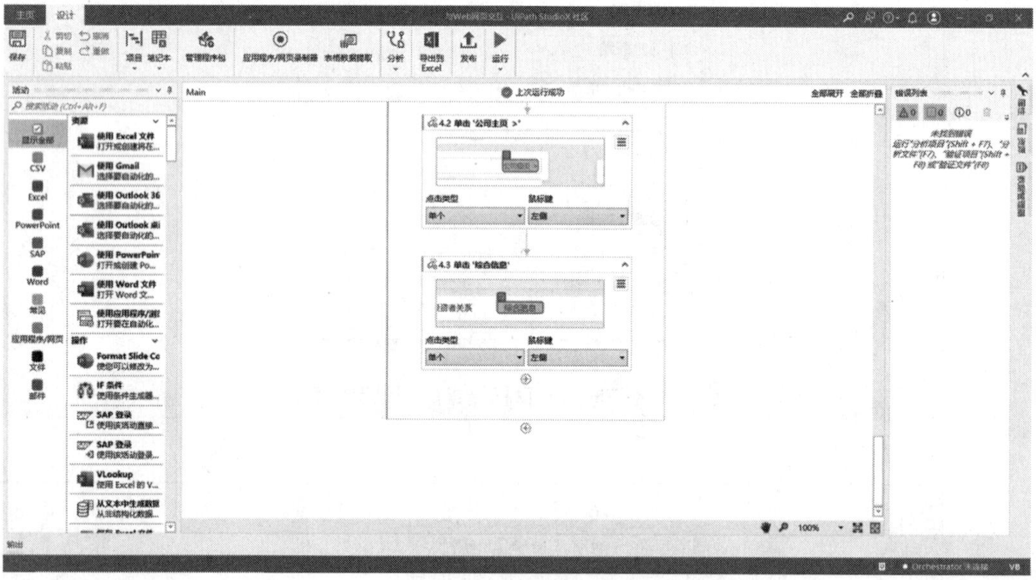

图 7－26 UiPath StudioX 的“设计器面板”

步骤 2：从“活动区”将【获取文本】命令拖拽至【单击】命令下方的“＋”号处。单击“在屏幕中指明目标”后，会自动跳转至格力电器的综合信息页面，选择页面中的“公司系由……”文字信息作为目标元素，此时 UiPath 在界面中找到了重复元素，我们需要添加锚点与其他元素进行区分，本例中选择“公司成立概况”作为锚点并确认，如图 7－27 所示。

步骤 3：在“保存位置”中选择“保存以便以后使用”，将该值命名为“公司成立概况”并单击“确定”。

步骤 4：在菜单栏“常见”中找到【消息框】命令，将其拖拽至【获取文本】命令下方的“＋”号处。在【消息框】命令中单击“＋”号，在下拉菜单中选择“使用保存的值”中的“公司成立概况”，作为输出的文本信息，如图 7－28 所示。

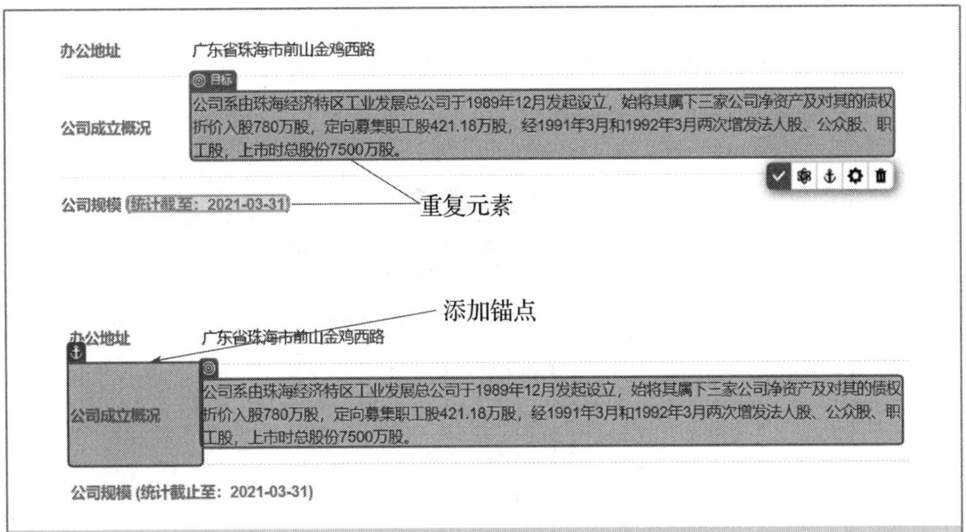

图 7－27　在屏幕中指明目标时出现重复元素

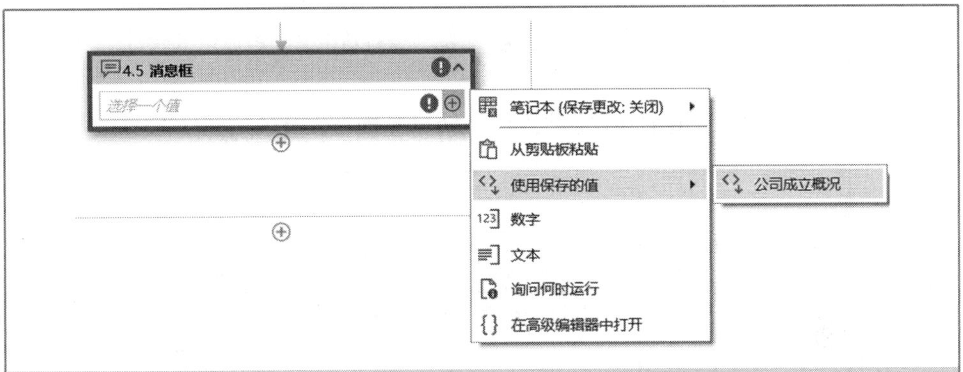

图 7－28　设置【消息框】命令的参数

步骤 5：在功能区单击“运行”，运行结果如图 7－29 所示，我们发现消息框中出现了“……查看原文”字段，与目标文本有差别，不符合预期。

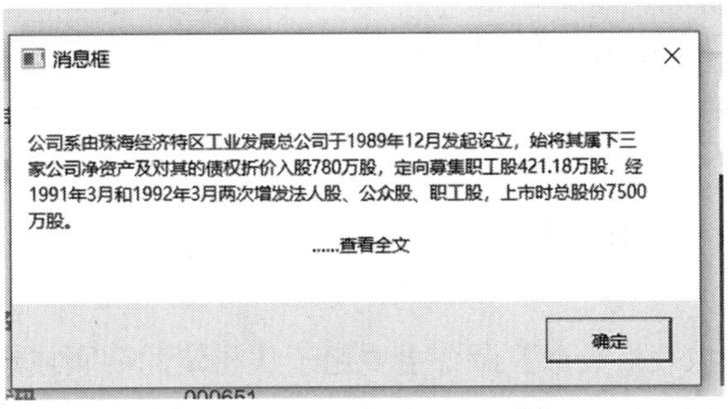

图 7－29　与预期不符的运行结果

步骤 6：在【获取文本】命令中重新指明目标元素，在“选择选项”窗口中使用“F4”快捷键，更改用户界面框架为“AA”，如图 7－30 所示。后续操作重复步骤 3。

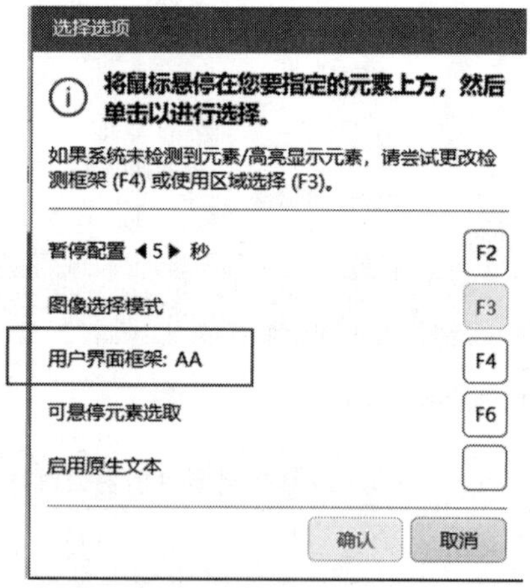

图 7－30　更改用户界面框架

步骤 7：单击“运行”，运行结果如图 7－31 所示。

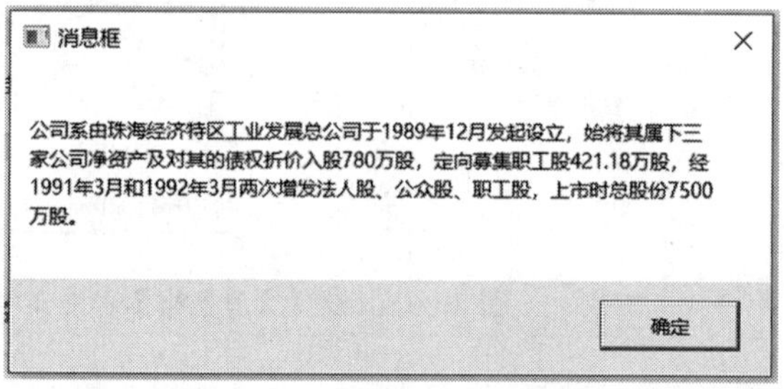

图 7－31　正确的运行结果

说明：我们从 Web 网页中获取的文本信息不仅可以输出到【消息框】命令中，还可以运用到菜单栏的“Word”“PowerPoint”以及其他流程的命令中，根据项目的具体需求进行操作即可。

7.2.3　数据抓取

【提取表格数据】命令主要用于从指定的网页或应用程序中提取数据信息，该命令可以将结构化数据，如表格数据或可跨越多个页面的网页搜索结果提取到“Excel”“csv”等载体中。

结构化数据，是由二维表结构来逻辑表达和实现的数据，作为一种高度组织化的信息，有可预测的模式特性。例如，所有浏览器的搜索结果都有一些相同的结构，这种结构使 UiPath 的【提取表格数据】命令可以定位数据位置，轻松提取数据信息。

有两种方式可以使用【提取表格数据】命令，一种是通过“设计器面板”功能区中的“表格数据提取”功能，如图 7－32 所示，此功能可以在任意用户界面进行数据提取。与“应用程序/网页录制器”的功能类似，完成抓取操作后【提取表格数据】命令会自动出现在“设计器面板”的工作流中。

图 7－32　功能区中的“表格数据提取”按钮

另一种是在菜单栏“应用程序/网页”中找到【提取表格数据】命令，这种方式需要先指定进行应用程序自动化的用户界面，即必须在【使用应用程序/浏览器】命令中使用，如图 7－33 所示。我们可以根据实际情况选择不同的操作方式。

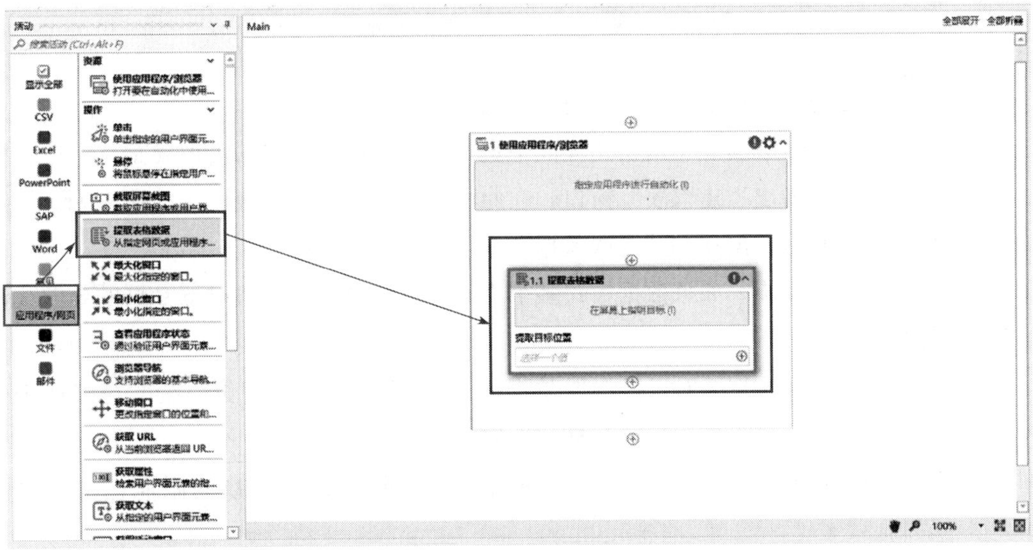

图 7－33　【提取表格数据】命令框

【提取表格数据】命令的主要参数有：

（1）在屏幕上指明目标。在屏幕上单击指定用作目标的用户界面元素，也可使用快捷键“I”指明。

（2）提取目标位置。指用于保存提取数据的位置。

无论选择哪种方式使用该命令，在提取过程中都会出现“表格数据提取”窗口，可以在该窗口中对所提取的数据进行设置，如图 7－34 所示。

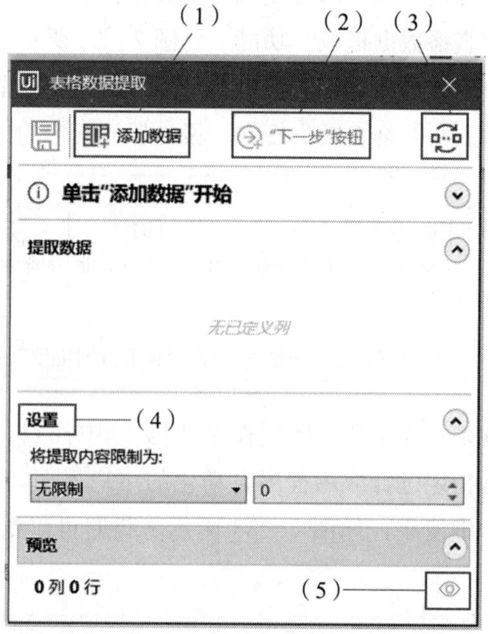

图 7－34 “表格数据提取”窗口

下面对“表格数据提取”窗口中的参数进行设置：

（1）添加数据。在指明的界面中定义一系列按列提取的类似元素。选中目标数据后，会弹出“提取表”窗口，在此可以选择是否提取表格中的所有列。被选中的表格数据会出现在“提取数据”中。

（2）下一步。如果数据横跨多个页面，可以通过此按钮对下一页的导航或链接进行配置。

（3）提取数据。对于已提取数据的 URL（统一资源定位系统）与图像进行提取，这些信息将作为新的数据列出现。

（4）设置。可以对提取内容进行最大行数和最大页数的限制，也可以不限制。

（5）预览。预览数据的表格形式，如图 7－35 所示。

与【获取文本】命令类似，【提取表格数据】命令的命令框中也有“上下文菜单页”参数，可以在其中进行“提取数据向导”“测试提取”“删除信息截图”的操作，如图 7－36 所示。

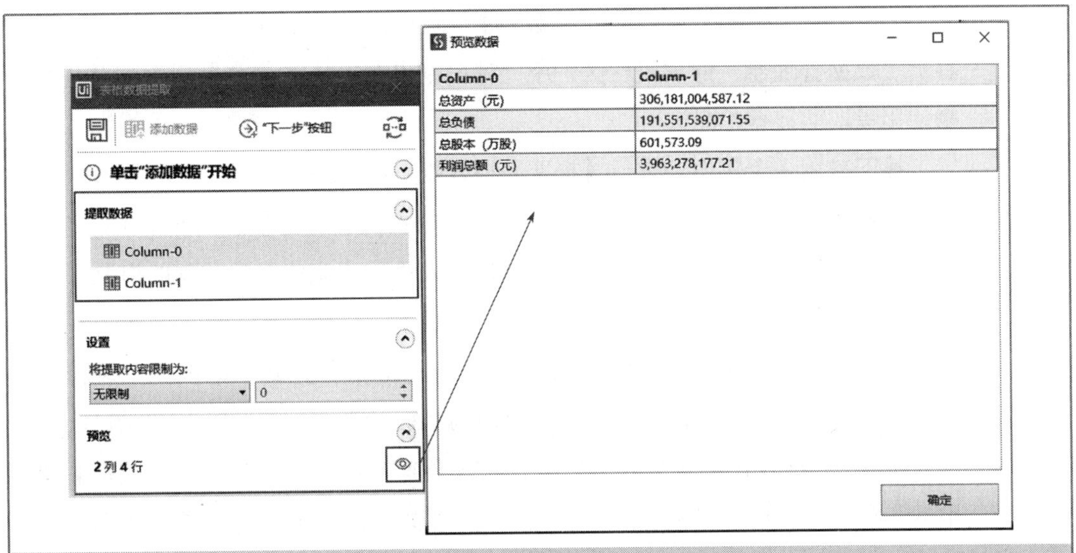

图 7-35　预览数据

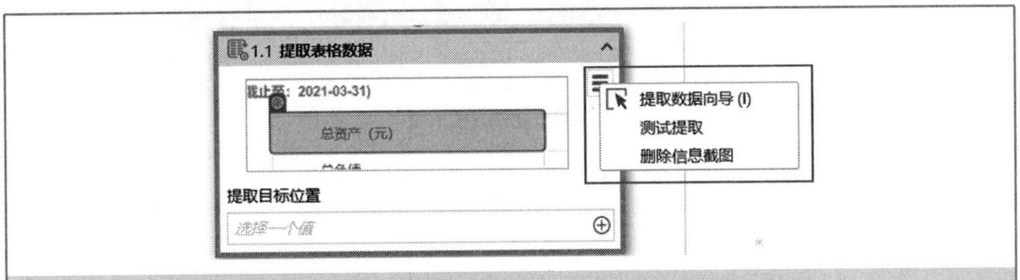

图 7-36　【提取表格数据】命令的“上下文菜单页”

【提取表格数据】命令也需要对提取的数据信息进行保存，在“提取目标位置”参数中双击输入框，或单击输入框右侧的“+”号，在下拉菜单中将获取的数据信息设置为“保存以便以后使用”，如图 7-37 所示。

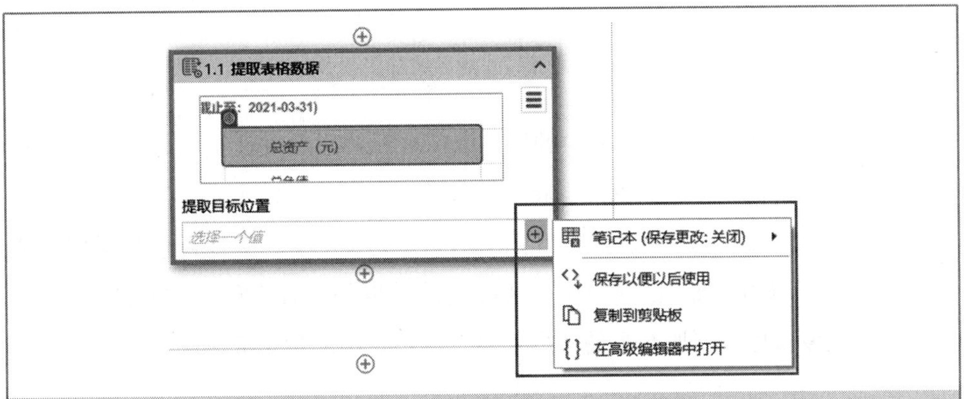

图 7-37　设置“提取目标位置”参数

至此，一个基本的【提取表格数据】命令已经完成，可以在“设计器面板”右侧“数据管理器”的“属性区”中完善命令设置，或在该命令后添加其他命令来使用提取的数据信息。

接下来用一个实例来进行【提取表格数据】命令的演示。

【例 7-3】 接例 7-2，在互动易平台的格力电器综合信息页面中提取“公司规模”的数据信息。现在我们利用财务机器人小玥来完成网页数据的提取。

具体步骤如下：

步骤 1：从“活动区”将【使用应用程序/浏览器】命令拖拽至“设计器面板”中，并指定格力电器的综合信息页面为目标元素。

步骤 2：将【提取表格数据】命令拖拽至其中，单击【提取表格数据】命令中的“在屏幕上指明目标”，跳转至综合信息页面，单击“表格数据提取”窗口中的“添加数据”按钮，如图 7-38 所示。

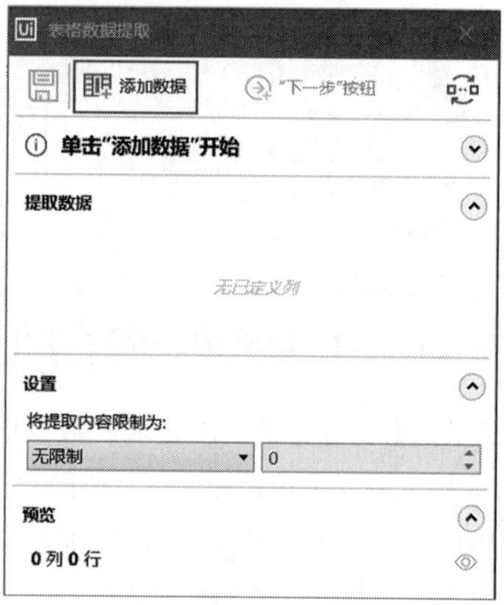

图 7-38　单击“添加数据”按钮

步骤 3：单击页面中的“总资产（元)”，出现“提取表”窗口后单击“是”，则“公司规模”中的数据将会被提取，如图 7-39 所示。

注意：“提取表”窗口弹出的提示内容为：“您是否想要提取表格中的所有列?”选择“是”，则表格中所有列的数据信息都会被提取；选择“否”，则只会提取目标元素所在列的数据信息。两种情况的预览如图 7-40 所示。

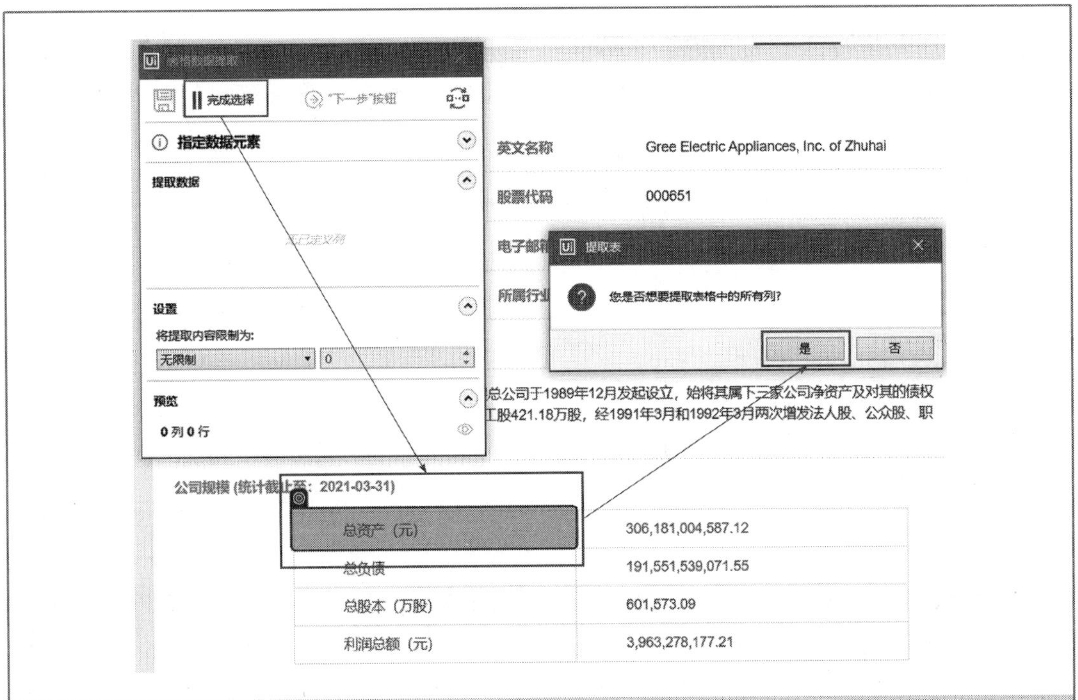

图 7-39　提取数据的过程

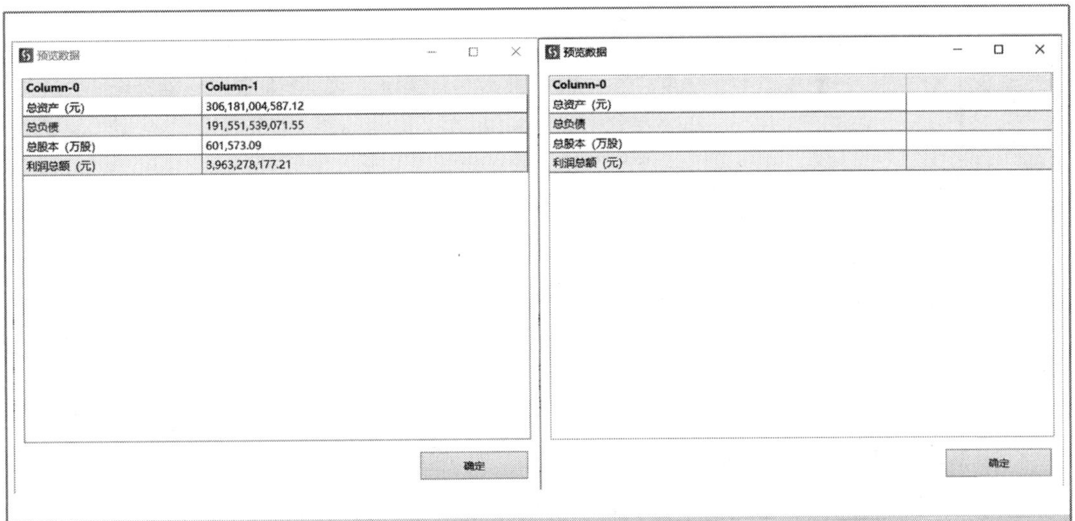

图 7-40　是否提取表格中的所有列的两种情况

步骤 4：单击“表格数据提取”窗口中的“预览”按钮，查看数据并单击“确定”，如图 7-41 所示。

步骤 5：单击“保存”按钮，返回 UiPath StudioX 的“设计器面板”，如图 7-42 所示。

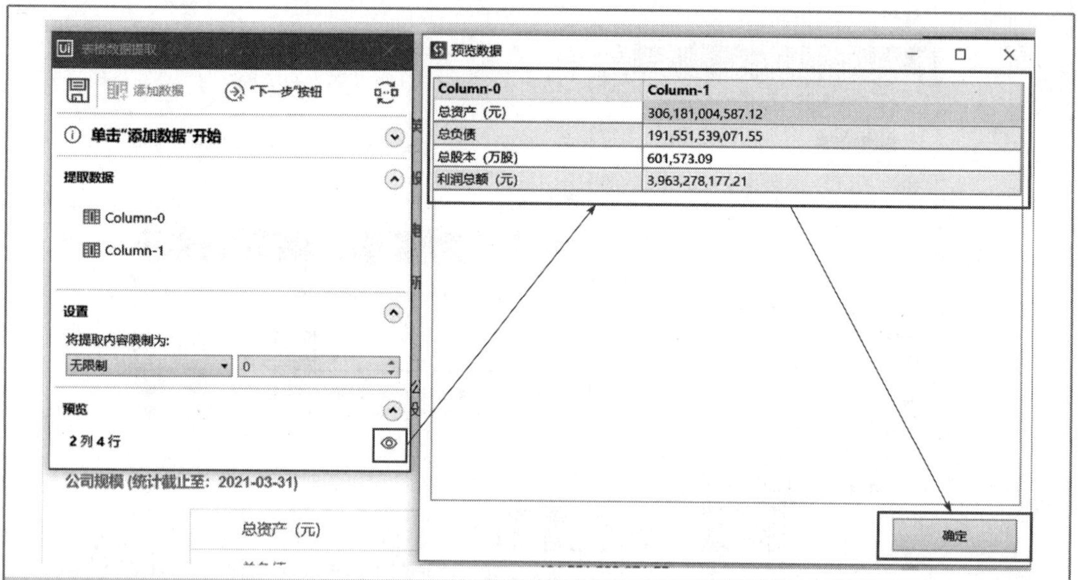

图 7-41　预览数据

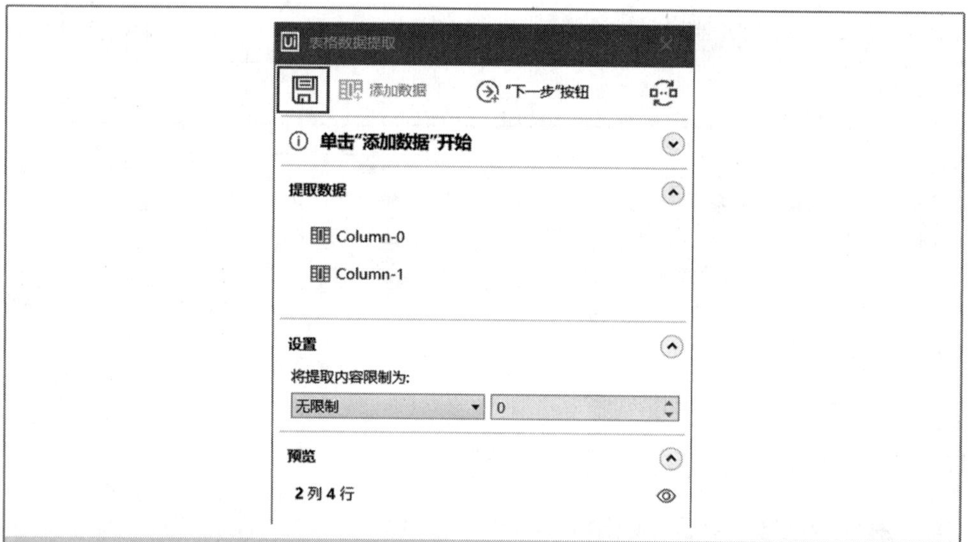

图 7-42　单击“保存”按钮

步骤 6：在【提取表格数据】命令中单击输入框右侧的“+”号，在下拉菜单中选择“保存以便以后使用”，将值命名为“公司规模数据表”并单击“确定”。

步骤 7：在菜单栏“Excel”中选择【使用 Excel 文件】命令，将其拖拽至【提取表格数据】命令下方的“+”号处，单击“Excel 文件”参数右边的“浏览文件”图标，在“Select File”窗口中输入“格力数据”并打开，勾选“如果不存在，则进行创建”，如图 7-43 所示。

图 7－43　设置【使用 Excel 文件】命令的参数

步骤 8：从“活动区”将【写入范围】命令拖拽至【使用 Excel 文件】命令框中，在“写入内容”参数中选择“使用保存的值”中的“公司规模数据表”，如图 7－44 所示。

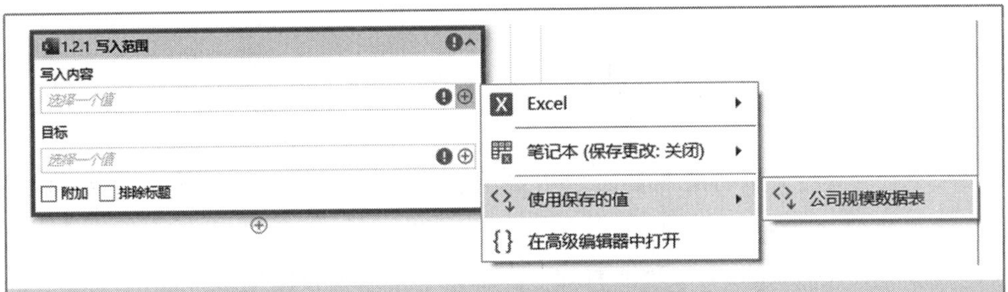

图 7－44　设置“写入内容”参数

步骤 9：在“目标”参数中选择“Excel”中的“自定义输入”，在“自定义输入”窗口中选择“工作表”，双击“工作表名称”输入框，在文本生成器中输入“Sheet1”并保存，勾选“排除标题”选项，如图 7－45 所示。

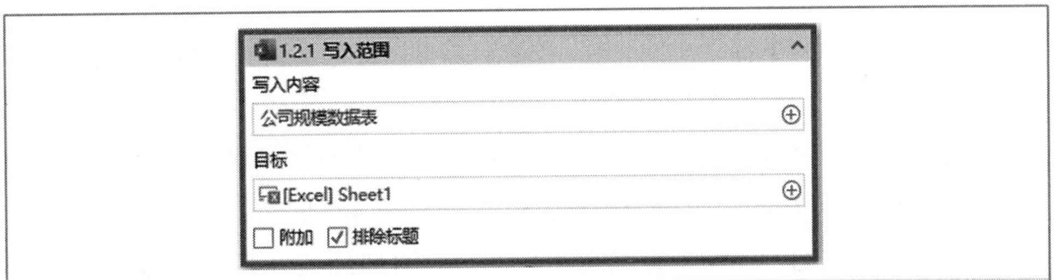

图 7－45　设置【写入范围】命令的参数

步骤 10：单击“运行”，运行结果如图 7－46 所示。

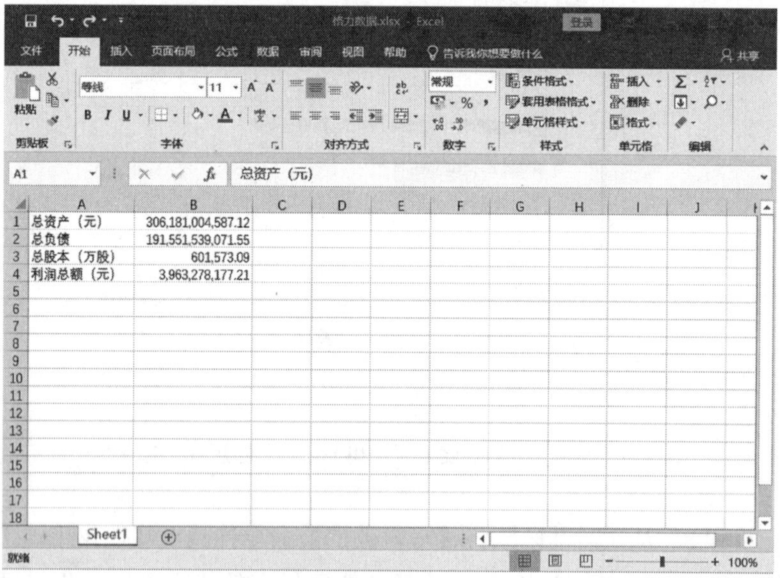

图 7－46　运行结果

7.2.4　截取屏幕截图

【截取屏幕截图】命令主要用于截取应用程序或用户界面元素的屏幕截图，主要参数有：

（1）在屏幕上指明目标。在屏幕上单击指定用作目标的用户界面元素，也可使用快捷键“I”指明。

（2）输出位置。指定屏幕截图的保存方式和保存位置。可以根据实际情况选择输出位置，选择“文件”或“剪贴板”进行保存。“剪贴板”选项会将截图保存至 UiPath StudioX 的剪贴板中；如果需将截图保存到特定位置，则选择“文件”选项。

注意：选择“文件”时，会默认将截图保存至该项目的文件夹中。如需保存至特定位置，需要单击“浏览文件”按钮以更改截图的保存路径，如图 7－47 所示。

（3）文件名。设置指定用户界面元素屏幕截图的名称，双击输入框可将默认的“screenshot”更改为任意名称，如图 7－48 所示。

（4）自动递增。定义文件名冲突时附加到文件名中的内容，如图 7－49 所示。其下拉菜单中包含三个选项：

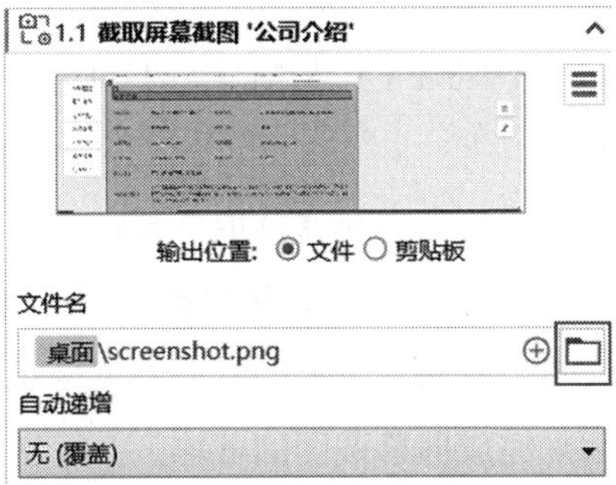

图 7-47 单击“浏览文件”更改截图保存路径

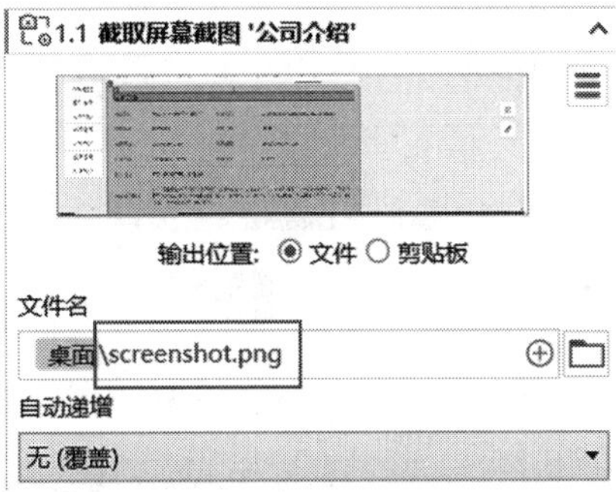

图 7-48 更改截图名称

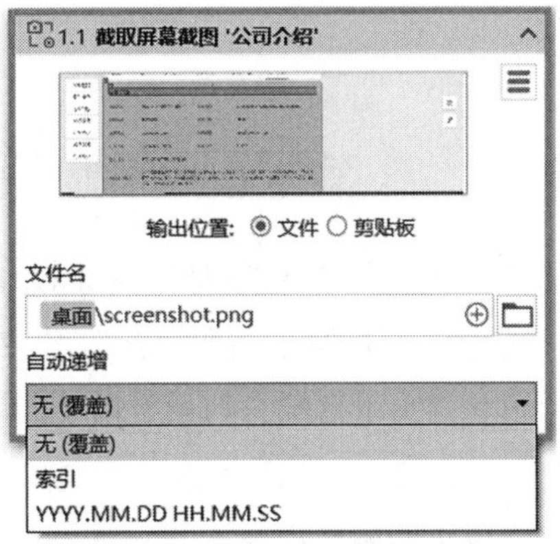

图 7-49 “自动递增”参数

1）“无（覆盖）”。使用同一截图名称时，新截图会替代已有截图。

2）“索引”。在截图名称后按顺序添加数字，例如：“screenshot(1)”“screen-shot(2)”等。

3）“YYYY. MM. DD HH. MM. SS”。在截图名称后添加具体的截取时间信息，例如："screenshot 2021.01.01 09:10:11""screenshot 2021.01.01 09:11:12"等。"索引"和"YYYY.MM.DD HH.MM.SS"多用于需连续截取并保存多张截图的情况。

接下来用一个实例来进行【截取屏幕截图】命令的演示。

【例 7-4】 接例 7-3，截取互动易平台的格力电器综合信息页面中的"公司介绍"板块的截图，以保存格力电器的基本信息，便于以后使用。现在我们利用财务机器人小玥来完成屏幕截图的截取。

具体步骤如下：

步骤 1：从"活动区"将【使用应用程序/浏览器】命令拖拽至"设计器面板"中，单击"指定应用程序进行自动化"，指定格力电器综合信息页面为目标元素，如图 7-50 所示。

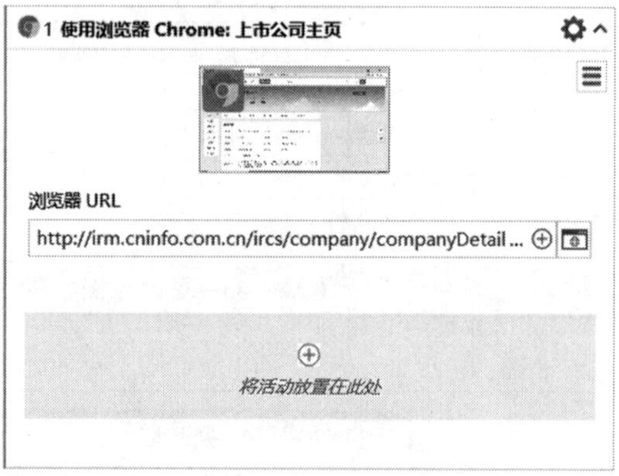

图 7-50 设置【使用应用程序/浏览器】命令的参数

步骤 2：从"活动区"将【截取屏幕截图】命令拖拽至【使用应用程序/浏览器】命令框中，单击"在屏幕上指明目标"，先使用"F4"快捷键将用户界面框架更改为"AA"，再将格力电器综合信息页面中的"公司介绍"板块作为目标元素，并将页面左侧的"公司介绍"作为锚点，以保证截图位置准确，如图 7-51 所示。

步骤 3：在"输出位置"处选择"文件"，保存路径为"桌面"；将截图名称设置为"格力电器介绍"，"自动递增"参数选择"无（覆盖）"，如图 7-52 所示。

说明：本例只需截取一张截图，故"自动递增"参数选择"无（覆盖）"。

步骤 4：单击"运行"，运行结果如图 7-53 所示。

图 7 - 51　指明用户界面的目标元素

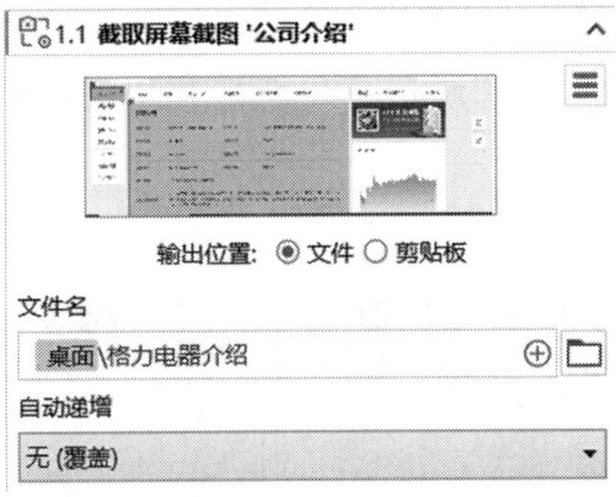

图 7 - 52　设置【截取屏幕截图】命令的参数

图 7 - 53　运行结果

至此，我们介绍了 UiPath StudioX 中网页自动化操作的常用功能和命令（录制、屏幕抓取、数据抓取以及截取屏幕截图），并进行了简单的操作演练。可以将本节的示例合并为一个完整项目再次运行，实现网页数据自动化抓取的完整操作。

下一节我们将通过具体场景进行实战演练，以加深对网页自动化操作的了解。

7.3 实战演练：发票查验机器人

查验发票真伪是财务工作的重要环节之一，需要在 Excel 工作簿与查验平台之间反复切换，是一项重复性高、耗时费力的基础工作。

【例 7－5】 某企业的财务人员通过浏览器登录国家税务总局全国增值税发票查验平台进行发票真伪查验工作。查验过程中，要将发票信息 Excel 工作簿中的信息逐一输入到平台中，包括发票代码、发票号码、开票日期等，并将查验结果保存。需要用到发票信息 Excel 工作簿以及国家税务总局全国增值税发票查验平台页面，如图 7－54 所示。我们将利用财务机器人小玥来完成发票真伪查验工作。

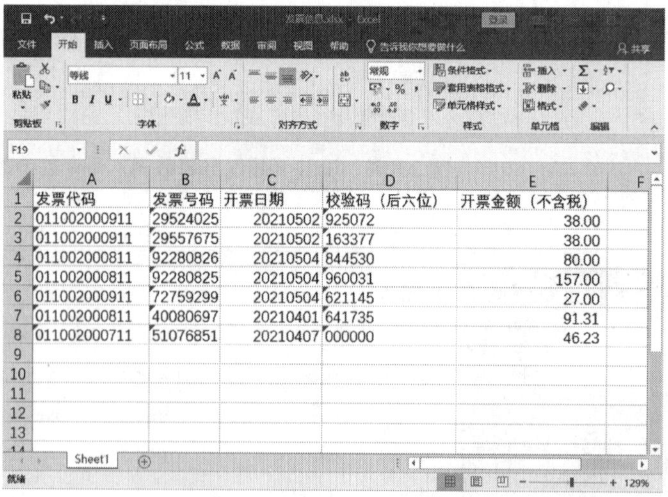

	A	B	C	D	E
1	发票代码	发票号码	开票日期	校验码（后六位）	开票金额（不含税）
2	011002000911	29524025	20210502	925072	38.00
3	011002000911	29557675	20210502	163377	38.00
4	011002000811	92280826	20210504	844530	80.00
5	011002000811	92280825	20210504	960031	157.00
6	011002000911	72759299	20210504	621145	27.00
7	011002000811	40080697	20210401	641735	91.31
8	011002000711	51076851	20210407	000000	46.23

图 7－54　发票信息 Excel 工作簿和发票查验平台的页面截图

图 7-54　发票信息 Excel 工作簿和发票查验平台的页面截图（续）

从图 7-54 中可以看出发票信息 Excel 工作簿中的信息以相似的数据为主，而且只能在查验平台上逐项输入信息，无法批量填写。输入信息的工作不仅耗费大量时间，还很容易出现错漏。

下面对财务机器人小玥的具体开发步骤进行讲解。

步骤 1：人工通过 Chrome 浏览器打开百度页面，返回 UiPath StudioX 界面，从“活动区”将【使用应用程序/浏览器】命令拖拽至“设计器面板”中。

步骤 2：在【使用应用程序/浏览器】命令中指定百度页面为目标元素，如图 7-55 所示。

图 7-55　百度页面与【使用应用程序/浏览器】命令

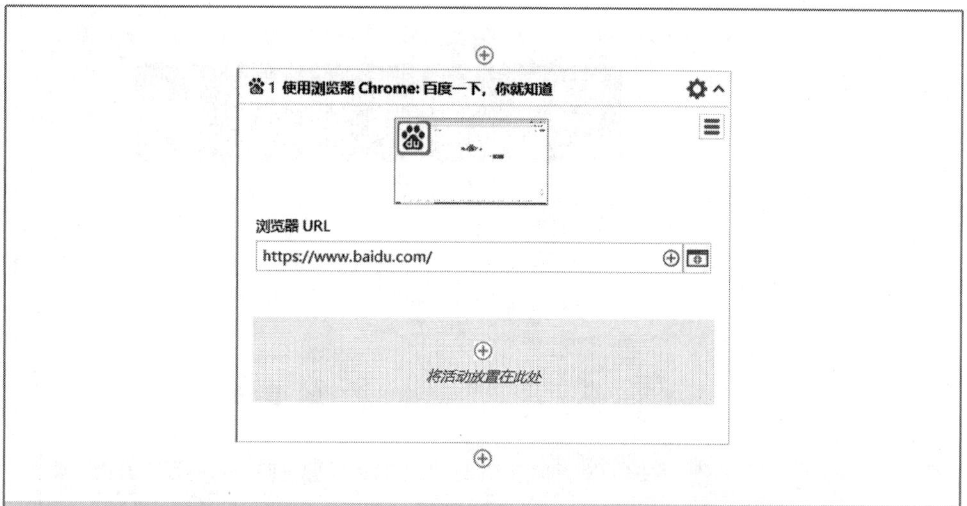

图 7-55　百度页面与【使用应用程序/浏览器】命令（续）

步骤 2：将【输入信息】命令拖拽至【使用应用程序/浏览器】命令下方的“将活动放置在此处”，并在用户界面中指明网址输入框为目标，如图 7-56 所示；在“输入此项”的菜单中选择“文本”，在“文本生成器”窗口中输入国家税务总局全国增值税发票查验平台网址（https://inv-veri.chinatax.gov.cn/）并保存，如图 7-57 所示；在“输入此项”的菜单中选择“特殊键”连续添加“Enter”键两次，如图 7-58 所示，或使用【键盘快捷方式】命令添加特殊键。

说明：添加两次“Enter”键是为了自动跳转至平台页面。

图 7-56　指明网址输入框为目标

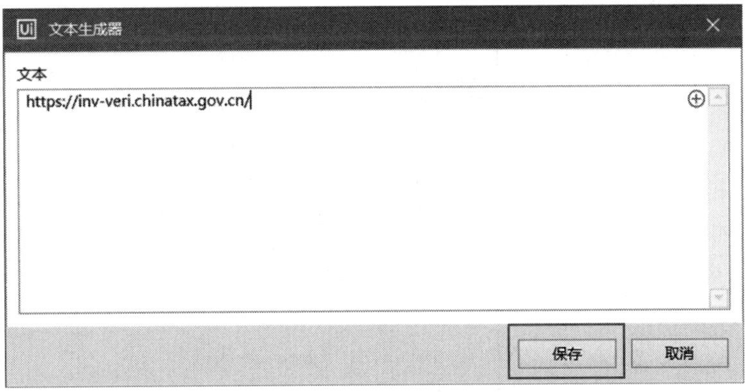

图 7-57　在“文本生成器”窗口中输入网址并保存

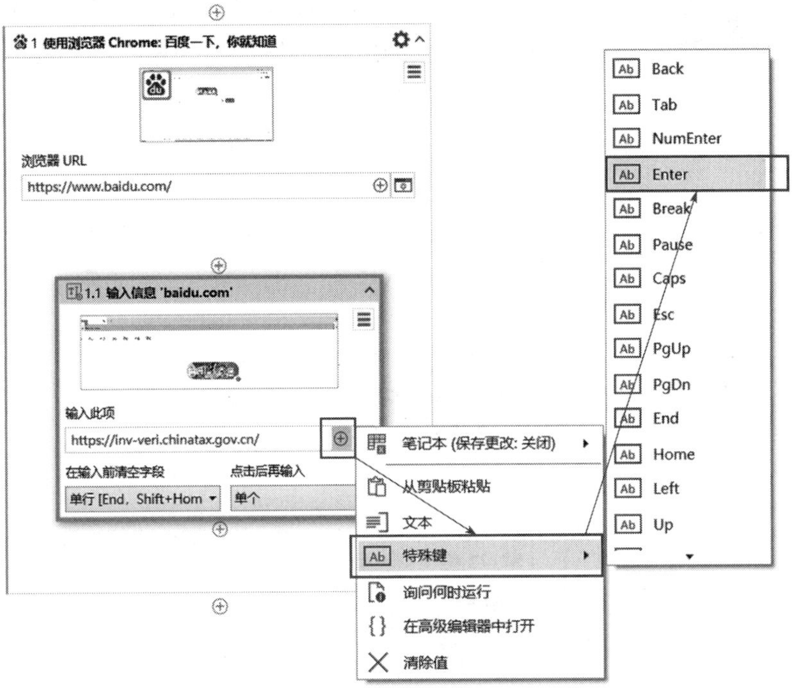

图 7-58　添加特殊键

步骤 3：在菜单栏“Excel”中找到【使用 Excel 文件】命令，将其拖拽至【输入信息】命令下方的“+”号处，单击“浏览文件”按钮，选择电脑中发票信息 Excel 工作簿的保存路径，本例为“桌面\发票信息.xlsx”，如图 7-59 所示。【输入信息】命令详解见 8.2.2 节。

图 7-59　设置【使用 Excel 文件】命令的参数

步骤 4：将【对每个 Excel 行】命令拖拽至【使用 Excel 文件】命令下方的“将活动放置在此处”，并在“在范围内”参数处选择“Excel”中的“Sheet1”，勾选“含标头”，如图 7-60 所示。

图 7-60　设置【对每个 Excel 行】命令的参数

步骤 5：在菜单栏“应用程序/网页”中选择【单击】命令，将其拖拽至【对每个 Excel 行】命令下方的“将活动放置在此处”，在查验平台页面中指明“发票代码”为目标元素，并将“发票代码”作为锚点，如图 7－61 所示。【单击】命令详解见 8.2.1 节。

图 7－61　“发票代码”目标元素与【单击】命令的参数设置

步骤 6：将【输入信息】命令拖拽至【单击】命令下方的“＋”号处，点击“输入此项”右侧的“＋”号，选择“CurrentRow”中的“发票代码”，如图 7－62 所示，并在“输入此项”中添加“Tab”特殊键，如图 7－63 所示。

注意：

（1）添加“Tab”特殊键的目的是换到下一个输入框。

（2）自此步骤起，命令均包含于步骤 2 的【使用应用程序/浏览器】命令，故无须重复指明目标。

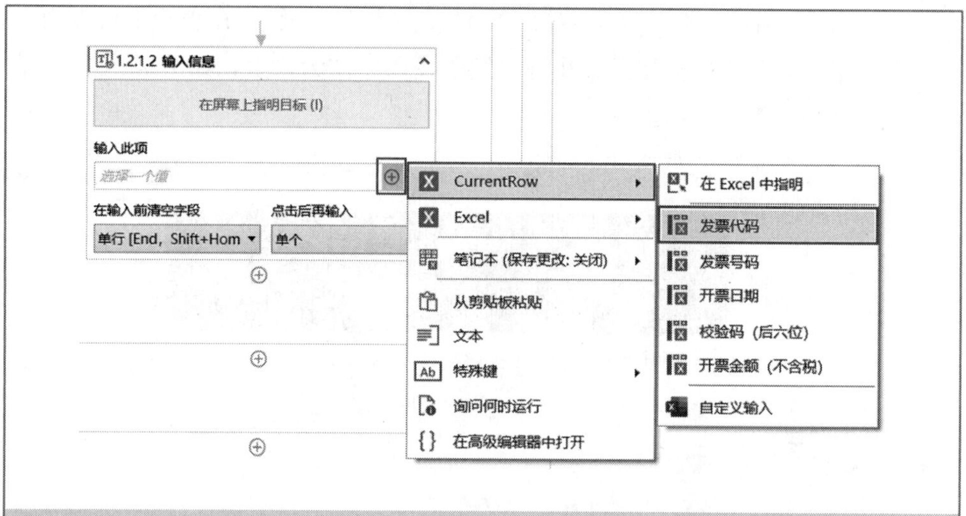

图 7-62　选择“发票代码”

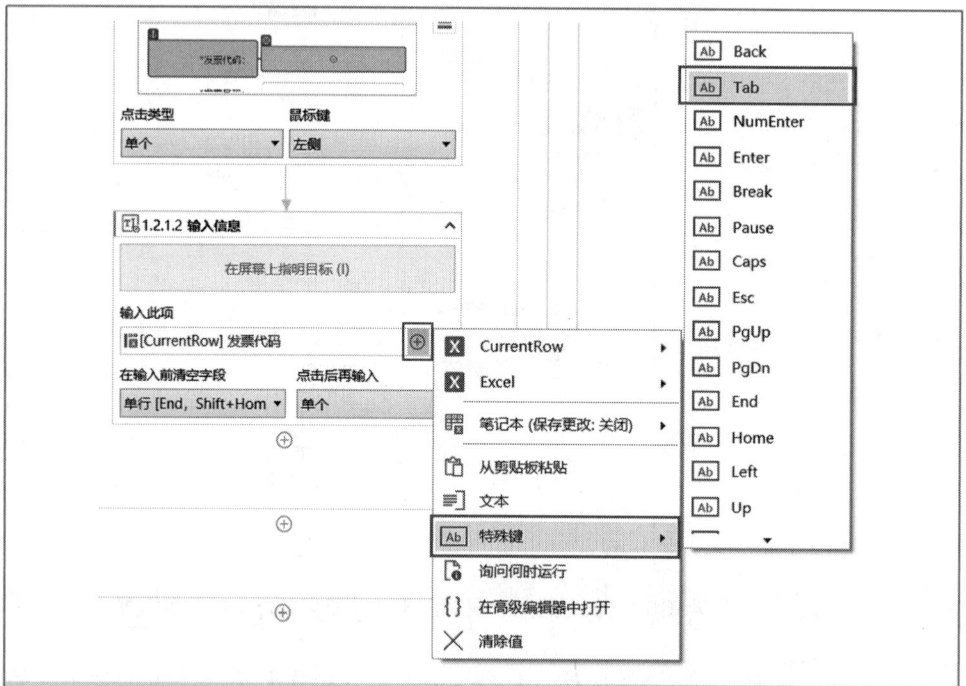

图 7-63　添加特殊键

步骤 7：重复上述步骤，依次完成“发票号码”“开票日期”“校验码（后六位）”的【输入信息】命令，并在“发票号码”与“开票日期”中分别添加“Tab”特殊键，“校验码（后六位）”中不再添加特殊键，如图 7-64 所示。

步骤 8：将【单击】命令拖拽至【输入信息】命令下方的“+”号处，在查验平台页面中指明“点击获取验证码”为目标元素，并将“点击图片刷新”作为锚点，如图 7－65 所示。

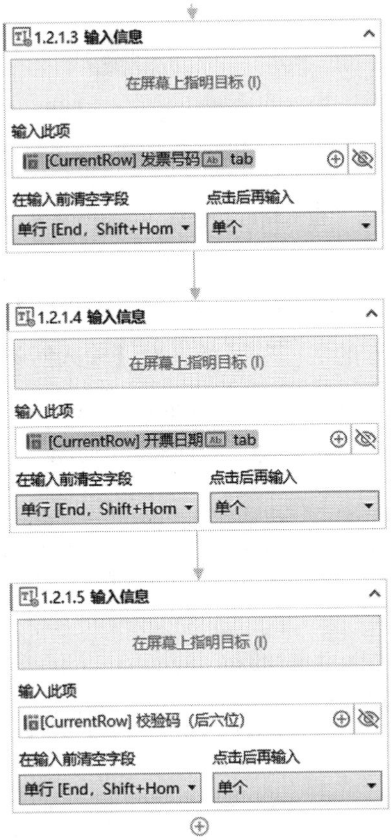

图 7－64 三个【输入信息】命令流

图 7－65 “点击获取验证码”目标元素与【单击】命令的参数设置

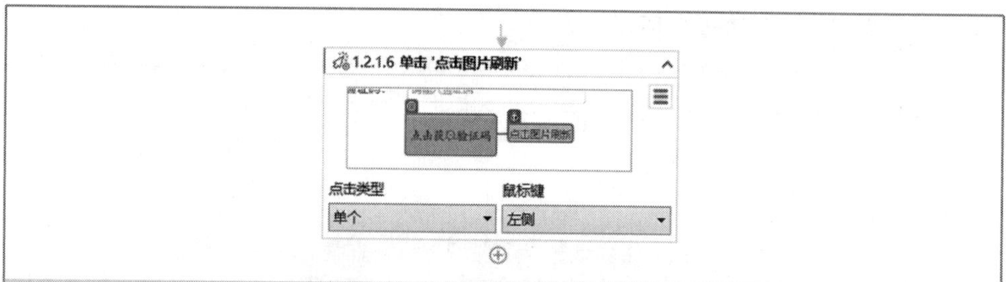

图 7-65 “点击获取验证码”目标元素与【单击】命令的参数设置（续）

步骤 9：在菜单栏【常见】命令中找到【输入对话框】命令，将其拖拽至【单击】命令下方的“+”号处，对【输入对话框】命令的“对话框标题”参数和“输入标签”参数以文本方式进行设置，在“已输入的值”中选择“保存以便以后使用”，将名称命名为“验证码”，如图 7-66 所示。

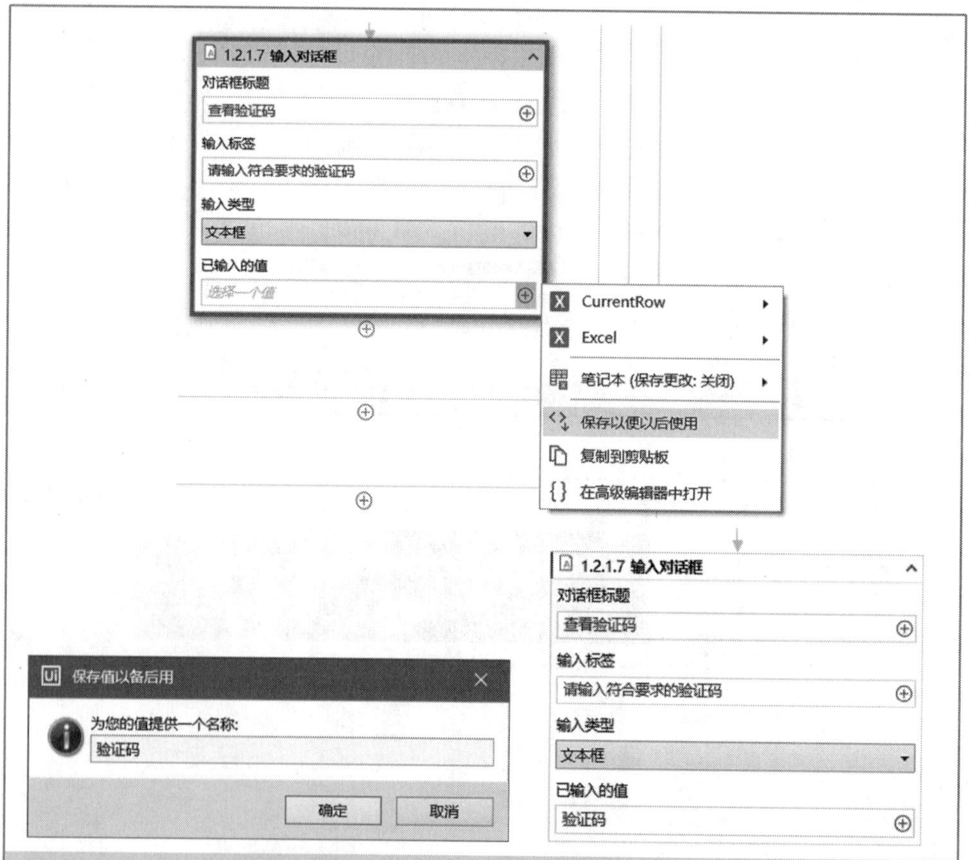

图 7-66 设置【输入对话框】命令的参数

步骤 10：将【输入信息】命令拖拽至【输入对话框】命令下方的“+”号处，在查验平台页面中指明“验证码”为目标元素，并将“验证码”作为锚点，如图 7－67 所示。点击“输入此项”右侧的“＋”号，选择“使用保存的值”中的“验证码”，如图 7－68 所示。

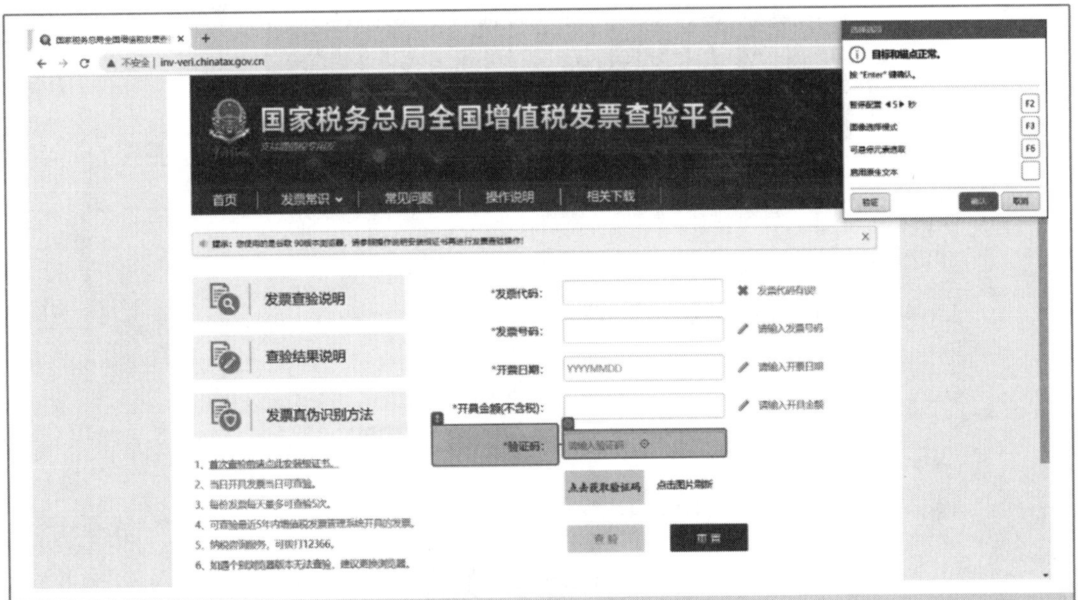

图 7－67 指明“验证码”输入框为目标元素

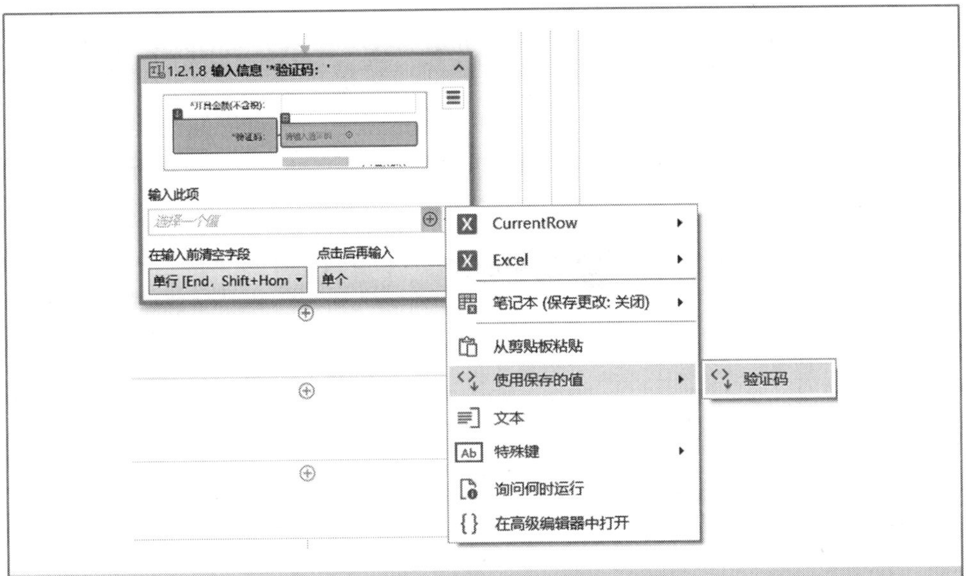

图 7－68 设置“输入此项”参数

步骤 11：将【单击】命令拖拽至【输入信息】命令下方的“＋”号处，并在查验平台页面中指明“查验”按钮为目标元素，如图 7－69 所示。

步骤 12：在查验平台中人工输入一张发票的信息与验证码，单击“查验”

后，进入“发票查验明细”页面并停留在此页面，如图 7－70 所示。

图 7－69　指明“查验”按钮为目标元素与【单击】命令的参数设置

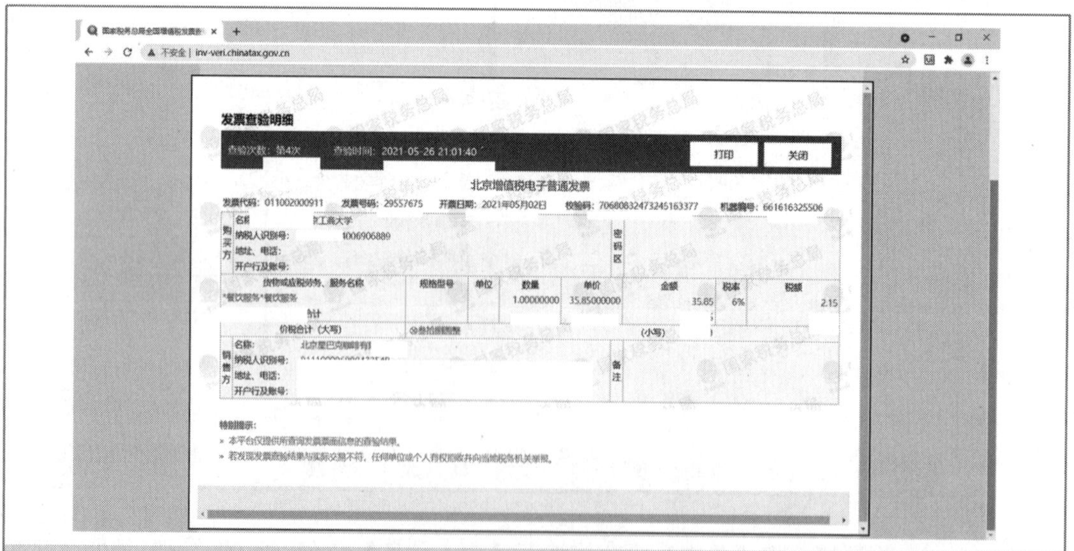

图 7－70　“发票查验明细”页面

步骤 13：在菜单栏“文件”中找到【创建文件夹】命令，将其拖拽至

【单击】命令下方的“＋”号处，双击输入框，在“文本生成器”中输入“查询结果截图”作为文件夹名称，如图 7－71 所示。

图 7－71　设置【创建文件夹】命令的参数

步骤 14：在菜单栏“应用程序/网页”中找到【截取屏幕截图】命令，将其拖拽至【创建文件夹】命令下方的“＋”号处，并指明“发票查验明细”页面为目标元素，如图 7－72 所示。输入文件名路径，本例为“查询结果截图\screenshot.png”。最后在“自动递增”中选择“YYYY.MM.DD HH.MM.SS”，如图 7－73 所示。

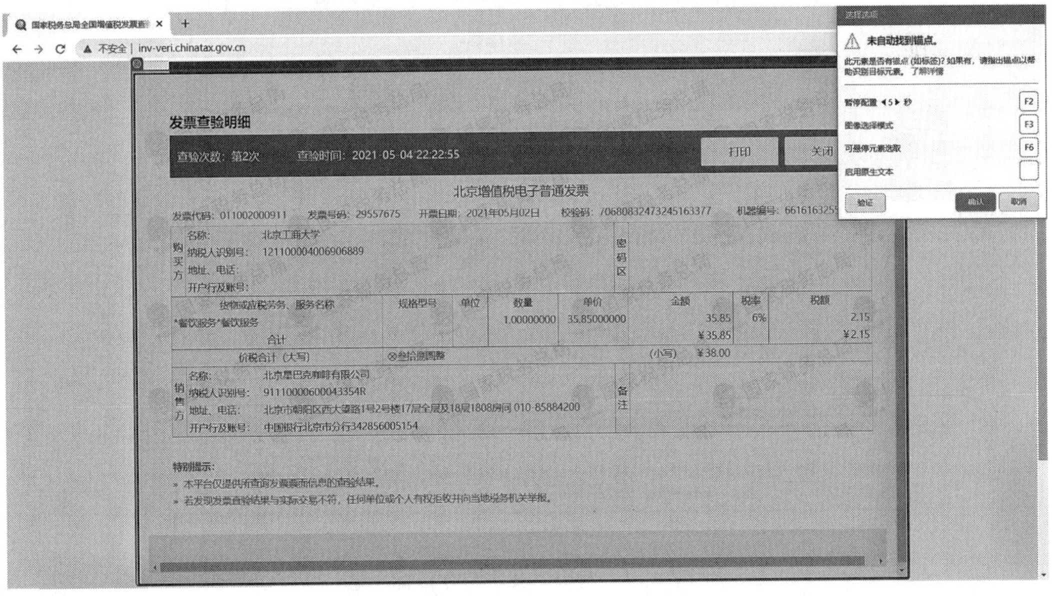

图 7－72　指明“发票查验明细”页面为目标元素

图 7-73　设置【截取屏幕截图】命令的参数

步骤 15：将【单击】命令拖拽至【截取屏幕截图】命令下方的“+”号处，并在“发票查验明细”页面中指明“关闭”为目标元素，如图 7-74 所示。【单击】命令的参数设置如图 7-75 所示。

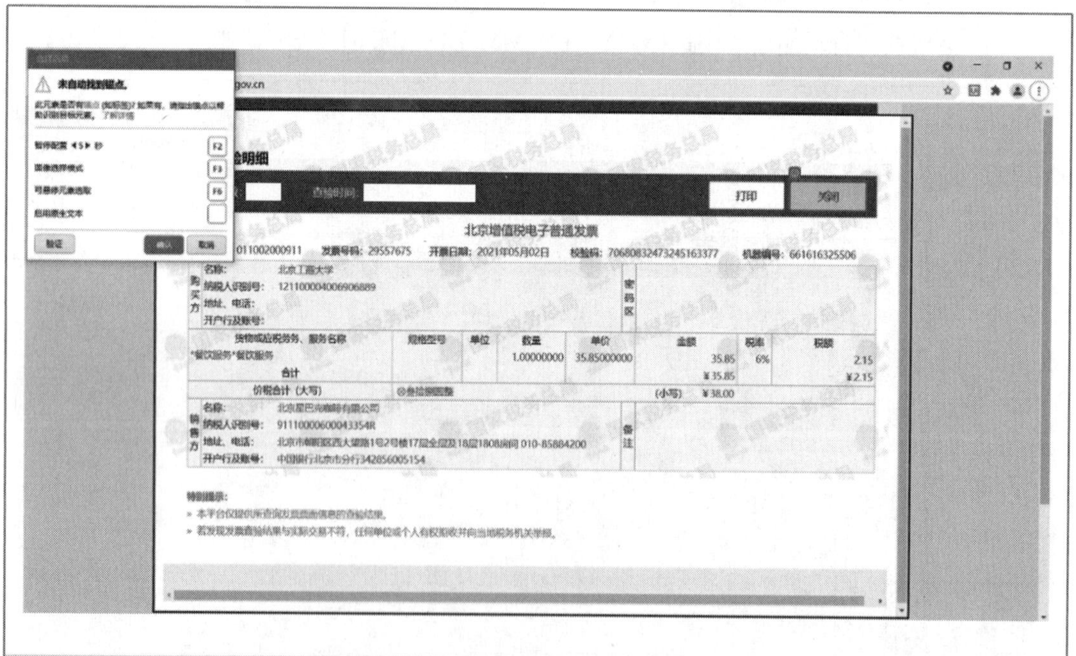

图 7-74　指明“关闭”为目标元素

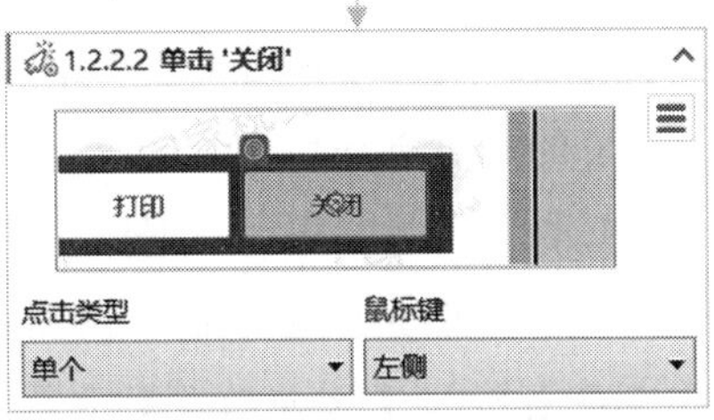

图 7-75　设置【单击】命令的参数

步骤 16：单击“运行”，运行结果如图 7-76 所示。

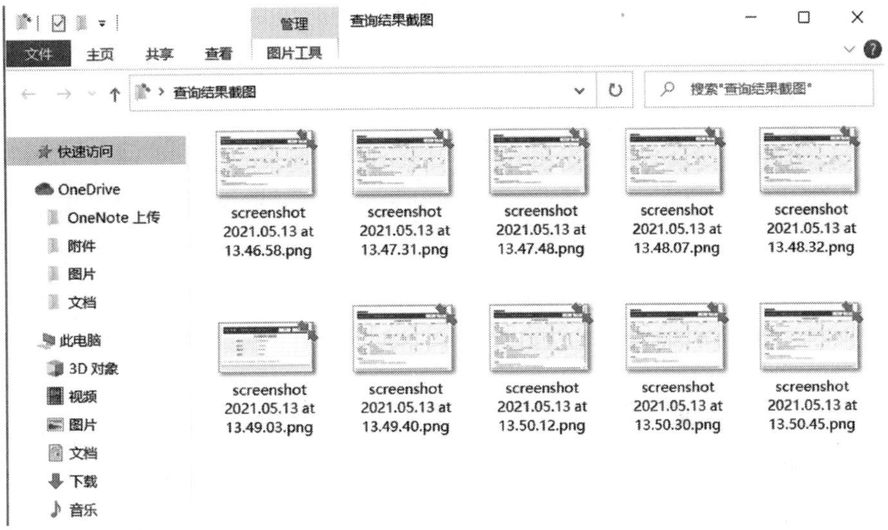

图 7-76　运行结果

利用 RPA 实现的网页自动化操作减少了发票查验真伪活动中人工输入信息等多个环节，提高了工作效率，极大地减少了操作失误，同时，查验的结果有迹可循。

本章小结

综合本章所述，Web 网页自动化是让机器人在 Web 浏览器上执行预定的动作及任务的过程。UiPath 在网页自动化中使用内嵌录制器读取并执行网页上的各项操作，根据属性识别其中的 Web 元素，随网页变化实施精准的操作。

UiPath 可以与 IE，Chrome，Firefox 和 Edge 浏览器进行交互。在设计、开

发网页自动化流程时，首先需要在 UiPath StudioX 中安装所用浏览器的扩展程序，在该浏览器中启用扩展程序方可实现 UiPath 与浏览器的交互。

UiPath StudioX 的网页自动化命令能够模拟人工点击和键入各种用户界面元素，可以完成屏幕抓取、表单填充、数据抓取、文件传输、网站测试和生成定期报告等常见任务。本章着重介绍了录制、屏幕抓取和数据抓取这三种常见的功能，同时还涉及【单击】与【输入信息】命令，虽然这两种命令的操作比较简单，但它们在 Web 网页自动化项目中至关重要，有着承上启下的作用。

实战演练中，查验发票真伪是财务工作中的重要环节之一，发票真伪的查验是在掌握网页自动化操作常用命令的基础上所模拟出的一个综合实践案例，主要包括 16 个具体开发步骤，案例将【使用应用程序/浏览器】、【单击】、【输入信息】、【使用 Excel 文件】、【输入对话框】、【创建文件夹】、【截取屏幕截图】等命令融合到一起，为读者呈现了一个模拟真实财务场景下完整的网页自动化流程，体现了 RPA 机器人在财务工作中的应用价值。

第 8 章

应用程序的自动化操作

8.1　应用程序自动化操作简介

8.2　主要功能介绍

8.3　实战演练：用友 U8 自动记账机器人

前面的章节已经介绍了 UiPath StudioX 中 Excel、桌面文件、邮件以及网页的自动化操作，本章将介绍 UiPath StudioX 与应用程序的交互。首先介绍应用程序的相关概念、UiPath StudioX 与应用程序交互的原理以及优势；然后详细讲解 UiPath StudioX 中应用程序自动化操作的主要命令；最后，进行实战演练——设计与开发用友 U8 自动记账机器人原型。

通过本章的学习，应掌握：

- 应用程序自动化操作的主要命令；
- 工作中的应用程序自动化操作；
- 用友 U8 自动记账机器人原型的设计与开发方法。

8.1 应用程序自动化操作简介

应用程序是电脑软件的主要分类之一，是针对用户的某种特殊应用目的所撰写的计算机程序，例如文本处理器、表格、浏览器、媒体播放器、图像编辑器等。通常，每一个应用程序都运行于独立的进程中，拥有独立的地址空间。随着网络技术的发展和计算机产品的普及，应用程序被广泛运用到日常工作中，但是，人工操作应用程序的弊端也逐渐显现，在录入大量信息、完成程式化的数据抓取和下载任务时，烦琐、机械的步骤导致时间成本的倍增以及人力资源的浪费。

UiPath StudioX 可以通过可视化的编程方式设计 RPA 机器人，实现识别、记录、分析等功能，以及应用程序的自动化运行，从而节省企业的时间和人力成本，提高员工工作效率，避免人工操作失误，提升企业竞争力。

在本章中，我们会利用财务机器人小玥对应用程序自动化操作中的主要命令进行演示。

8.2 主要功能介绍

UiPath StudioX 中的应用程序自动化操作功能十分强大，如图 8-1 所示，在菜单栏的“应用程序/网页”中可以看到 StudioX 中与应用程序相关的常用命令。

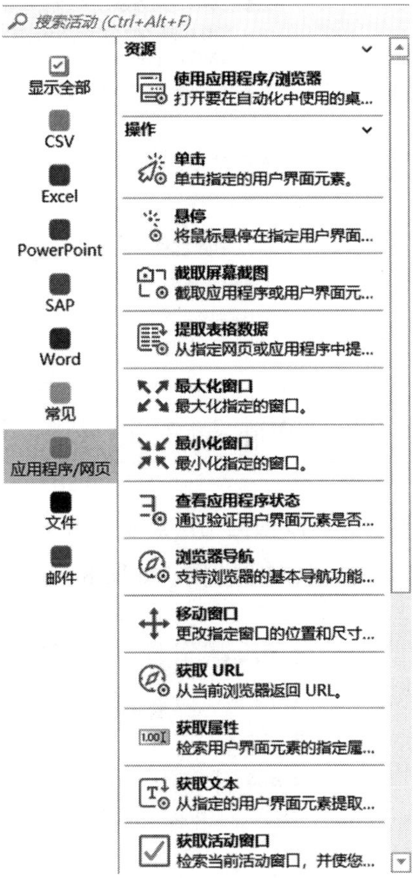

图 8-1　应用程序/网页的活动区

本节将介绍利用 StudioX 实现【单击】、【输入信息】以及【键盘快捷方式】等一系列应用程序中常见的命令。

8.2.1　单击

【单击】命令主要用于在使用应用程序时点击界面元素，主要参数有：

(1) 在屏幕上指明目标。选择在应用程序内需要进行单击操作的位置。若单击时无法准确识别界面上的元素，可以按照提示切换“用户界面框架”，如图 8-2 所示。各种模式的切换方法及使用效果在第 6 章中已经详细介绍，此处不再赘述。

图 8-2　切换“用户界面框架”

（2）点击类型。可以根据用户需求设置单击的次数，“单个”“双边框”“下”“上”分别对应单击、双击等动作，如图 8-3 所示。

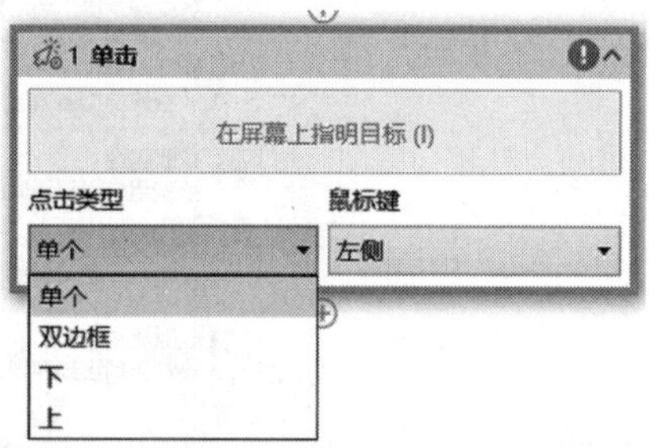

图 8-3　点击类型

（3）鼠标键。可以根据用户需求对需要使用的鼠标键进行设置，如图 8-4 所示。

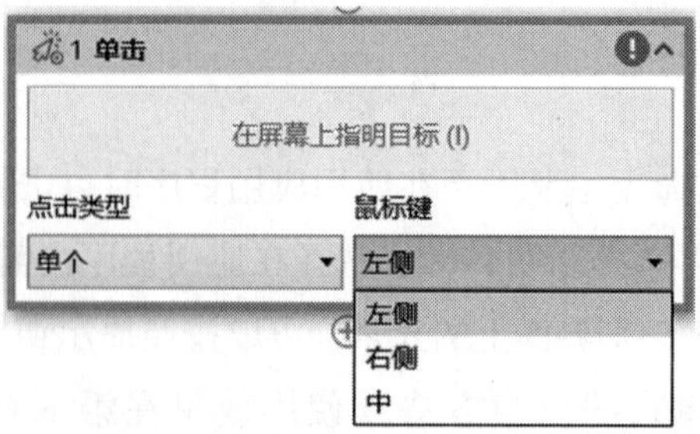

图 8-4　鼠标键

（4）上下文菜单页。这一参数包含四个功能，如图 8-5 所示。其中“在屏幕上指明目标”“编辑目标”“删除信息截图”在第 6 章中已经详细介绍，此处不再赘述。“添加验证”功能主要用于对已指定的目标元素添加验证目标，提升命令执行的准确性。点击“添加验证”后，界面如图 8－6 所示，单击“在屏幕上指明验证目标”，可进行验证目标的选取。

图 8－5　上下文菜单页

图 8－6　进行验证目标的选取

接下来用一个实例来进行【单击】命令的演示。

【例 8－1】　某企业需要录入部门档案信息，图 8－7 是该企业的部门档案信息。现在我们利用财务机器人小玥来完成部门档案信息的自动录入。

	A	B
1	部门编码	部门名称
2	1	总经办
3	2	财务部
4	3	采购部
5	4	销售部
6	401	销售一部
7	402	销售二部
8	5	生产部
9	6	仓储部

图 8－7　部门档案信息

具体步骤如下：

步骤 1：打开登录的 U8 客户端主页面后，回到 UiPath StudioX 的开发界面，从“活动区”将【使用应用程序/浏览器】命令拖拽至“设计器面板”的“+”号处，如图 8-8 所示；单击界面上的“指定应用程序进行自动化”，对弹出的 U8 界面（如图 8-9 所示）进行单击指定；指定完成后，系统自动跳转至 StudioX 界面，在命令框内显示指定的 U8 界面截图以及程序安装路径，表明命令设置完成，如图 8-10 所示。

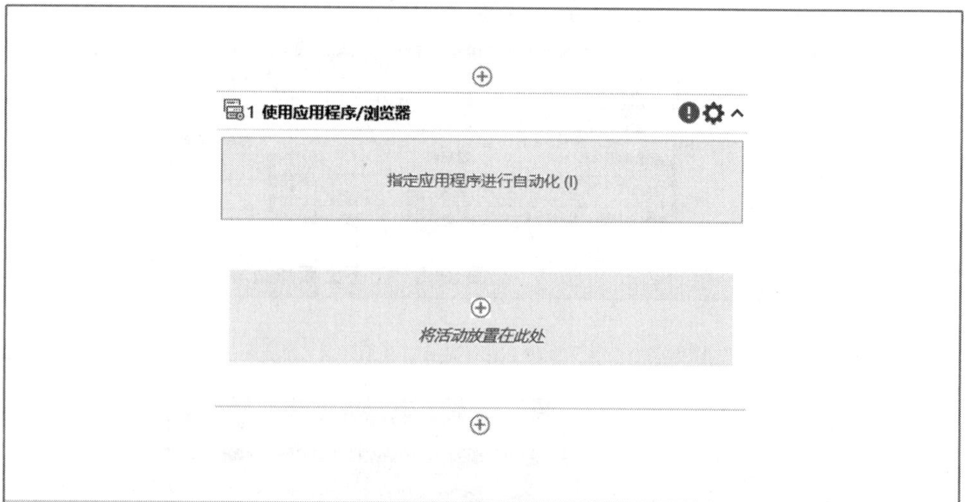

图 8-8 【使用应用程序/浏览器】命令框

图 8-9 U8 界面

图 8-10　“指定应用程序进行自动化”设置完成

注意：所有与应用程序交互的命令都需要放在【使用应用程序/浏览器】命令中才可以使用，该命令是应用程序自动化的前提条件，其作用是启动目标应用程序，以便添加后续操作。

步骤 2：从“活动区”将【单击】命令拖拽至【使用应用程序/浏览器】命令下方的“将活动放置在此处”，使之成为【使用应用程序/浏览器】命令的子命令，如图 8-11 所示。

图 8-11　添加【单击】命令

步骤 3：单击“在屏幕上指明目标”，按“F3”快捷键，切换选取模式为“图像选择模式”，抓取 U8 界面中的“部门档案”元素，如图 8－12 至图 8－13 所示。

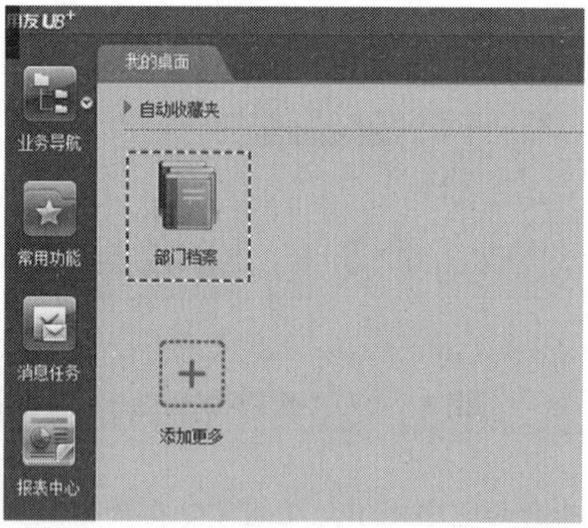

图 8－12 U8 界面

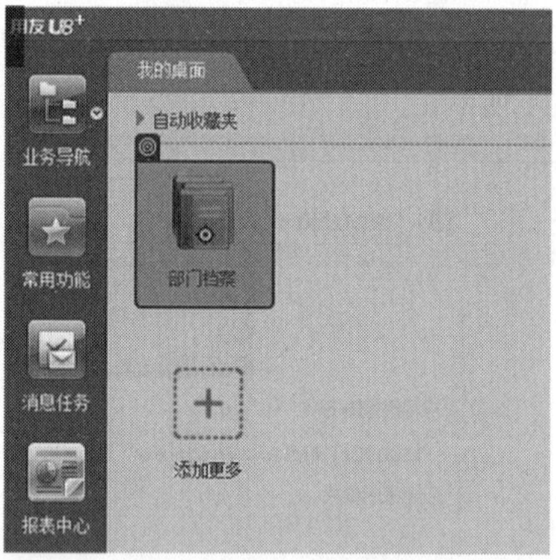

图 8－13 抓取“部门档案”元素

步骤 4：元素选取成功后系统自动跳转回 StudioX 界面，设置“点击类型”为“单个”，设置“鼠标键”为“左侧”，表示用鼠标左键进行一次单击操作，如图 8－14 所示。

步骤 5：从“活动区”将【单击】命令拖拽至【使用应用程序/浏览器】命令框中；重复上述步骤 2 至步骤 4 的操作，完成 U8 界面中“增加”元素的选取，如图 8－15 至图 8－16 所示；单击“运行”，U8 界面的运行结果如图 8－17 所示。

图 8－14　设置【单击】命令的参数一

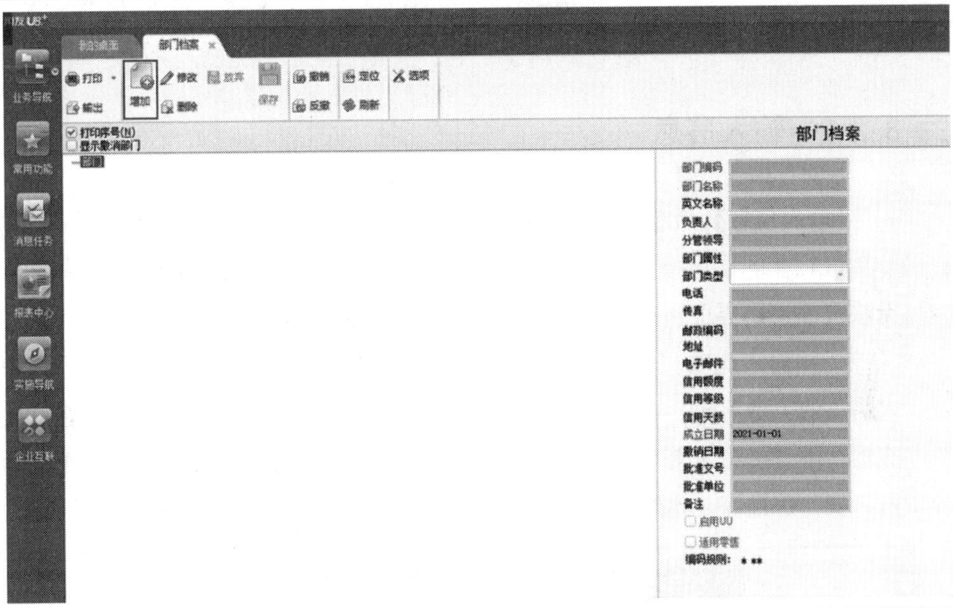

图 8－15　选取“增加”元素

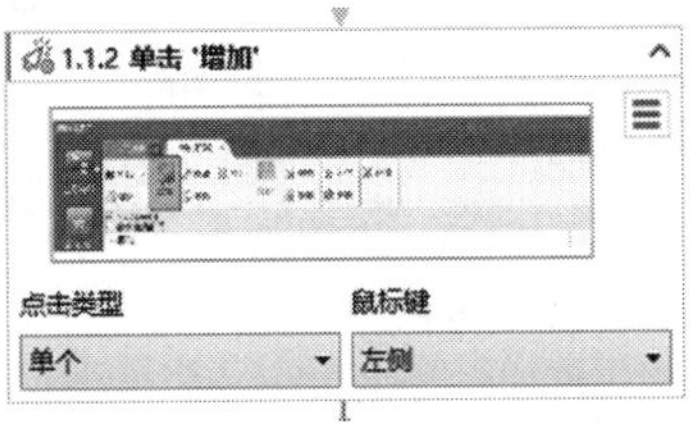

图 8－16　设置【单击】命令的参数二

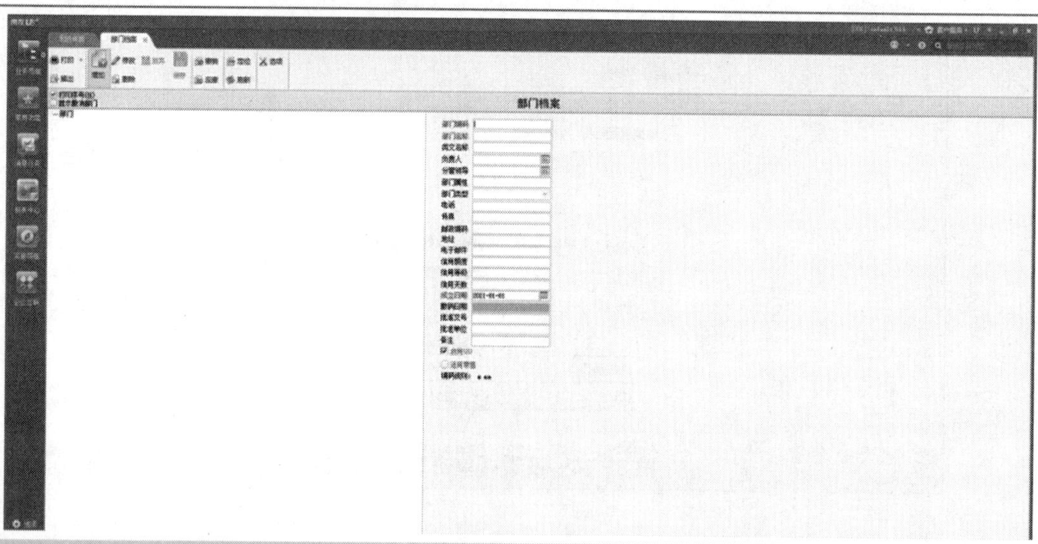

图 8-17　运行结果

8.2.2　输入信息

【输入信息】命令主要用于在屏幕的指定区域输入目标文本，主要参数有：

（1）在屏幕上指明目标。选择在应用程序内需要输入信息的位置。若单击时无法准确识别界面上的元素，可以按照提示切换“用户界面框架”。

（2）输入此项。可以选择以不同方式输入目标文本，如图 8-18 所示。根据输入信息的类型不同，可以选择相应的输入方式：直接双击文本框，可以在“文本生成器”中直接输入文本；单击输入框后的“+”号，可以在菜单中选择更多输入方式，如特殊键等。此处以文本方式输入“财务共享服务”，如图 8-19 所示。

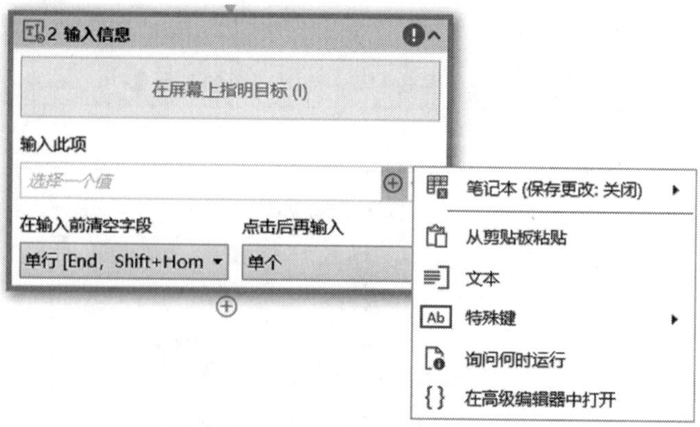

图 8-18　输入方式

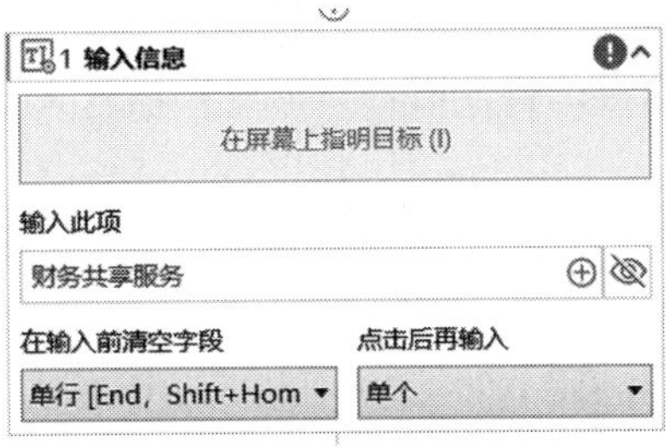

图 8－19　输入“财务共享服务”

（3）在输入前清空字段。若输入文本的位置有需要清除的字段，可以通过“在输入前清空字段”的下拉菜单选项来清除原有字符，有清除“单行”和“多行”两种方式可供选择，否则选择“无”，如图 8－20 所示。

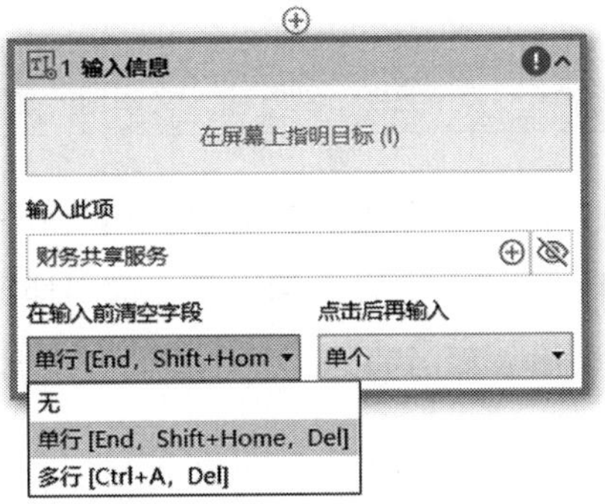

图 8－20　在输入前清空字段

（4）点击后再输入。若需要在目标位置点击后再输入文本，则在“点击后再输入”下拉菜单中选择“单个”；若需要在目标位置双击后再输入文本，则选择“双边框”；否则选“无”，如图 8－21 所示。

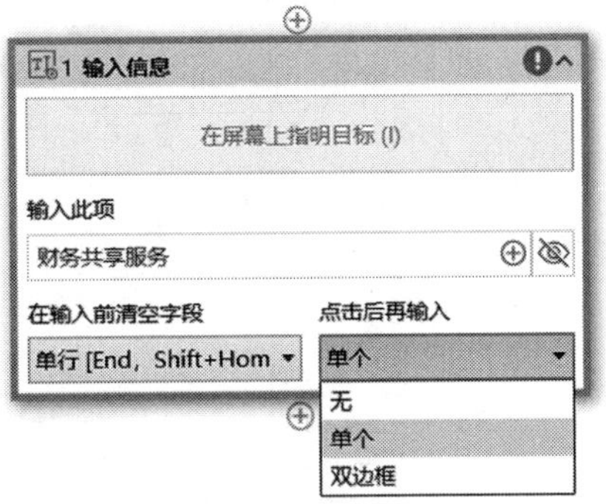

图 8－21　点击后再输入

说明：此处“文本”“特殊键”可以搭配使用。例如，在先后进行输入文本和使用键盘特殊键的操作时，只需要在输入文本后单击“特殊键”进行添加，如图 8 - 22 所示。

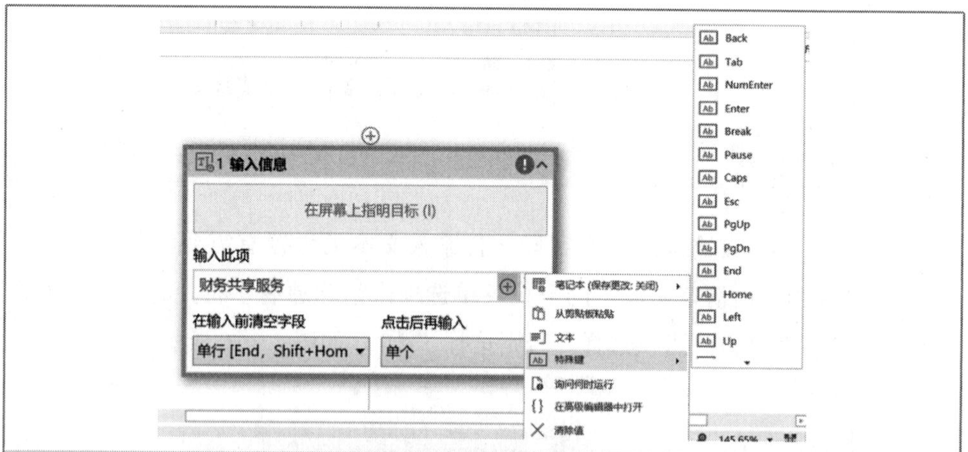

图 8 - 22　输入文本后添加“特殊键”

接下来用一个实例来进行【输入信息】命令的演示。

【例 8 - 2】 接例 8 - 1，继续以录入部门档案信息为例，企业需要按照 Excel 工作簿里的信息输入部门编码。现在我们利用财务机器人小玥来完成部门编码的自动录入。

具体步骤如下：

步骤 1：接例 8 - 1 的操作，从“活动区”将【输入信息】命令拖拽至【单击】命令的下方，如图 8 - 23 所示。

图 8 - 23　添加【输入信息】命令

步骤 2：单击“在屏幕上指明目标”，在 U8 界面上选择输入文本的位置，即“部门编码”后的文本框，如 8－24 所示。

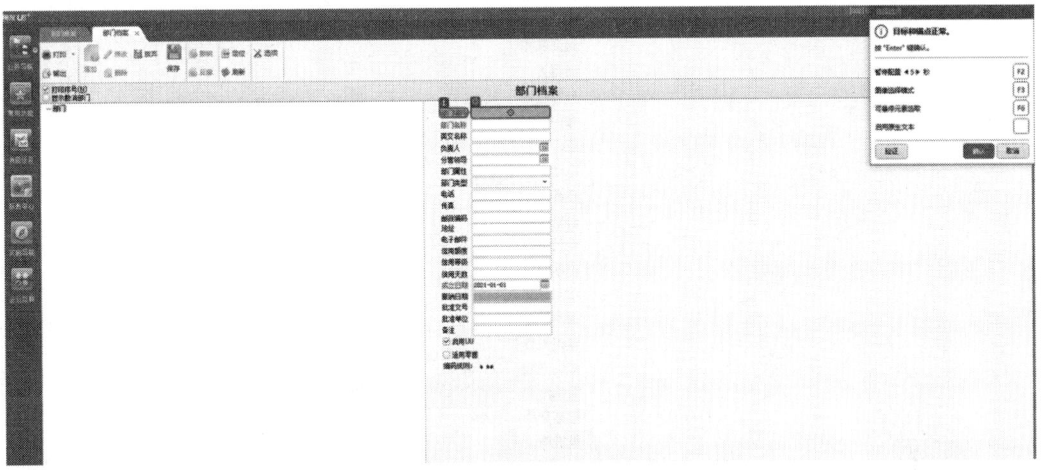

图 8－24 在屏幕上指明目标

步骤 3：双击“输入此项”参数的文本框，按照如图 8－25 所示的部门编码在文本框中输入“1”，如图 8－26 所示；单击“运行”，运行结果如图 8－27 所示。

	A	B
1	部门编码	部门名称
2	1	总经办
3	2	财务部
4	3	采购部
5	4	销售部
6	401	销售一部
7	402	销售二部
8	5	生产部
9	6	仓储部

图 8－25 部门编码工作表

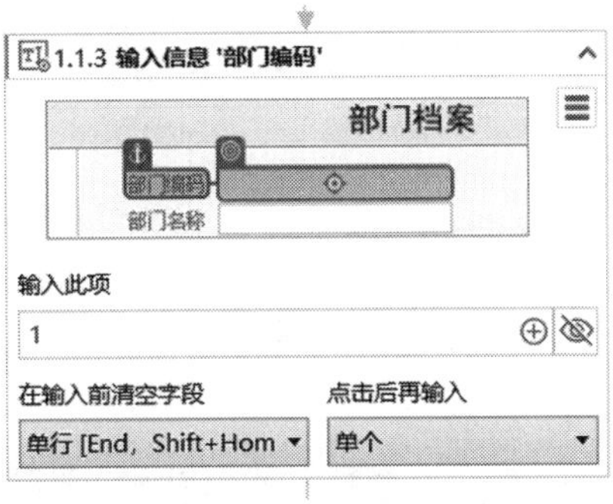

图 8－26 输入部门编码

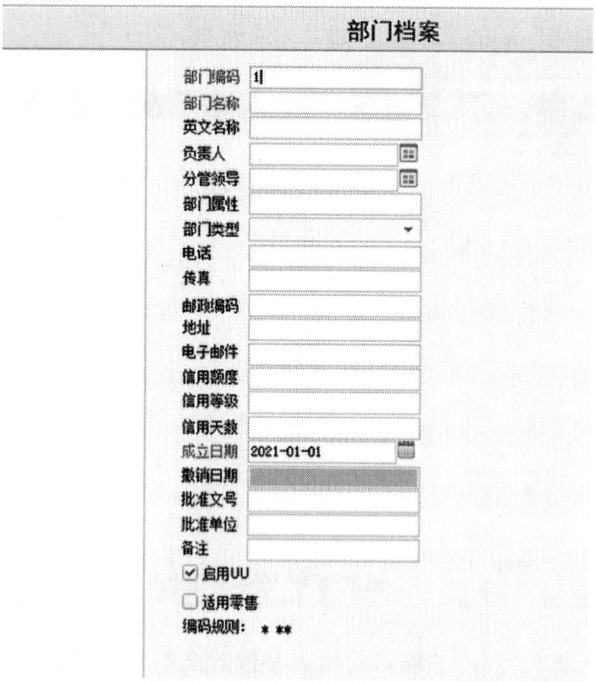

图 8-27　运行结果

8.2.3　键盘快捷方式

【键盘快捷方式】命令主要用于模拟用户操作键盘发送一个或多个快捷键。该命令可以对电脑键盘上除字母以外的功能键的操作进行录制，实现键盘操作的自动化。添加快捷键的三种方式如图 8-28 所示，主要参数有：

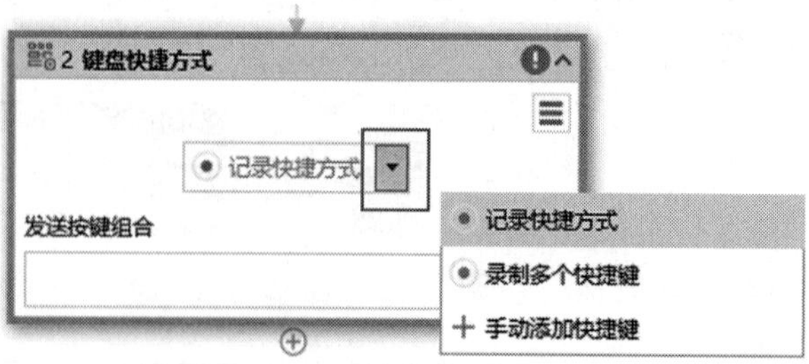

图 8-28　添加快捷键的方式

（1）记录快捷方式。如图 8-29 所示，在这种方式下，单击“记录快捷方式”后，在键盘上敲击相应的按键即可完成录制，这种方式每次只能记录一个快捷键。

图 8-29　记录快捷方式

（2）录制多个快捷键。如图 8-30 所示，操作与上一个方式类似，区别在于这种方式可以实现多个快捷键的连续录制。需要结束记录时，单击“停止记录”，如图 8-31 所示。

图 8-30　录制多个快捷键

图 8-31　录制结果

（3）手动添加快捷键。在这种方式下，用户可以通过手动单击命令框中的按钮进行快捷键的记录。首先，用户根据需要从左侧的四个按钮中选择其一，如图 8-32 所示；然后在右侧下拉菜单中进行选择，形成组合键；最后单击“添加”按钮，即可完成快捷键的添加，如图 8-33 所示。

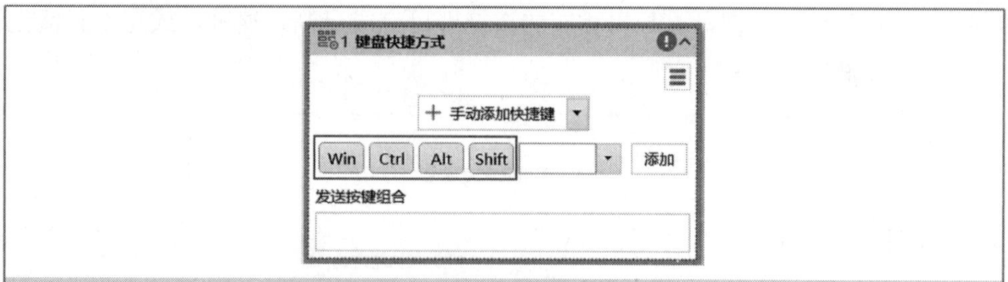

图 8-32　快捷键按钮

图 8-33　手动添加快捷键

接下来用一个实例来进行【键盘快捷方式】命令的演示。

【例 8-3】 接例 8-2，继续以录入部门档案信息为例，录入信息时需要在输入部门编码后换行。现在我们利用财务机器人小玥来实现自动换行功能。

具体步骤如下：

步骤 1：接例 8-2 的操作，从“活动区”将【键盘快捷方式】命令拖拽至【输入信息】命令的下方，如图 8-34 所示。

图 8-34　添加【键盘快捷方式】命令

步骤 2：单击“记录快捷方式”，敲击键盘上的“Tab”键，即可出现如图 8－35 所示的效果；单击“运行”，运行结果如图 8－36 所示，可以看见光标从“部门编码”后的文本框转至“部门名称”后的文本框，这为下一步录入信息做了准备。

图 8－35　单击“记录快捷方式”并敲击“Tab”键

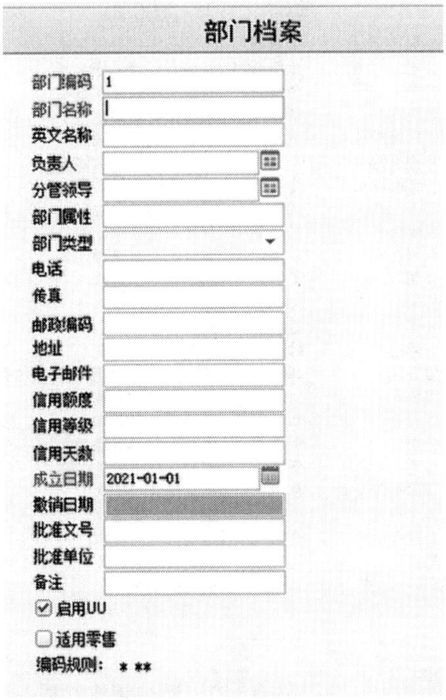

图 8－36　光标转至“部门名称”后的文本框

8.3 实战演练：用友 U8 自动记账机器人

填写会计凭证是企业财务工作中的重要环节之一，在大中型企业中，经济活动频繁，业务类型复杂，在用友 U8 系统中手工录入凭证耗时巨大，容易出现错误。

【例 8-4】 某企业为一家大型化妆品销售企业，图 8-37 所示的 Excel 工作表为企业 2021 年 1 月份的部分销售数据，财务人员将利用工作表中的数据填制会计凭证。表格中的具体信息包括填制日期、客户名称、客户简称、商品名称、成本金额、未税销售额、税额、销售额等。我们将利用财务机器人小玥进行会计凭证的自动填写。

	A	B	C	D	E	F	G	H
1	填制日期	客户名称	客户简称	商品名称	成本金额	未税销售额	税额	销售额
2	2021-1-1	北京科达有限公司	科达	珀芙樱花保湿水	33571.43	47000	6110	53110
3	2021-1-1	北京科达有限公司	科达	珀芙樱花保湿水	60428.57	84600	10998	95598
4	2021-1-1	北京科达有限公司	科达	珀芙樱花保湿水	53714.29	75200	9776	84976
5	2021-1-1	上海瑞思莱集团	瑞思	珀芙樱花滋润乳	187000	261800	34034	295834
6	2021-1-4	上海金科斯利安公司	金科斯利	雅梦石榴焕采保湿水	63000	88200	11466	99666
7	2021-1-4	上海金科斯利安公司	金科斯利	雅梦石榴焕采保湿水	45500	63700	8281	71981
8	2021-1-4	上海金科斯利安公司	金科斯利	雅梦石榴焕采保湿水	24500	34300	4459	38759
9	2021-1-4	华希思尔商务有限公司	华希思尔	珀芙樱花复活霜	298285.71	417600	54288	471888
10	2021-1-6	安徽金贝化妆品管理有限公司	金贝	雅梦石榴焕采滋润乳	73142.86	102400	13312	115712
11	2021-1-6	安徽金贝化妆品管理有限公司	金贝	雅梦石榴焕采滋润乳	36571.43	51200	6656	57856
12	2021-1-6	安徽金贝化妆品管理有限公司	金贝	雅梦石榴焕采滋润乳	64000	89600	11648	101248
13	2021-1-8	腾信商务有限公司	腾信	雅梦石榴焕采滋润乳	49371.43	69120	8985.6	78105.6
14	2021-1-8	四川妙染化股份有限公司	妙染化	雅梦石榴焕采滋润乳	68571.43	96000	12480	108480
15	2021-1-8	四川妙染化股份有限公司	妙染化	雅梦石榴焕采滋润乳	64000	89600	11648	101248
16	2021-1-10	广州爱客思有限公司	爱客思	珀芙樱花保湿水	127571.43	178600	23218	201818
17	2021-1-10	广州爱客思有限公司	爱客思	珀芙樱花保湿水	100714.29	141000	18330	159330
18	2021-1-10	广州爱客思有限公司	爱客思	珀芙樱花保湿水	147714.29	206800	26884	233684
19	2021-1-10	四川妙染化股份有限公司	妙染化	珀芙樱花滋润乳	136000	190400	24752	215152
20	2021-1-13	华希思尔商务有限公司	华希思尔	珀芙樱花复活霜	161571.43	226200	29406	255606
21	2021-1-13	华希思尔商务有限公司	华希思尔	珀芙樱花复活霜	37285.71	52200	6786	58986
22	2021-1-13	华希思尔商务有限公司	华希思尔	珀芙樱花复活霜	99428.57	139200	18096	157296
23	2021-1-14	广州爱客思有限公司	爱客思	雅梦石榴焕采滋润乳	55771.43	78080	10150.4	88230.4
24	2021-1-14	广州爱客思有限公司	爱客思	雅梦石榴焕采滋润乳	68571.43	96000	12480	108480
25	2021-1-15	安徽金贝化妆品管理有限公司	金贝	珀芙樱花保湿水	65800	92120	11975.6	104095.6
26	2021-1-15	安徽金贝化妆品管理有限公司	金贝	珀芙樱花保湿水	28200	39480	5132.4	44612.4
27	2021-1-15	安徽金贝化妆品管理有限公司	金贝	珀芙樱花保湿水	73857.14	103400	13442	116842
28	2021-1-18	北京互芳有限公司	互芳	珀芙樱花滋润乳	127500	178500	23205	201705
29	2021-1-18	北京互芳有限公司	互芳	珀芙樱花滋润乳	51000	71400	9282	80682

收入

图 8-37　部分销售数据

下面对财务机器人小玥的具体开发步骤进行讲解。

步骤 1：从“活动区”将【使用 Excel 文件】命令拖拽至“设计器面板”中。

步骤 2：在“Excel 文件”参数右侧单击“浏览文件”图标，在系统中选择“销售出库单. xlsx”文件，如图 8 - 38 所示。

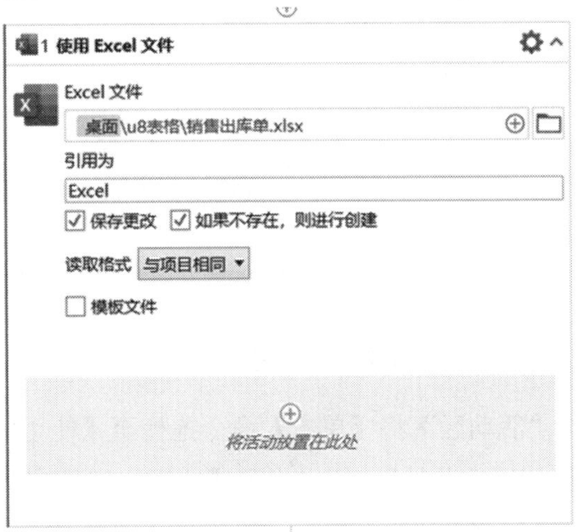

图 8 - 38　设置【使用 Excel 文件】命令的参数

步骤 3：从“活动区”将【使用应用程序/浏览器】命令拖拽至【使用 Excel 文件】命令下方的“将活动放置在此处”。单击“指定应用程序进行自动化”，指定登录后的 U8 界面，如图 8 - 39 所示；指定完成后，系统自动跳转至 StudioX 界面，在命令框内显示 U8 界面截图以及程序安装路径，如图 8 - 40 所示。

图 8 - 39　U8 界面

图 8-40　指定 U8 界面完毕

步骤 4：从“活动区”将【单击】命令拖拽至【使用应用程序/浏览器】命令下方的“将活动放置在此处”，使之成为【使用应用程序/浏览器】命令的第一个子命令，如图 8-41 所示。

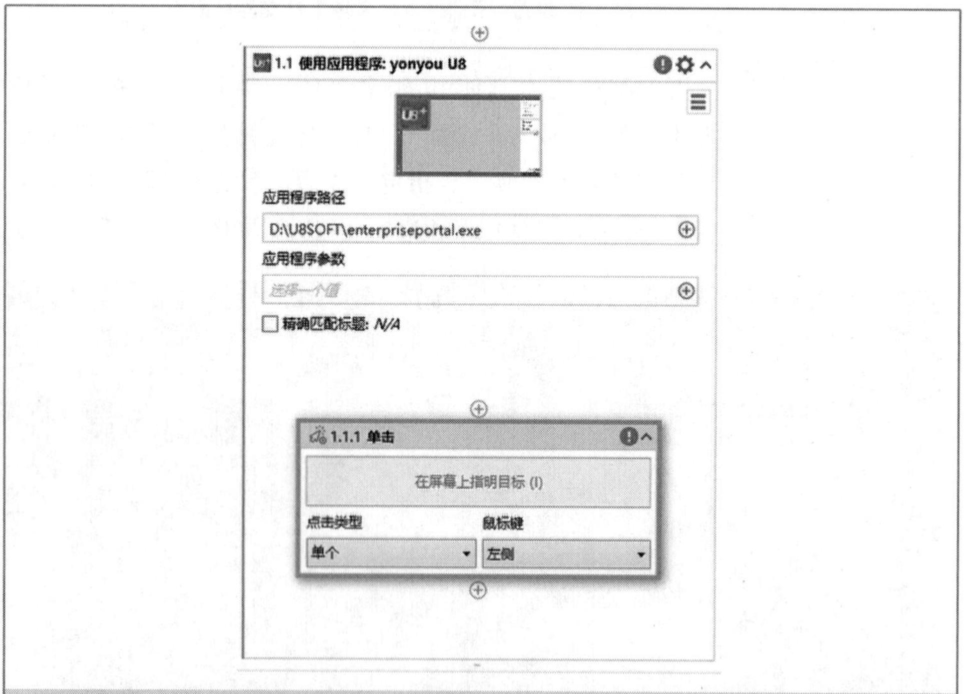

图 8-41　添加【单击】命令

步骤 5：单击“在屏幕上指明目标”，按“F3”快捷键，切换选取模式为

"图像选择模式"，对 U8 界面上的"填制凭证"元素进行选择，如图 8－42 所示。

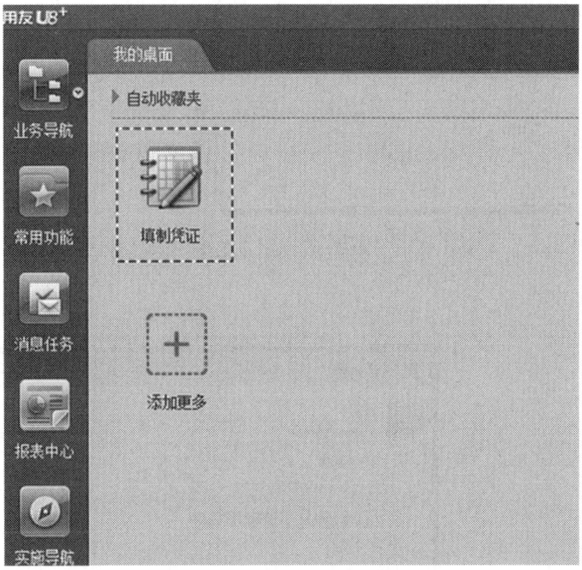

图 8－42　选择"填制凭证"

步骤 6：元素抓取成功后系统自动跳转回 StudioX 界面，此处"点击类型"选择"单个"，"鼠标键"选择"左侧"，表示用鼠标左键进行一次单击操作，如图 8－43 所示。

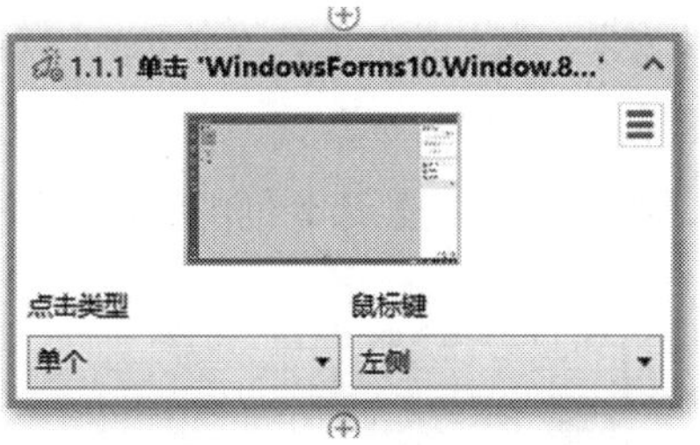

图 8－43　设置【单击】命令的参数

步骤 7：从"活动区"将【对每个 Excel 行】命令拖拽至【使用应用程序/浏览器】命令框中，使之成为【使用应用程序/浏览器】命令的第二个子命令。

说明： 这步操作能够实现多张凭证的自动连续填制，采用了循环结构。

步骤 8：单击"在范围内"参数右边的"＋"号，选择"Excel"中的"收入"工作表，如图 8－44 所示；选择完毕后勾选"含标头"选项，如图 8－45 所示。

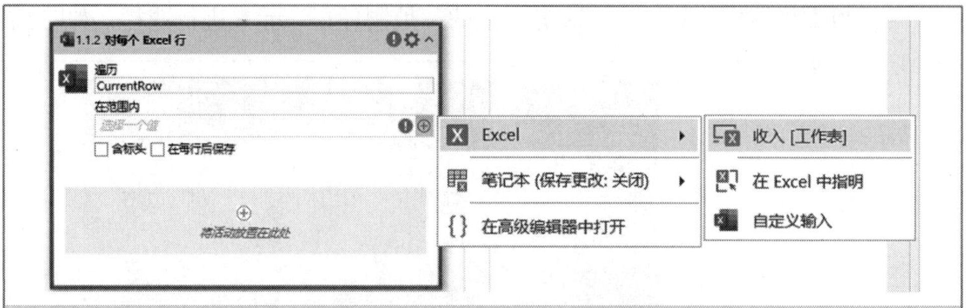

图 8－44　设置“在范围内”参数

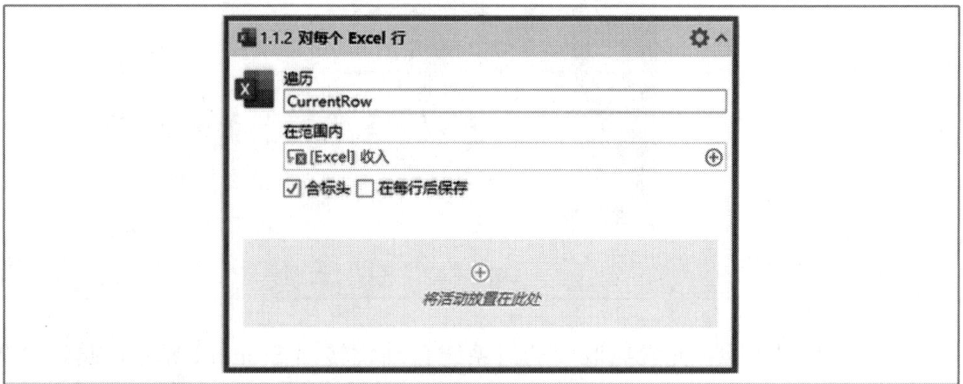

图 8－45　勾选“含标头”选项

步骤 9：从“活动区”将【单击】命令拖拽至【对每个 Excel 行】命令下方的“将活动放置在此处”，使之成为【对每个 Excel 行】命令的第一个子命令，如图 8－46 所示。单击“在屏幕上指明目标”，在 U8 界面中选择“增加”按钮，如 8－47 所示；完成后 StudioX 界面的【单击】命令框内将显示相关截图，如图 8－48 所示。

图 8－46　添加【单击】命令

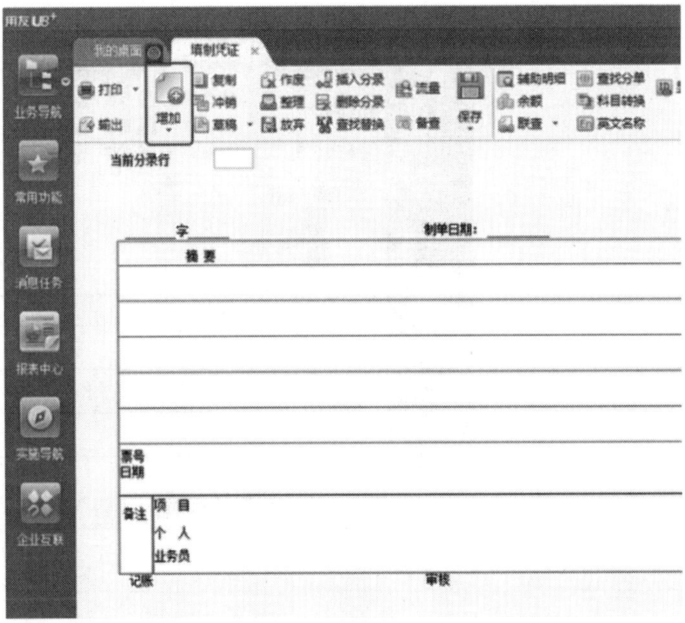

图 8 - 47　选择“增加”按钮

图 8 - 48　【单击】命令框

步骤 10：从“活动区”将【输入信息】命令拖拽至【对每个 Excel 行】命令框中，使之成为【对每个 Excel 行】命令的第二个子命令。单击“在屏幕上指明目标”，在 U8 填制凭证的界面上选取凭证类别“转”，如图 8 - 49 所示；选取成功后 StudioX 界面的【输入信息】命令框内将显示抓取元素，如图 8 - 50 所示。

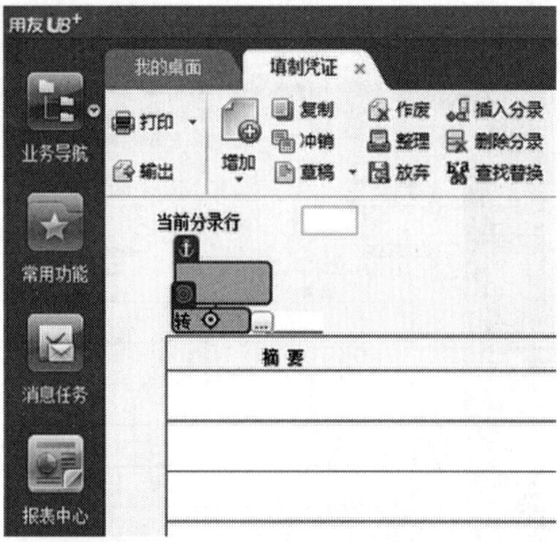

图 8-49　选取凭证类别“转”

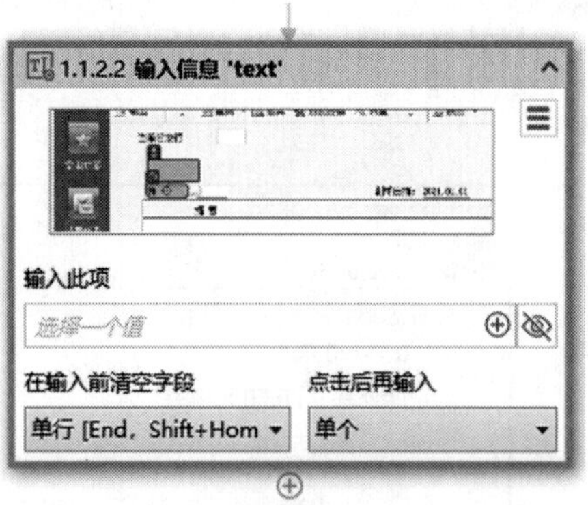

图 8-50　【输入信息】命令框

步骤 11：对【输入信息】命令进行参数设置，单击“输入此项”参数右边的“+”号，选择“文本”，输入“转”；继续单击“+”号，选择“特殊键”中的“Tab”，实现凭证类型的修改，如图 8-51 所示。

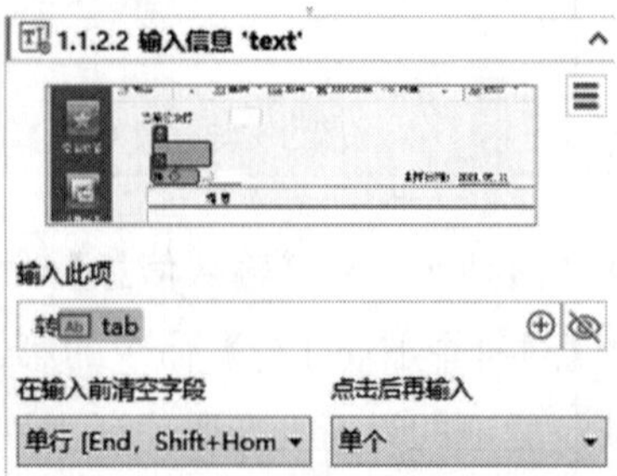

图 8-51　设置【输入信息】命令的参数一

步骤 12：从“活动区”将【输入信息】命令继续拖拽至【对每个 Excel 行】命令框中，使之成为【对每个 Excel 行】命令的第三个子命令。单击“输入此项”参数右侧的“+”号，选择“CurrentRow”中的“填制日期”；继续单击“+”号，添加“特殊键”中的“Tab”和“Enter”，完成凭证日期的填写，如图 8-52 所示。

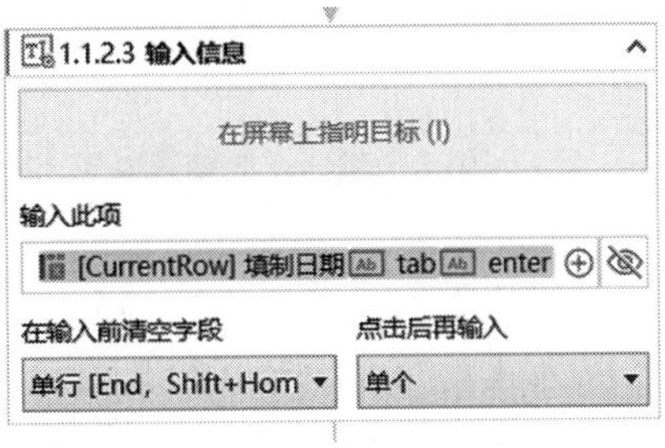

图 8-52　设置【输入信息】命令的参数二

步骤 13：从“活动区”将【输入信息】命令继续拖拽至【对每个 Excel 行】命令框中，使之成为【对每个 Excel 行】命令的第四个子命令。单击“输入此项”参数右侧的“+”号，选择“文本”，输入“销售商品”；继续单击“+”号，选择“特殊键”中的“Tab”，完成摘要的填写，如图 8-53 所示。

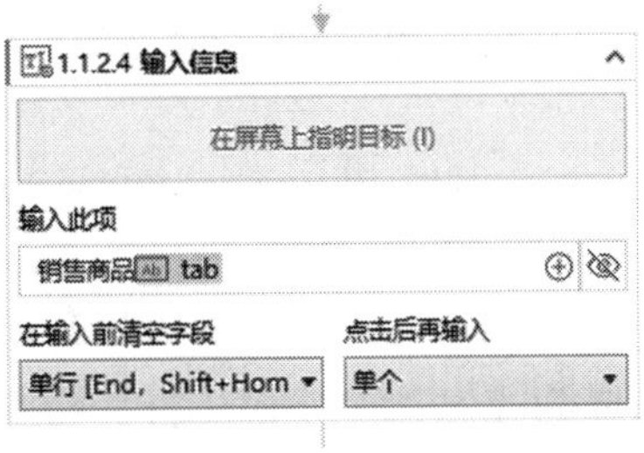

图 8-53　设置【输入信息】命令的参数三

步骤 14：从“活动区”将【输入信息】命令继续拖拽至【对每个 Excel 行】命令框中，使之成为【对每个 Excel 行】命令的第五个子命令。单击“输入此项”参数右侧的“+”号，选择“CurrentRow”中的“客户简称”，这步操作是为了在系统中对应“应收账款”科目的二级科目；单击“+”号，添加“特殊键”中的“Tab”，完成借方科目“应收账款”的录入，如图 8-54 所示。

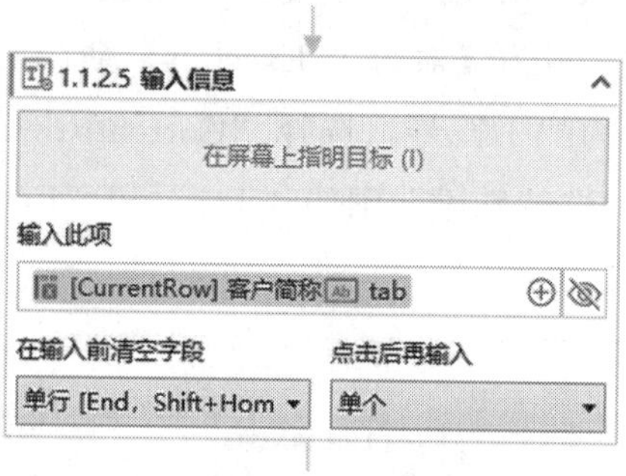

图 8-54　设置参数以录入“应收账款”

步骤 15：从“活动区”将【输入信息】命令继续拖拽至【对每个 Excel 行】命令框中，使之成为【对每个 Excel 行】命令的第六个子命令。单击“输入此项”参数右侧的“+”号，选择“CurrentRow”中的“销售额”；单击“+”号，添加“特殊键”中的“Enter”和“Tab”，完成应收账款金额的录入，如图 8-55 所示。

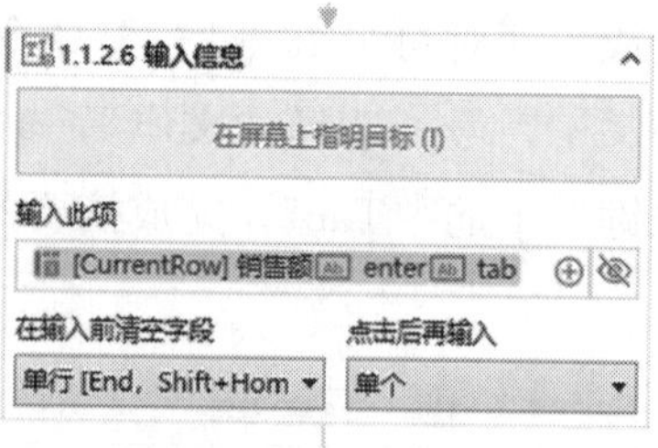

图 8-55　设置参数以录入应收账款金额

步骤 16：从“活动区”将【输入信息】命令继续拖拽至【对每个 Excel 行】命令框中，使之成为【对每个 Excel 行】命令的第七个子命令。单击“输入此项”参数右侧的“+”号，选择“文本”，输入“主营业务收入”；继续单击“+”号，添加两次“特殊键”中的“Tab”，完成贷方科目“主营业务收入”的录入，如图 8-56 所示。

步骤 17：从“活动区”将【输入信息】命令继续拖拽至【对每个 Excel 行】命令框中，使之成为【对每个 Excel 行】命令的第八个子命令。单击“输入此项”参数右侧的“+”号，选择“CurrentRow”中的“未税销售额”；单击“+”号，添加“特殊键”中的“Enter”和“Tab”，完成主营业务收入金额的录入，如图 8-57 所示。

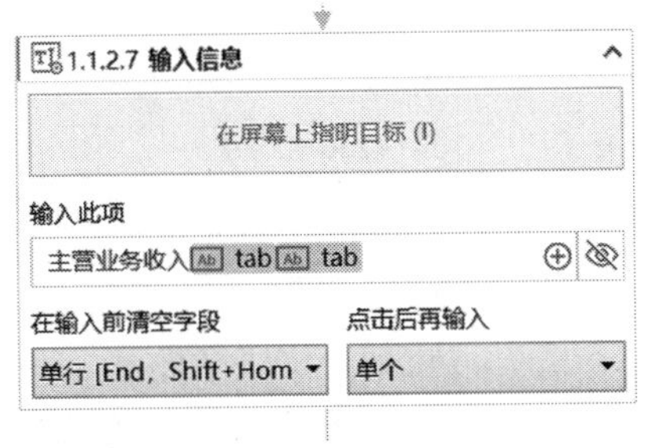

图 8-56　设置参数以录入“主营业务收入”

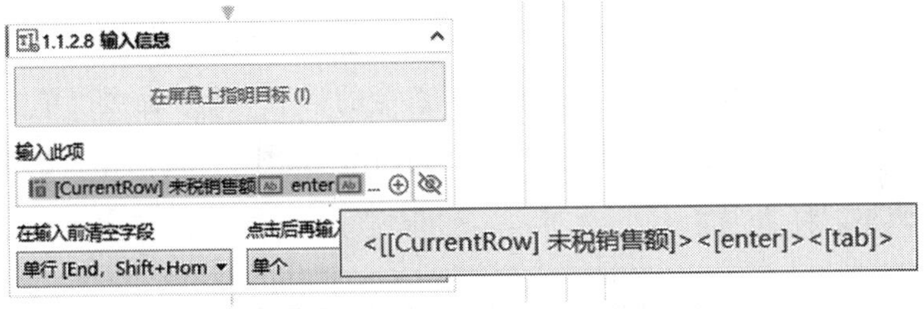

图 8-57　设置参数以录入主营业务收入金额

步骤 18：从“活动区”将【输入信息】命令继续拖拽至【对每个 Excel 行】命令框中，使之成为【对每个 Excel 行】命令的第九个子命令。单击“输入此项”参数右侧的“+”号，选择“文本”，输入“销项税额”；继续单击“+”号，添加两次“特殊键”中的“Tab”，完成贷方科目“应交税费——应交增值税(销项税额)”的录入，如图 8-58 所示。

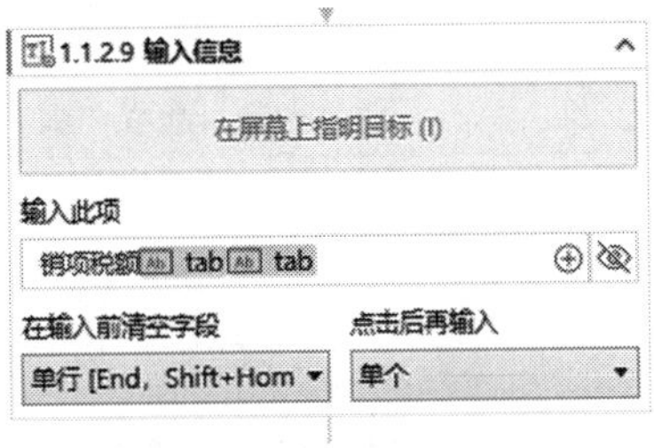

图 8-58　设置参数以录入“应交税费——应交增值税（销项税额）”

步骤 19：从“活动区”将【输入信息】命令继续拖拽至【对每个 Excel 行】命令框中，使之成为【对每个 Excel 行】命令的第十个子命令。单击“输入此项”参数右侧的“+”号，选择“CurrentRow”中的“销项税额”，完成应交增值税（销项税额)金额的录入，如图 8－59 所示。

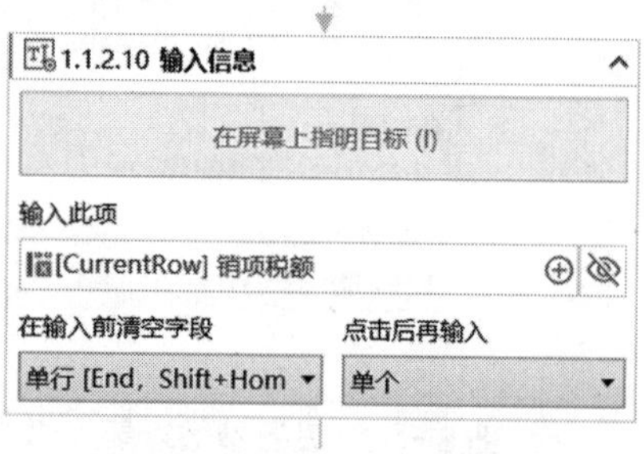

图 8－59　设置参数以录入应交增值税（销项税额）金额

步骤 20：从“活动区”将【单击】命令拖拽至【对每个 Excel 行】命令框中，使之成为【对每个 Excel 行】命令的第十一个子命令。单击“在屏幕上指明目标”，然后在 U8 界面选取“保存”按钮，如图 8－60 所示；选取成功后如图 8－61 所示。

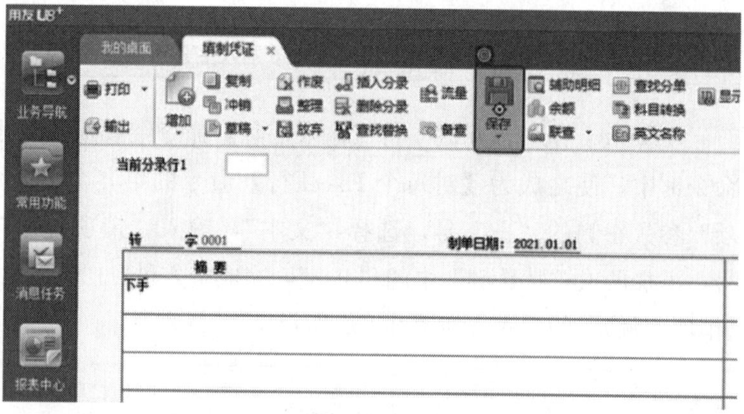

图 8－60　选取“保存”按钮

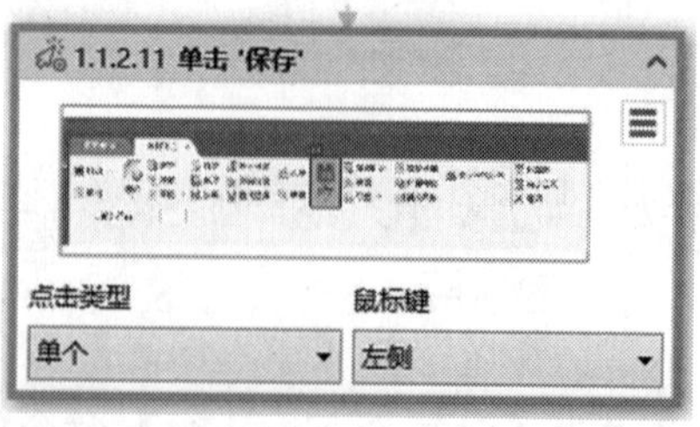

图 8－61 选取成功

步骤 21：从“活动区”将【单击】命令继续拖拽至【对每个 Excel 行】命令框中，使之成为【对每个 Excel 行】命令的第十二个子命令。单击“在屏幕上指明目标”，然后在 U8 界面选取“确定”按钮，如图 8－62 所示；选取成功后如图 8－63 所示。

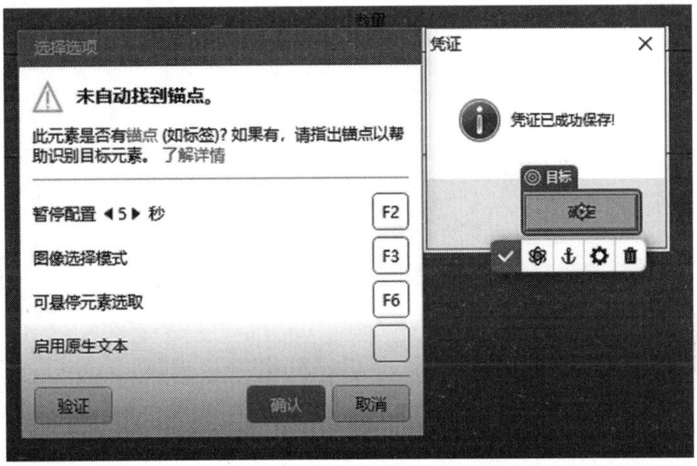

图 8－62　选取“确定”按钮

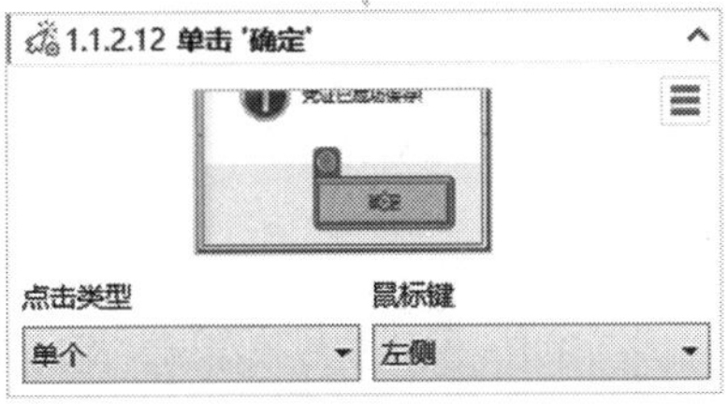

图 8－63　选取成功

步骤 22：单击“运行”按钮，运行结束后可以看到 U8 系统已根据 Excel 工作簿的销售数据完成了多张凭证的连续录入工作，图 8－64 为选取的前三张填制完成的凭证。

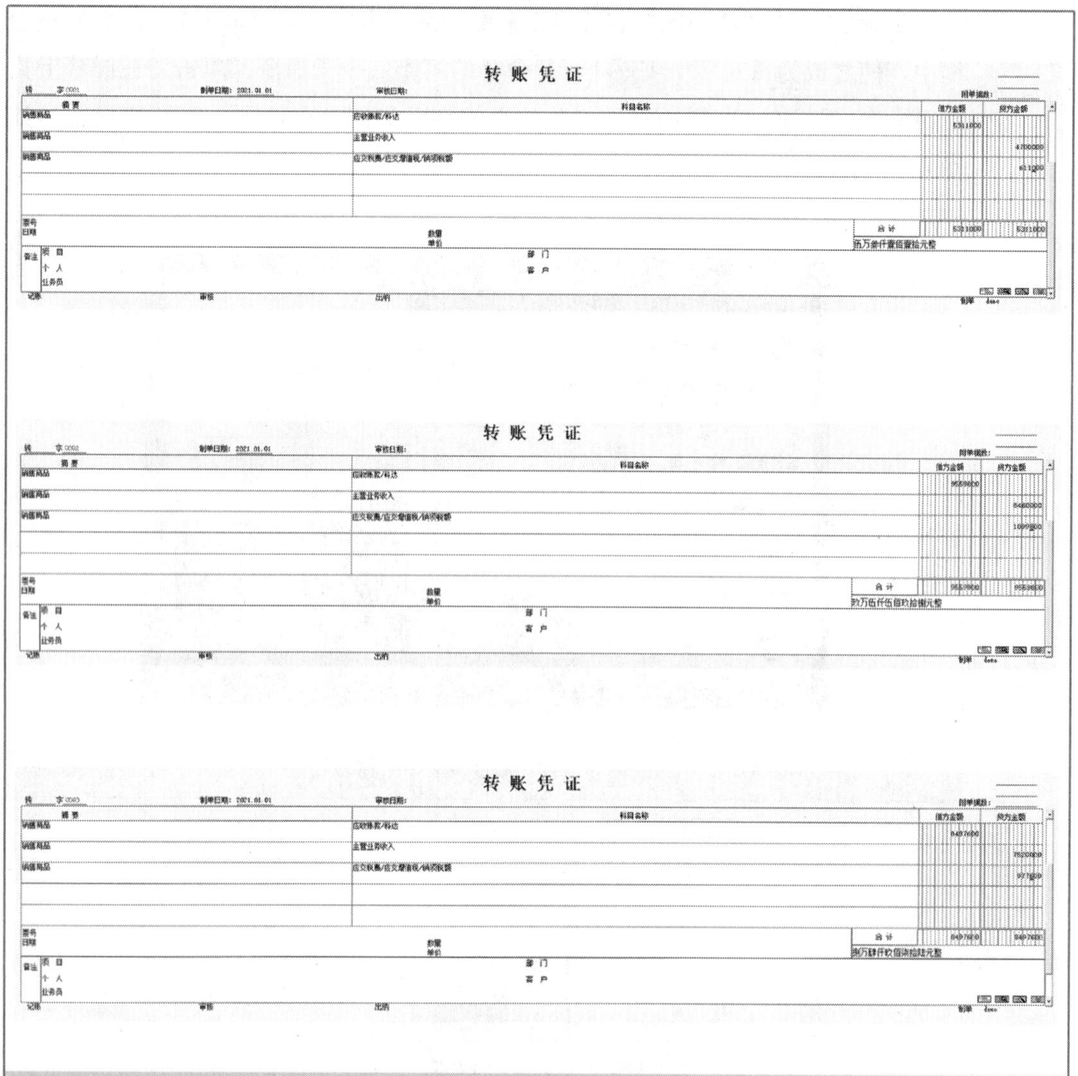

图 8-64　前三张填制完成的凭证

本章小结

综合本章所述，应用程序在日常工作与生活中有着广泛的应用，能够满足用户的需求。UiPath StudioX 与应用程序的交互能够减少人们使用应用程序时的重复性工作，提高效率，节省成本。

UiPath StudioX 中与应用程序自动化操作相关的常用命令与人工操作的逻辑类似，用户能够更快学会如何实现应用程序自动化。应用程序自动化包括

【单击】、【输入信息】和【键盘快捷方式】等常用命令，适用于多种财务和业务场景。

实战演练中，填制会计凭证是企业财务工作的重要环节之一，用友 U8 自动记账机器人通过应用程序自动化模拟财务人员记账的流程，极大地减轻了财务人员的工作量，提升了工作效率。该机器人主要分为 22 个具体开发步骤，将【使用应用程序/浏览器】、【单击】、【输入信息】、【键盘快捷方式】等命令串联在一起，为读者呈现了一个模拟真实财务场景下完整的应用程序自动化流程，体现了 RPA 机器人在财务工作中的应用价值。

教师教学服务说明

中国人民大学出版社财会出版分社以出版经典、高品质的会计、财务管理、审计等领域各层次教材为宗旨。

为了更好地为一线教师服务，近年来财会出版分社着力建设了一批数字化、立体化的网络教学资源。教师可以通过以下方式获得免费下载教学资源的权限：

在中国人民大学出版社网站 www. crup. com. cn 进行注册，注册后进入“会员中心”，在左侧点击“我的教师认证”，填写相关信息，提交后等待审核。我们将在一个工作日内为您开通相关资源的下载权限。

如您急需教学资源或需要其他帮助，请在工作时间与我们联络：

中国人民大学出版社　财会出版分社

联系电话：010-62515987，62511076

电子邮箱：ckcbfs@crup. com. cn

通讯地址：北京市海淀区中关村大街甲 59 号文化大厦 1501 室（100872）